大学生创新创业教育新模式研究

石燕捷　著

天津出版传媒集团

天津科学技术出版社

图书在版编目（CIP）数据

大学生创新创业教育新模式研究 / 石燕捷著. -- 天津 : 天津科学技术出版社，2020.5

ISBN 978-7-5576-8123-4

Ⅰ. ①大… Ⅱ. ①石… Ⅲ. ①大学生－创业－教育模式－研究 Ⅳ. ①G647.38

中国版本图书馆 CIP 数据核字(2020)第 108241 号

大学生创新创业教育新模式研究

GAOZHI LILUN JIAOYU YU SHIJIAN YANJIU

责任编辑： 陶 雨

出版： 天津出版传媒集团
天津科学技术出版社

地址：天津市西康路 35 号

邮编：300051

电话：(022) 23332400

网址：www.tjkjcbs.com.cn

发行：新华书店经销

印刷：北京宝莲鸿图科技有限公司

开本 787×1092 1/16 印张 12.75 字数 280 000

2021 年 4 月第 1 版第 1 次印刷

定价：58.00 元

前　言

　　在市场经济时代，创业是一个永恒的话题，已有越来越多的创业者扬起理想旳风帆，用智慧和勇敢书写着无限的可能。大学生创业作为青年创业的重要组成部分，必将引领创业时代的新潮流。随着近期我国不断走向转型化进程以及社会就业压力的不断加剧，创业逐渐成为在校大学生和毕业大学生的一种职业选择方式。大学生积极创业，不仅有利于解决大学生就业难的问题，更有利于大学生自我能力的提升与锻炼。

　　创新是引领发展的第一动力，是建设现代化经济体系的战略支撑，也是实现高质量发展的必由路径。大力推进高校创新创业教育，是高校贯彻落实党中央培养创新型人才、建设创新型国家重大战略的重要举措，是所有高校应该承担的社会责任。广泛开展针对大学生的创新创业教育不仅是时代的要求，是社会主义市场经济发展的要求，更是面向现代化发展的人才培养的目标性要求。本书旨在提高大学生创新与创业竞争力，提高大学生的创业素养和创业能力，为大学生综合素养的提高奠定重要基础。同样，以创业促进就业，也能够在一定程度上帮助大学生在以后的就业中提高就业竞争能力。

　　本书内容丰富，论述清晰，力求全面而深入地贯彻落实党的十九大精神，促进高校新形势下教育理念的提升，以及教学模式和人才培养模式的转型，着力培养学生的创业精神、创新方法、职业技能和创业能力。

　　本书在编写时查阅和参考了相关的文献资料，借鉴了很多优秀的研究成果，在此向各位作者表示感谢。另外，受水平和时间所限，书中难免有疏漏和不当之处，敬请读者提出宝贵意见。

目录

第一章 中国发展与社会创新 ···················· 1

    第一节 社会创新与创业 ···················· 1

    第二节 社会创新模式在不同领域中的应用 ···················· 2

    第三节 小岗村、中关村与人人创客 ···················· 14

第二章 创业的内涵解读 ···················· 22

    第一节 创业的内涵概述 ···················· 22

    第二节 创业的动机与动力 ···················· 43

第三章 我国高校大学生创新创业教育发展分析 ···················· 53

    第一节 我国高校创新创业教育的形成及发展现状 ···················· 53

    第二节 我国高校创新创业教育模式案例 ···················· 56

    第三节 我国高校创新创业教育存在的问题 ···················· 63

第四章 高校大学生创新创业教育的组织模式 ···················· 68

    第一节 高校创新创业教育组织模式的国内外对比分析 ···················· 68

    第二节 高校创新创业教育模式的构建策略 ···················· 87

第五章 高校大学生创新创业教育具体方法分析 ···················· 90

    第一节 创业者创新创业观念教育 ···················· 90

    第二节 创业决策能力教育 ···················· 104

    第三节 创新创业教育工作方法探索 ···················· 110

    第四节 创业者创新思维能力提升策略 ···················· 123

第六章 触摸创新之魂 ···················· 141

    第一节 灵动的意志 ···················· 141

    第二节 从灵感到构思 ···················· 148

    第三节 创意课程开设 ···················· 160

第七章 展开创新的双翼 ···················· 163

    第一节 决胜未来的关键 ···················· 163

    第二节 开拓你的创造力 ···················· 170

第八章 实现创新之梦 ···················· 179

第一节 我创新我存在 ···179
第二节 跟大师学创新思维 ·······································185

第一章 中国发展与社会创新

第一节 社会创新与创业

当人类文明从工业社会向知识和服务社会转型时，社会文化、组织结构以及人的行为方式都会随之发生重大变化。新旧更替随处可见，创新领域也不例外。种种迹象表明，创新范式正在发生变化，这种变化是根本的，是对"创新的创新"（innovationininnovation）——一种被称为"后熊彼特创新机制"（post-Schumpeterianinnovationregime）的创新范式正在悄然兴起，那就是"社会创新"。社会创新本质上就是众人参与的创新。创新不再是政府、科研院所和企业研发中心的专属，越来越多的社会人士也能参与其中。社会创新同时是人的世界观的一场认知革命。

一、社会创新与创业

（一）对创业、万众的思考

鼓励社会成员广泛参与创业与创新，为他们创造良好的社会价值导向，是值得肯定和提倡的。

如果要进一步认识和理解创业、创新，则需要更深入的逻辑分析。

首先，在充分就业的情况下，大众创业会减少劳动力供给，发动大众进行创业，就会给就业市场带来负面影响，从经济发展的角度看，需要衡量就业和创业哪一个对经济影响更大。同时，还需要厘清创新和创业之间的关系，创业不一定有创新支持，创新成果也不一定会促成创业。没有创新支撑的创业，对社会就业有带动效应，对国家发展有活跃经济的作用，但对经济增长的作用有待考证。尤其在充分就业的情况下，创业与就业哪个对经济影响更大？关键看创业是否有创新依托。一般情况下，大公司在创新方面活跃度不高，所以包括美国在内的发达国家十分鼓励发展中小企业，从某种意义上来说也是鼓励创新。也就是说，除非创业是有创新基础的，否则很难断言创业优于就业；如果创业是有创新支撑的，创新创业会促进经济增长。

其次，如果社会就业不充分，提倡创业是有空间的，但此时失业者或对就业不满意者会自发性地创业。在这种状况下，政府除了倡导大众创业之外，更为重要的是降低创业的成本，放松城市管制，清除创业创新的人为壁垒，为有意愿、有能力的创新创业者提供一个自由、公平的竞争环境。在不充分就业情况下，创业与创新之间没有必然的联系。因为人们在意的是工作机会，这个工作机会可能是他人给予的，也可能是自己创造的。

（二）创业创新与社会创新之间的关系

二者的相似之处在于，它们都是一种创新创业的社会行为，都提倡让创新和创业走出大学和科研机构。

首先，社会创新是有科技需求、有平台、有组织的创新模式，平台和组织能够发挥聚集创新要素的作用。随着社会创新模式逐步兴起，一些专门从事开放创新服务的平台或网络也随之快速成长，其中比较知名的平台有 InnoCentive、X 大奖、TopCoder、"哈佛催化剂"等。这些平台虽然服务领域各有侧重，但其基本运作方式是相同的，即为有解决具体科技问题的需求部门（科技需求方），和愿意为这些问题提供解决方案的人（科技供给方）搭建一个平台和空间，提供专业的组织和中介服务。社会创新有别于"大众创业、万众创新"的重要一点是社会创新是有平台、有组织、较完善的评估系统。目前，国内的众创空间更多的是为具有共同兴趣爱好的人提供一个可以共享的物理空间，并没有具体的创新需求，也没有专业的平台和组织者，更没有为解决具体的科技挑战将供需双方组织在一起。

其次，社会创新模式下政府是创新的需求方，而不是供给方。比如，在社会创新模式下，美国的政府机构部门都会通过社会创新的方式向公众"发包"科技难题，鼓励社会人士参与"科技挑战赛"，大赛的奖励和规则公开、简单、明确，通过挑战赛来推动科技进步。比如，NASA 的开放式创新工程，是寻求开发一些研究和技术问题的创新性解决方案，这些问题往往是在短期或是长期内持续影响载人航天领域中人的健康和工作的挑战。NASA 会将这些挑战通过第三方开放创新平台（比如 InnoCentive、Yet2.com 和 TopCoder）发布给国内外的参与者。这些试点项目已经证明，社会创新模式能够有效解决 NASA 所面临的研究和技术问题。再如，具有浓郁军方背景的政府机构 DARPA，其无人驾驶汽车项目和机器人项目都采用了社会创新的方式向全球发起"超级挑战赛"。目前，在"大众创业、万众创新"的大潮中，政府的角色更多的是鼓励大众投入其中，推动创新创业的供给，而没有与之对应的需求。如果供给多于需求或者相对盲目地供给，都有可能引发泡沫或是过剩的风险。

再次，社会创新需要社会信任作支撑，如果没有社会信任，社会创新不会持久发展。开放性是社会创新模式的显著特点，在开放的氛围中如何保证参与者的智力和技术成果不被盗用和窃取，参与者的利益保障和参与过程的公正透明除了需要专业的平台具有很高的组织能力之外，更需要社会信任的支撑。社会创新模式之所以在美国能够成功，一个很重要的因素是建立在社会信任基础之上。

第二节　社会创新模式在不同领域中的应用

社会创新作为一种开放式创新模式，在社会各个部门都有运用，无论是在政府及其附属机构部门、高校及专业的科研机构、非营利性组织和社团，还是在企业等商业组织，甚至在一些家庭中都越来越受欢迎。更有趣的是，社会创新活动会将更加开放的文化和精神带到这些原本相对封闭的部门，这将有利于激发这些部门之间的合作和创新，从而进一步推广社会创新模式（见图 1-1）。

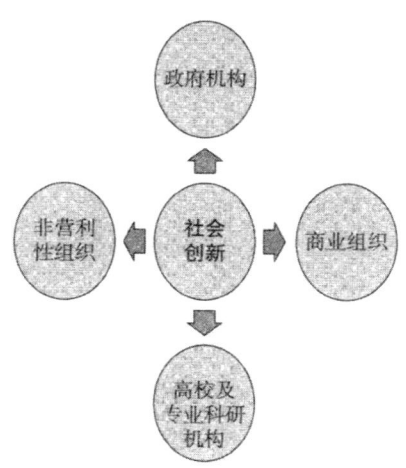

图 1-1 社会创新活动在多部门兴起

一、政府机构：DARPAIYJ 超级挑战赛和 NASA 的开放式创新

（一）NASA 的开放式创新项目

NASA 的开放式创新项目试图寻求一些研究和技术问题的创新性解决方案，这些问题往往是一些在载人航天领域面临的关于人的健康和工作的挑战。

NASA 会将这些挑战通过第三方开放式创新平台，如 InnoCentive、Yet2.com 和 TopCoder，发布给国内外的潜在参与者。这些试点项目已经证明，开放式创新模式能够有效地解决 NASA 所面临的研究和技术问题。NASA 开放式创新的动机

2005 年，NASA 必须决定应如何支持雄心勃勃的太空探索计划——星座计划 (Conste11ationProgram)。所谓星座计划，就是一次将多人送到月球，并在月球工作生活数月，其最终目标是将人类送往火星，然后在那里展开至少为期两年的探索和研究。因此，这项宏伟计划需要以一种意想不到的方法来准备和计划，以便人类更好地在生活空间和基本生存上取得平衡。

星座计划需要巨额投资，但在计划的启动和运行过程中，研发经费却被削减了 45%。NASA 的太空生命科学理事会 (SpaceLifeSciencesDirectorate，SLSD) 主管杰夫·戴维斯博士 (JeffDavis) 说："我们已经知道这些资金是不会再补给了，并且认为，我们无法把剩下的 45% 的工作扔下不管，因此，我们需要以一种全新的方式完成整个计划。"于是，戴维斯和他的团队开始寻求新的工作方式和资金来源，甚至尝试进行自我创新。

2006 年年初，戴维斯及其团队对星座计划进行了一次愿景分析，发现了该计划可能出现的 4 种愿景，最后，他们选择了其中一种愿景——即形成外部联盟来撬动星座计划的内部工作。2007 年，他们实施了外部联盟计划，通过外部创新平台来协同实施星座计划。但在具体实施过程中，却同样面临着诸多问题。如同戴维斯所言："清楚地界定星座计划

的所有工作是一个彻底的过程，接下来是评估哪些工作需要我们内部完成而不能泄露出去，然后绘制工作图表，最后还要对图表中每一个区域的工作内容的创新模式进行甄选，如创新商城、创新社区、创新精英或是创新联盟，确定哪一个模式最为适合。在上述过程中要十分小心，有大量的分析工作要做，否则就会错失机会。"完成上述过程他们用了4年的时间。

2009 年 12 月，NASA 在 InnoCentive 上先后公布了 3 个创新竞赛："在太空中使用的食物保鲜包装材料（技术）""一套用于太空舱的紧凑、有氧和抗阻力运动装置"和"通过数据预测太阳活动"。2010 年，美国行政管理和预算办公室 (OfficeofManagementandBudget) 公布了使用奖金来激发创新的指导意见，NASA 的努力已经作为一种联邦政府层面的战略得到认可。自此，戴维斯和他的团队通过开放式创新网络平台 InnoCentive，开始了开放式创新的试点项目。

（二）NASA 的开放式创新项目

与传统的内部创新模式相比，开放式创新能够给 NASA 带来更多更具创新意义的技术、研究、服务和软件代码等。为此，他们还在开放式创新平台 InnoCentive 上专门创建了"NASA 创新馆"(NASAInnovationPavilion)，通过该平台，NASA 已经解决了十多项挑战。2010 年年底，NASA 已经完成了开放式创新的试点项目，并对开放式创新在未来解决 NASA 面临的研发和技术问题进行了评估和推荐。推荐会上评估和对比了外部获取解决方案与内部获取解决方案两种模式的成本，包括实际的服务成本、员工投入的时间和培训时间等。不管使用哪种商业模型进行测算和对比，开放式创新的成本都要低于传统的内部创新模式。除此之外，开放式创新带来的另一个巨大价值是节约时间，与需要花费数年时间来完成一项具体的挑战相比，通过开放式创新这一模式，在短短的几个月，甚至几周的时间内就可以完成从界定问题、发布、方案提供、评估等整个过程。

节约成本和时间是开放式创新模式显而易见的价值，除此之外，它还有一个更大的潜在价值，那就是多样化。为了使用开放式创新模式，NASA 需要将其面临的具体的专业性问题转换和翻译成通用的语言来进行表述，这样便可以让来自世界各地各领域的人参与其中。通过 NASA 的试点项目可以看出，这些参与者或在一项挑战中进行合作，或与 NASA 结成了合作伙伴关系。与传统创新模式相比，开放式创新给 NASA 带来了更加丰富和多样化的合作者以及更多的机遇。

既然开放式创新有诸多好处，NASA 在试点项目结束后便制定了更加明确的步骤和目标，以尽可能有效地利用和适应开放式创新模式，进而加快政务开放的步伐。

（三）NASA- 开放式创新平台的合作——以 InnoCentive 为例

从前文可知，NASA 的开放式创新是通过与第三方开放式创新平台的合作来推行的。截至目前，共有 3 个开放式创新平台参与其中，包括最早合作的平台 InnoCentive 以及后来的两个平台 Yet2．com 和 TopCoder。现在以 InnoCentive 为例说明 NASA 在该平台上实施的项目。NASA 与 InnoCentive- 起在 InnoCentive 平台上专门设立了"NASA 创新馆"，通过该平台，NASA 已经向公众发布了 11 项挑战项目，其中 9 项已经完成，还有 2 项正在进行中。

当然，NASA 除了与 InnoCentive 合作之外，与其他的开放式创新平台也展开了合作，如 Yet2.com 和 TopCoder。2014 年 8 月，NASA 就将一项巨额奖金竞赛放在了 TopCoder 平台上——平流层飞艇设计竞赛。NASA 计划投资 400 万美元用于平流层飞艇设计竞赛，要求该飞艇具备人造卫星的基本功能，但成本要比火箭和卫星低很多。平流层飞艇是一种可以长期悬浮于平流层的高空浮空器，用于对地球表面进行军事与民用侦查。竞赛将于 2015 年举行，要求飞艇能够漂浮在 2 万米高空超过 20 个小时，有效负荷达到 20 千克，并能携带监控设备和太空望远镜。

（四）DARPA 超级挑战赛

美国国防部高级研究计划局 (DARPA) 是美国国防部重大科技攻关项目的组织、协调、管理机构和军用高级技术预研究工作的技术管理部门，主要负责高新技术的研究、开发和应用，所承担的科研项目多为风险大、潜在军用价值大的项目，一般也是投资大、远期、跨军种的项目：自成立以来，DARPA 的发明创新影响深远，其中包括互联网、全球卫星定位系统 (GPS)、医用机器人、智能假肢、即时翻译设备、无人驾驶汽车、高超音速飞机、隐形战斗机 -DARPA 已经为美国成功研发了大量先进武器，为美国积累了雄厚的科技资源储备，同时引领着世界军民高科技研发的潮流。

现在，DARPA 将目光转向无人驾驶汽车和机器人领域。我们可能不会质疑 DARPA 所投资的研究项目，但其所采用的研究方式却是我们意想不到的：无人驾驶汽车项目和机器人项目却采用了开放式创新模式——众包。为此，DARPA 向全球发起了超级挑战赛。更令人难以相信的是，DARPA 的所有挑战类项目都是公开进行的。

（五）DARPA 超级挑战赛的历史背景

无人驾驶汽车曾经是很多国家多年追求的目标。比如，日本在 1977 年便开始了这方面的探索，德国的恩斯特·迪克曼斯教授 (ErnstDickmanns) 开发的无人驾驶汽车 VaMP、意大利的 ARGO 项目、欧盟的 EUREKA 普罗米修斯项目等，另外还有包括美国在内的其他国家也在探索着。

DARPA 的超级挑战赛是世界上第一次无人驾驶汽车的长距离竞赛，这也是该领域的首次开放式创新尝试。国际上其他科研机构在无人驾驶汽车领域仍然采用传统的商业模式和学术方法。超级挑战赛由美国国会授权 DARPA 组织开展无人驾驶汽车大赛，奖金额度为 100 万美元，以激励机器人开发。美国国会的最终目标是想在 2015 年之前厎机器人取代 1/3 的地面军力。大赛是开放性的，欢迎世界各地的团队和组织参加，只要团队中至少有一名美国公民即可。参与的团队成员来源广泛，高中、大学、企业和其他组织的都有。2004 年，也是大赛的第一年，便吸引了超过 100 个团队前来注册，他们为本次大赛提供了更加多样化的技术背景。大赛的第二年，也就是 2005 年，已经有来自美国 36 个州和其他 4 个国家的 195 个团队进入比赛。

二、企业组织：IBM 的新商机

社会创新作为企业创新的新范式，其特点主要表现为：

综合性。企业社会创新包含的范围比较广泛，不局限于某项具体的技术创新、产品创新、管理创新、营销创新等，企业社会创新更加倾向于上述创新的组合或是综合。

开放性。企业社会创新需要跨越企业的边界，综合利用企业内部和外部资源，有意识地利用信息和知识的流入和流出来加速企业创新，同时利用外部创新来扩张市场和扩大影响力。

多方参与。员工、顾客、供应商、环保主义者、非政府组织、政府等多方利益相关者是企业社会创新的重要驱动因素、参与者和实现者，只有让更多的利益相关者更加深入地参与其中，企业社会创新才能获得源源不断的动力和成果。

超社会责任。企业社会创新已经远远超越了现有企业社会责任的要求，企业社会责任向企业社会创新的转化建立在创新(innovation)、影响(impact)和投资(investment)的"3I"基础上 3，包括：寻找更新、更好的解决方案以提供更多的价值；考虑多重底线的影响而非单一利润导向；长期投资而非简单慈善。

下面以 IBM 的案例对企业的社会创新加以诠释。

(一)IBM "创新 jam"

IBM 研究院在全球的 6 个国家拥有 8 个研发中心和共计 3200 名研究人员，是世界上最大的企业研究组织。IBM 前任董事会主席兼 CEO 彭明盛 (SamPa1misano) 每年都会访问位于美国纽约的约克镇高地的研发总部，以视察进展状况。

2006 年年初，当彭明盛再次视察研发总部时，热情洋溢的科学家向其展示了研发的最新进展情况。其中一个科技是精准预测天气变化，甚至可以告诉一个学校之后会下多深的雪，学校就可以据此决定是否停课。另一个技术是"网络建筑"，购物者可以访问3D 商店，并可以看到真实产品的 3D 展示。另外，还有一个新的软件技术能够实现实时翻译，比如将中国中央电视台的中文解说实时翻译成英文字幕，或将中东的阿尔几内亚的语言翻译成英文并转化成字幕。

之后，彭明盛约见了 IBM 首席科学家保罗·何恩 (Pau1Horn)。何恩说，"很明显，他非常满意"，但是彭明盛已经开始考虑下一个挑战了——如何将这些创新成果成功地商业化。IBM 在这方面的表现不是特别有效。彭明盛说："让我们以一种全新的方式将这些创新更快地推向市场吧，或许我们可以跳出箱子想一想。"他认为，有 IBM 全球 346000 优秀员工的支持，一定能够找到更快的方法将依托新技术的产品推向市场。

执行人员考虑用"Jam"一词来推进这些创新的商业化。"Jam"是 IBM 专有词汇，特指在线"大规模平行会议"(massive1ypara11e1conference)，2001 年首次被 IBM 开发。随着越来越多的员工选择在家工作，或是在客户端办公，而很少选择来 IBM 的办公室，"Jam"也由此诞生——由一系列相关链接的公告板、相互衔接的 IBM 内网网页、再加上一个集中控制系统，回复 3 天左右的时间内员工提出的重要问题，这样可以给员工一种参与和被倾听的感觉，同时还会产生很多有价值的思想和创意。刚开始，Jam 可以同时容纳成千上万的人同时在线。2001 年，Jam 上已有 52000 份帖子，问题涉及的范围很广，比如"在一个日益变化的组织中如何工作""我们如何能够在 IBM 的指导下成长为 C 型雇员 (C-suite)。后来，Jam 激发了一些改善 IBM 运营的创意，这个精心设计的系统可以浏览和评论大量帖子，成为激发公司产生行动的大课堂。

IBM 决定使用新的 Jam 系统，但不同的是更新过的系统将能容纳更多人——"创新 Jam"诞生。先后共有 150000 名 IBM 的员工、家庭成员、商业伙伴、客户、高校研究者参与了"创新 Jam"。这是一个由来自 104 个国家和地区的参与者参与的 24 小时在线讨论系统。被"创新 Jam"选出来的项目将会获得 1 亿美元的资金支持。这是一种发现 IBM 技术潜在价值的全新方式，它包括发现目标、进行分类和讨论、创建网站等 8 个过程，具体如下：

1. 确定目标。通过头脑风暴找到更快、更好的商业化 IBM 新技术。

2. 确定分类和科目，以供讨论。通过提供足够的技术创新信息，以引发讨论和激发新思想。

3. 建设网站。网站是提供技术信息数据和供参与者讨论的地方。所有专供 Jam 使用的网站都由 IBM 内部非常专业的人员开发，网站设计得非常友好，参与者可以比较方便地发布自己全新的思想。

"创新 Jam"是两步 Jam 中的第一阶段，主要集中在 2006 年的 7 月，IBM 此时在"创新 Jam"网站上公布关键技术信息，并在此论新技术的应用。9 月进入第二阶段的 Jam，参与者可以再次完善他们最初的提议和想法，根据提议和想法的不同，他们被分成几个小组，每个小组都配置了专门的 Jam 网站，他们可以在专门的网站上共同努力把重要的想法转化成商业计划。

4. Jam 阶段一。阶段一持续了 72 个小时，通过头脑风暴人们在网站上为 I3M 的 25 个技术集的创新提供了大量的商业化想法：但是，事情并不像当初料想的那样，很多参与者登录之后仅仅只是看看而已。但参与者仍然提供了超过 46000 个提议，他们热情洋溢地提供了很多潜在的赚钱提议。其中一位来自印度的参与者这样写道："我们经常用数码相机拍摄照片和视频，但是电脑的储存空间有限，所以应该有一个网站能够供人们上传照片和视频，另外还应该有一个植入数码相机的装置，可以通过它将照片和视频传输和储存到远程服务上："

一则评论这样描述"创新 Jam"："迄今为止，世界上最大的网上头脑风暴会议。"即使超过了 150000 位参与者，Jam 依旧能够实现有效管理，并挖掘出头脑风暴带来的成果。人们可以自由地表达他们的想法，Jam 是本着每一个想法都有价值的主张进行管理的。当然，Jam 也同时面临着很多大型头脑风暴活动所面临的困难。

5. Jam 阶段一后期。IBM50 位高级经理和专业人士在 IBM 的研发总部约克镇高地会集，来评论集聚的帖子、被志愿者强调的帖子、原始的帖子：他们一共被分成 9 个小组，其中每组 5-8 个人，每个小组负责一个相关议题。这些小组共同完成了"大创意"的雏形（见表 1-1）。

表 1-1 "创新 Jam"的"大创意"

平步青云	保持健康
·数字娱乐供应链	·紧急状况的实时传输
·数字储存保护	·健康记录库
·先进交通感知	·智能医院
·智能生物识别护照	·智能医疗支付系统
·高端安全汽车	·远程医疗链接
·21世纪的铁路旅行	·零售医疗方案
·公共交通集成信息系统	·新兴经济体的可持续医疗
·真正的移动办公室	
更好的星球	金融和贸易
·用于过滤水的纳米管	·无网点大众银行服务
·"大绿色"(BigGreen)创新	·小企业建筑模块
·先进能源模式与发现	·移动钱包
·智能电网	·智能眼镜，智能洞悉
·水管理预测	·为全球化的中小企业提供字节服务
·实用的太阳能发电系统	·商务宝盒
·酷蓝数据中心	·商务票据

当然，头脑风暴中会产生很多不切实际，甚至与 IBM 业务毫无关系的想法。一位小组的组长说："在网络上引导讨论要远远难于引导现实中的头脑风暴，很难让每一个人都按照既定轨道行驶，当你睡了 8 个小时之后，会发现很多论点都不知道是从哪里冒出的。"

6．Jam 阶段二。参与者在 Jam 上修改阶段一产生的创意。让众多参与者集中在"大创意"上进行讨论是非常困难的，很多人在头脑风暴过程中只关注自己的想法和提议。

虽然在阶段二中要求参与者对阶段一中的提议进行完善，而且小组的管理者和专业人员已经非常细心地将对阶段一形成的"大创意"进行引导，但是结果发现，很少有建议是真正基于以前的提议的。

另外，经理们发现在 Jam 上产生的这些"大创意"很少有绝对原创的，那些提出"大创意"的人过去几乎都向 IBM 的管理者们提出过。那么，Jam 的价值似乎是在更大的范围内将已有的思想和创意集合在一起。也就是说，Jam 帮助 IBM 倾听了之前已经被提到过的"大创意"（但目前尚无人知道怎么做），同时也倾听那些组成"大创意"的小提议，另外也可能有助于经理们思考如何将已有的创新成果成功推向市场。

7．阶段二回顾。类似于阶段一的回顾，同时使用了软件自动聚类 (e-clustering) 和人工回顾的方法，最终识别出了适合 IBM 业务组合和需求的真正创意。

早在 20 世纪 90 年代末．IBM 就首次开发了一款文本挖掘 (textmining) 软件，用来发现和运用复杂文本中最有价值的评论和思想。文本挖掘软件的原理是检查正常语句的单词，然后再将单词聚类。当软件开始检测 Jam 上的帖子内容时，发现很多句子中都含有"医疗"一词，或是同义词"健康"，同时还包括"账单…'收据"或是"支付"，软件会据此创建一个 Jam 类别，叫作"医疗支付"，相关的帖子就会被自动归类。如果经理们对医疗金融感兴趣，他可以立即回看该类别的所有帖子。

但是，软件同时也自动生成了很多虚假类别。比如，软件发现很多帖子中都有"会议"一词，并据此自动创立了"会议"类别。但实际上，"会议"只是参与者的随口一说，而不是真正的意指。由于软件的错误，专业人员还必须重新回顾和判别帖子的内容。据此，在 Jam 阶段一和阶段二过程中，专工和软件共同合作，有效地将帖子进行了归类。在阶段一中，50 位高级经理和专业人员用了一周的时间回顾帖子，并将其归为几十个"大创意"。在阶段二中，同样 50 个人对修正过的帖子进行了回顾，考虑哪些创意具有真正的商业价值，并且能够在 IBM 实现。

8．提出新业务。彭明盛宣布，1 亿美元将会投向 10 个新的业务领域。

经过阶段二，高级经理们已经准备对 IBM 应该进入的潜在业务领域进行提议。其中一些业务领域之前就曾被 IBM 的专业人士提议过，比如 3D 网络。另外一些在 Jam 过程中产生的新业务已经开始快速推行，如"大绿色"项目旨在通过技术管理水资源，从而创建一个环境导向的新业务。2006 年 12 月，彭明盛宣布了能够获得 1 亿美元支持的 10 项新业务。

智能医疗支付系统 (SmartHea1thCarePaymentSystems)。通过小型个人装置，如智能卡，来覆盖整个理疗支付和管理系统，智能卡将自动追踪金融交易，处理保险理赔和更新个人健康电子记录。该项业务已经被成功孵化，一些产品现在已经成为 IBM 医疗业务方案的一部分。

简化式业务引擎 (Simp1ifiedBusinessEngines)。开发一个直观的、

易用的、预先打包好的 Web2.0，将其投放市场，专为中小型企业提供定制服务，它们可以根据自身的需求要求 IBM 为其定制应用程序。该项业务已经成功渡过孵化阶段，现在作为一个业务平台服务于 IBM 的软件和系统业务单元。

实时翻译服务 (Rea1-TimeTrans1ationServices)。在主要的语言之间提供先进的实时翻译服务，该项服务在很多产业和环境下具有广泛的应用前景，如医疗、政府、旅行和运输。该项目现已获得资金支持，以探寻各种商业模式和潜在客户。

智能公共网络 (Inte11igentUti1ityNetworks)。通过植入智能的实时检测、控制、分析、模拟和优化系统，增加世界电网的可靠性和可管理性。该试点项目已经开发，并开始应用于公共事业。目前，该技术已经成为 IBM 公共事业部的核心产品。

3D 网络 (3DInternet)。与合作者携手，把最好的虚拟世界和游戏环境建设成一个无缝

的、基于标准的 3D 网络。3D 网络将是全球商业和日常业务运作的下一个平台。该项业务目前正在致力于工具开发，该工具可以由他人使用，实现自我开发界面友好的 3D 网络系统。目前，该项业务正在开发蓝本原型，并在探索新的商业模式。

"数字化我"(Digita1Me)。提供安全、用户友好的服务，该服务能够简化储存、管理和长期获取大幅增加的个人信息，包括数码照片、视频、音乐、健康和财务记录、个人身份证明文件，等等。现在该业务已经被分为两个项目：一个是分析多媒体内容的管理服务，另一个是以用户为中心的个人信息管理服务：两个项目都被转移至 JBM 的研究部门，以做进一步的探索和开发。

无网点大众银行服务 (Branch1essBankingfortheMasses)。该业务能够支持现有的和新的金融机构为一些新兴市场的人们提供远程的基本金融服务，比如支票、储蓄、支付和小额贷款等。该业务继续在新兴市场与各大银行合作，建立可行的小额信贷枢纽。

公共交通集成信息系统【IntegratedMassTransitInformationSystem)。创建一个需求导向的综合、管理和实时数据传播系统，该系统包括了所有城市和地区的交通体系，从而实现公交、铁路、高速公路、水运和航空的最优化配置方案。该项新业务已经收到了来自英国、新加坡、迪拜和澳大利亚等国家的订单，并更名为"智能交通系统"(Inte11igent TransportationSystem)。

电子健康医疗记录系统 (E1ectronicHea1thRecordSystem)o 创建一个标准的系统，能够支持自动更新、获取个人健康医疗记录，并与全球支付者、供应商交易系统一起集成病人数据信息。1BM 已经决定放弃这个项目，因为其高管认为，关键决策者不准备投资于电子健康医疗记录系统。

"大绿色"创新（"BigGreen''Innovation)。组建一个 IBM 的全新业务单元，集中将公司先进的专业知识和技术用于解决环境问题，如先进的水处理模型，通过先进的纳米技术和高效的太阳能发电系统实现水过滤。该业务已经被成功出售，并进行了初步的项目试点。

IBM "创新 Jam"的成功之处在于帮助 IBM 实现创新。当然，这并不是管理大众在线讨论的唯一方式，也不是每一个大企业集团都能用于实现创新的最好方式：但是，不论哪个大型组织或网络想获得创新，对"创新 Jam"有一个全面的了解是非常必要的，它向我们展示了一个极其复杂的大规模在线讨论过程，并揭示了可以成功处理这些复杂问题的方式和方法。

任何事物都有两面性，任何试图利用大规模在线讨论方式的组织都要权衡利弊。对于 IBM 和其他一些公司来说，一个广泛参与的、耗费时间和精力的 Jam 是非常好的方式。保罗·何恩现在已经从 IBM 退休，成为纽约大学的一位科学家，他在回忆"创新 Jam"时总结说："Jam 是头脑风暴的一种方式，并且在头脑风暴中首先需要了解的是：考虑所有的提议，甚至包括那些看似不靠谱的提议。这意味着，你可能会获得大量垃圾信息，但是该方式却迫使你独立于企业之外进行思考？此时，你会被无穷的思想和提议充斥着，此时你已经信息饱和，所以你必须想办法抽身，并对这些提议进行筛选。"

"创新 Jam"的方式被 IBM 成功运用，同样也得以在其他组织中应用：2007 年，IBM 推出了一项服务，就是为其他组织推行 Jam- 第一个应用领域是汽车供应商，这个 Jam 是在设备供应商协会的主持下，通过聚集汽车零部件制造商和他们的客户（汽车制造商）共同完成的。

三、学术研究：众包的力量

（一）哈佛医学院的社会创新——"哈佛催化剂"

与企业研发相比，学术研究更加具有社会性，公开透明是其重要特征。科学家们通过领域内的专家审查在一流期刊上发表文章来获得声誉和晋升。是否能够获得更多的研究经费也是基于先前的研究成果、研究人员在该领域的信誉以及研究计划的潜在影响力和可行性做出的，所以，竞争非常激烈，只有不到 10% 的论文会被一流的学术期刊接受，只有 10%-20% 的研究计划会获得资助。

内行专家评审制度造成的问题显而易见。首先，扼杀了交叉创新的可能。评审都是在专业领域内进行的，没有交叉创新的机会：而很多真正的创新往往是通过交叉来实现的。其次，不代表正确的研究方向。由于领域内的带头人决定着该领域的创新方向，这个方向的选择往往是依据带头人个人的已有研究和专长领域确定的，但该方向不一定是未来真正的发展方向，但在少数人决策的制度 F，其他研究者没有表达专业意见的机会，更没有参与决策的机会。最后，造成了资源垄断。每个领域的带头人只有少数几个，他们之间往往在学术和个人方面都有交往，结果是国家分拨的资源只在不同领域中的少数几个人中流转和分配。

为了打破学术领域中科研创新的封闭和集中，哈佛大学医学院进行了大胆的探索和尝试，将社会创新模式引用到学术研究领域。哈佛大学医学院拥有超过 2 万人的教研人员和研究生队伍，其医学研究处于世界最高水平，每年从美国国家卫生研究院获得研究经费近 14 亿美元。这样看来，哈佛大学医学院属于传统学术创新模式的既得利益者，为什么还要打破传统模式呢？这就是一所世界顶级大学的不同之处，他们更多地会从根本上考虑解决问题的方式，而不是如何能够守住当前的利益。也只有这样，才能保持其世界领先地位。

（二）"哈佛催化剂"的成立

为了实现从研究到临床的对接，2008 年哈佛大学医学院成立了临床与转化科学研究中心，并将其称之为"哈佛催化剂"。"哈佛催化剂"明确提出，新的机遇与挑战要求法学院、商学院、政治学院、工程与应用科学学院以及教育学院的同行要与医学院及其卫生保健机构的研究人员相互影响、相互作用，合作开发新的疾病诊断、预防或治疗方法。

其实，"哈佛催化剂"的组织形式远远超出了哈佛内部的院系，除了涵盖哈佛大学的 10 个学院之外，还有 18 个医疗保健中心、波士顿大学护理学院、麻省理工学院、剑桥大学健康联盟、哈佛大学清教徒医疗保健中心和众多的社区合作伙伴。因此，"哈佛催化剂"采用的是跨学科、跨机构的运作模式，是一个致力于改善人类健康的"泛哈佛大学"(Pan-HarvardUniversity) 机构。

"哈佛催化剂"是哈佛大学将开放的社会创新模式运用到传统学术研究领域的一次大胆尝试。正如任何革新都会引来非议一样，许多内部人士都对该尝试持有异议：这样的实验可能会疏离学科带头人，而他们可能是最知道问题所在的人；此外，这样的实验也无法保证公开征集的研究计划能有突破性进展。虽然有这样的顾虑，但哈佛大学的领导人则认为将开放的社会创新模式引入传统学术创新领域仍然不失为一种有效途径。

"哈佛催化剂"的实验不仅是为了找到解决疑难问题的新方法，还是为了探索科研过程的所有步骤和方式，从而做到更大范围的开放和竞争：从形成研究问题到评估研究计划，再到鼓励开展科学实验来为解决顽固难题带来新的思路和方法。其中的难点在于，做这些的同时还要与传统科研过程相结合。

（三）开放式地选择科学研究方向

在科学研究领域，问题的提出可能比提供答案更加重要，正如爱因斯坦所言，一个问题的形成常常远比其解决方案更为重要，问题的解答可能仅仅与数学或是实验技能相关，而提出新的问题、新的可能性以及从新的角度看待老问题则需要充满创造力的想象，这才真正标志着科学的进步。为了打破传统的少数人决定创新问题和方向这种模式，"哈佛催化剂"引入社会创新模式，首先开放"问题"端，让更多来自不同背景的人士参与其中，从更大范围内征集科学研究的选题。"公开竞赛"同样成为"哈佛催化剂"面向公众征集研究问题的方式，从而决定了学术研究的方向和领域。这种方式能够克服传统创新模式的缺点，从而产生出一些全新的研究视角、研究思路和研究领域。

"哈佛催化剂"与专业的网络公开竞赛平台 InnoCentive 合作，开展了对研究选题的征集。2010 年，这项"治愈 I 型糖尿病，有什么是我们不知道"的竞赛广告在哈佛大学、InnoCentive 和《自然》杂志上得到了广泛宣传，参赛者有 6 周的时间准备自己的问题。参赛者无须给出问题的解决方案，也不必拥有研究资源，只要提出清晰界定的问题和（或）假设，以全新的、有前景的方向推动 I 型糖尿病的研究即可。也就是说，参与者只要清楚地定义需要进一步探索和研究的问题或领域即可，这些选题可以是 I 型糖尿病的任何领域：分子成因、检测和诊断、新疗法、优化治疗方案、病患照料看护等。参与者可以组队参与，也可以单独参与，InnoCentive 将为他们提供网络沟通和提交平台。

另外，竞赛组织者还声明参与者无须把知识产权转给"哈佛催化剂"，这等于说在参与者提交问题时，给予了"哈佛催化剂"使用其创意的免版税、永久、非独家的许可以及提出经费申请以开展实验的权利。作为补偿，"哈佛催化剂"提供了 3 万美元的奖金，用于奖励获奖的参与者。

这一项目先后共有来自 17 个国家的 779 人参与。他们背景各异，很多参与者与糖尿病研究并没有直接关系，仅有 g% 的参与者具有 I 型糖尿病的专业研究背景，47% 的参与者对糖尿病有一些了解，而 42% 的人都对该领域完全不了解。最终有 163 人提交了 195 个问题，删除重复和不完整的问题后，有 150 个问题被认定可以接受评估。这些问题覆盖的治疗领域广泛：免疫学、营养学、干细胞／组织工程学、生物机制、防御和病人自我管理等。经研究发现，这 150 个问题的关注点与现有文献以及 I 型糖尿病研究者正在探索的问题有显著不同。从而证明了将开放的社会创新模式引入学术研究中能够提供全新的研究方向、视角和领域，有效降低了传统模式中选错研究方向的风险。

（四）开放式地评估研究方向

传统的业内专家评审制度难免带有个人的主观色彩，并且少数专家评估全新的、重要的研究领域的能力要明显低于集体的智慧。"哈佛催化剂"的研究计划评估过程遵循了社会创新模式的开放性原则，邀请了多位专业领域大相径庭的专家们共同评估研究方向。为评估这 150 个问题，"哈佛催化剂"邀请了众多评估者，每一个问题都要经过多次评估。先后有 6 批哈佛大学的教职员工被邀请作为问题的评估人。先后共有 142 人参与了 150 个问题的评估，在一个完全双向匿名的审查过程中产生了 2130 份评估报告，在评估过程中，参赛者的身份、所属单位或资历都不为评估者所知。从评估结果来看，6 批评估者对最佳选题的选择颇有差异，最终的评估结果是以所有评估小组的平均分数作为依据的。

与传统的业内专家评审制度相比——由资助机构选择 3 名本行业的专家来评估方案，开放式的评估模式更加客观、结果更可信。通过开放式的评估，来自多个领域、不同级别的哈佛大学教职员工对 150 个问题进行独立评分，最终选出了 12 个最具影响力和可行性的问题。而这些被选出的问题，如果以传统评估模式来看，肯定会被抛弃，看看获胜者的专业背景你就明白这句话的意思了：12 个问题的获胜者包括一名患有 I 型糖尿病的人力资源专家、一名大学四年级的学生、一名生物统计学副教授、一名家人患有糖尿病的退休牙医、一名生物医学教研人员以及一名内分泌学专家。

（五）交叉式地组建跨学科团队

有趣的是，12 个问题的获胜者能够获得选题奖金，但并不意味着他们可以成为这个问题的真正研究成员。与传统的谁申请谁负责研究的形式不同，"哈佛催化剂"在科研团队的组建上进行了重新选择，选择的方式更加开放、团队成员之间的学科背景更加多样化。他们最终将这 12 个问题分成 5 个类别，其目的是进一步吸引更多具有专业背景的研究者。为了让更多的人知道，"哈佛催化剂"除了使用传统的广告方式进行宣传之外，还启用了哈佛大学医学院的一个数据库来寻找这些领域的研究者。因为这个数据库的记录可以显示哪些人可能适合这些问题的研究。寻找潜在研究者要通过一个比较复杂的算法将 5 个领域的 12 个问题与数据库中论文的关键词做匹配，而不是与研究主题匹配，这样可以突破现有的糖尿病研究领域范围，找到那些曾经做过和现有问题相关的，但不一定是糖尿病研究的研究者。通过匹配找到了 1000 多位可能拥有研究能力的科学家。他们中一些人已经是糖尿病研究领域的佼佼者，还有很多人的研究领域和专长与糖尿病并没有直接关系。名单选出之后，"哈佛催化剂"分别给他们发送了邮件，邀请他们参与研究。

该算法除了进行关键词匹配之外，还有另外一个功能，即将潜在研究者的专业背景进行交叉性匹配，以便组建互补性的研究团队。所以，被选出的1000多人中，有半数通过随机选择的潜在研究者除了收到邀请之外，还会同时收到其他科学家的名字，并会建议其组成3人或4人的团队，建议的团队人选是经由算法认定的具有互补性知识技能的人，如果这些人联合起来组建团队，可能会产生突破性的研究成果。这样的团队组建方式是传统学术研究中不曾使用的，完全突破了学术领域的惯常做法。通过该方式，最终有31个研究团队产生，31名实验室主任中的23人都是通过这个算法找到的，而其中的14人之前并不是糖尿病领域的研究者，这是开放式创新的价值体现。随后，"哈佛催化剂"通过独立第三方对这31个团队进行了选评，最终有7个团队获得了资助，而这7个团队中有5个团队是由那些非专业的Ⅰ型糖尿病研究者领导的。

虽然Ⅰ型糖尿病的开放创新模式只是"哈佛催化剂"采用社会创新模式的一次尝试和探索，但它带来的影响却是巨大的。这种尝试证明了即使在外界看来最具学术权威的研究机构，同样适用社会创新模式。之前集中、封闭的"专家评审制"的所有阶段——从确定选题、进行评估和组建团队，都可以被分解和开放。将开放的社会创新模式引入传统的学术研究领域，不但可以突破"专家评审制"的诸多弊端，还能把真正全新的视角、选题、研究团队带入一个已有的研究领域中。通过分阶段向背景更多元的参与者开放，"哈佛催化剂"达到了预期的目标。

值得注意的是，"哈佛催化剂"在引入开放的社会创新模式时，并没有完全否定传统的研究方式，而是将二者有机结合。具体做法就是，将之前由少数业内专家决定的科研过程进行多阶段分解——即选题、评估、团队组建和评审分离，并在每一个分离的阶段添加一个开放的维度——即让更多拥有不同知识背景的人参与其中。这样一来，已处于该领域内的专业研究者并不会感到被系统性地排除在外，同时也给了领域之外的具有不同专业背景的人一个参与的机会。所以，这种将社会创新模式引入传统学术研究领域的做法，让开放式创新成为一种被广为接受的创新方式，而不是对过去做法的全盘否定。

目前，"哈佛催化剂"已经把这种开放的社会创新模式融入到现有的研究过程中，不断从哈佛大学的其他院系寻求方案。受其启发，美国国家卫生研究所、克里夫兰诊所(CleveIandClinic) 和青少年糖尿病研究基金会 (JuveniIeDiabetesResearchFoundation) 等其他学术研究机构也开始逐渐探索如何将开放的社会创新模式引用到自身的研究中。"哈佛催化剂"的尝试告诉我们，开放的社会创新模式不仅限于技术人员和创业者，那些成就卓著、经验丰富的由创新驱动的科学研究机构也可以从这种开放的创新模式中获益。

第三节　小岗村、中关村与人人创客

美国大多数科学家和企业家都有着"科学执迷情结"，这使得美国的致富在很大程度上归功于"科技致富"。中国政府有很强的号召力和组织能力，但鉴于社会创新的特点，其鼓励社会创新的方法亦有所不同。降低创新创业者的政治风险，政府减少人为设置的障碍、为创新创业者创造一个自由宽松的环境，可能比直接号召、组织和"搞运动"式的做法更加有效和持久。

一、小岗村、中关村与人人创客

对于绝大多数中国人来说，"社会创新"一词还是比较陌生，并且社会创新的倡议和研究在中国也刚刚开始。但实际上，如果我们把社会创新去广义地理解为一种自下而上、开放式的创新模式，其实社会创新不但已经在中国发生而且在中国的改革开放历程中起到了具有历史性意义的作用。无论在体制创新领域还是在技术创新领域，我们都可以找到有代表性的社会创新案例。比如，在体制创新方面，发生在安徽省凤阳县小岗村18位农民签下的"生死状"，开创了中国家庭联产承包责任制的先河，孕育和散播了中国改革开放的种子，成功解决了中国人的温饱问题。在高新科技领域，自发形成的北京中关村电子产品交易市场也已经成为中国的"硅谷"。与思科、通用电气等跨国公司类似，社会创新模式在中国企业中得关注度越来越高，个别领先企业已经开始探索，海尔公司的"人人创客"就是典型案例。但总体上，社会创新模式在中国的发展还比较迟缓，并且存在一些认知和实践上的问题。

（一）由18位农民改变的中国历史——家庭联产承包责任制

20世纪70年代，中国国内社会动荡，生产力始终没有得到恢复。人民公社制度设想社会主义的"集中生产"和"按需分配"。诚然，土地已经被集中到集体所有，农民不再拥有土地，农民在集体的土地上集体劳作。虽然"按需分配"是人民公社的制度，但在没有经营自主权和剩余索取权的情况下，农民缺乏生产积极性，严重影响了产量，农民的口粮得不到保障。

1978年11月24日晚上，在安徽省凤阳县凤梨公社小岗村严立华低矮破陋的茅草屋中有18位村民在召开一次关乎全村人命运的会议，他们最终签署了一份不足百字的《包干保证书》。《包干保证书》有三条核心内容：一是分田到户；二是不再伸手向国家要钱要粮；三是如果干部坐牢，其他社员要保证把他们的孩子养活到18岁。

1979年10月的金秋时节，小岗村当年的粮食总产量达到66吨，相当于全队1966-1970年5年粮食产量的总和。"包产到户"是集权向分权的转变。农民不但有了经营自主权，还有了剩余索取权，生产积极性得到了极大的释放。但是，社会舆论对"包产到户"形式的批评不绝于耳。1980年5月31日，邓小平在一次重要谈话中首次公开肯定了小岗村的开创性做法，并认为农村的改革已经是势在必行。1982年1月1日，中共出台了历史上第一个"农村工作一号文件"，将"包产到户、包干到户"作为社会主义集体经济的生产负责制。

以上就是家庭联产承包责任制诞生的历程，由于农民有了自主经营权和剩余索取权，他们可以充分发挥自身的专业生产技能，发展多种经营。家庭联产承包责任制实际上是打破了人民公社体制下土地集体所有和集体经营的集中农业耕作模式，实现了土地集体所有权与经营权的分离，实现了以农户为单位的承包经营新模式。经过短短的十多年时间，中国广大农村地区便迅速甩掉了贫穷落后的帽子，解决了温饱问题，逐步走上了富裕之路。

18 位农民冒着生命危险签订的《包干保证书》，属于自下而上的农村生产经营体制创新，是中国现代历史上最为典型的社会创新行为。后经邓小平的肯定以及中央的推广和制度化，成就了一项改变中国历史的体制创新。18 位农民在危机时刻自发性的创新改变了中国人民受饥挨饿的历史，创造了以世界 7% 的土地养活世界 22% 人口的旷世奇迹。

小岗村的案例可以说明一个事实，即在中国进行社会创新还需要冒风险，有时候是很大的政治风险。因此，鼓励创新的方式可以是"事后肯定"，但我们更需要的是"事前"降低创新者的政治风险，消除他们的顾虑。

（二）中美创新集群对比——中关村能否超过硅谷

几乎与凤阳县小岗村 18 位农民冲破固有体制的同一时期，一场冲破固有体制的创新也在科技领域酝酿和上演着，地点就在代表中国创新创业高地、具有中国"硅谷"之美誉的北京中关村。

与发生在农业领域的农村家庭联产承包责任制相似，中关村的诞生也是自发的、自下而上打破固有体制束缚的社会创新过程。但不同的是，本次创新的主角不是农民，而是科研人员。

1980 年 10 月，中国科学院研究员陈春先在中关村率先创办了第一个民办科技机构——北京等离子体学会先进发展技术务部。1978-1981 年间，陈春先 3 次访问美国，重点考察美国硅谷，美中之间的重大差异刺激了他。归国后，他提出在中关村建立"中国硅谷"的主张，探索加快科技成果转化的新路。新路的核心就是国家的科技创新从严格的计划体制向市场体制转变，技术人员走出科研院所，在遵循科技转化和市场经济规律的前提下，依法自筹资金、自负盈亏、自主经营和自主决策。

陈春先是在进行一场体制外的"实验"，其运作方式和分配方式与传统科研体制格格不入，由此引发的社会舆论可以用"一石激起千层浪"来形容。有人公开批评陈春先和他的"服务部"，说他们"搞乱了科技人员的思想，搞乱了科研秩序"。在社会舆论的重压之下，服务部被封门查账，业务骨干备受打击，服务部面临着解体的命运。可是，陈春先不甘心接受这样的命运，于是他尝试通过新华社撰写内参的方式来引起中央领导人的重视。最后，胡耀邦、胡启立、方毅等国家领导人做出批示，认为"陈春先同志的做法是完全对头的，应予鼓励"。

1982 年 10 月，党中央、国务院确定了"经济建设要依靠科学技术，科学技术工作必须面向经济建设"的基本方向，这意味着从理论上解决了中关村的争议。截至 1986 年年底，中关村各类开发性公司已近 100 家，各类开发经营电子产品的民营科技企业集群初步显现，被称为"中关村电子一条街"，中关村也被认定为我国第一个国家自主创新示范区。

经过 30 多年的发展，中关村已经发展成为国内第一的创新集群，承载区域从"一条街"扩展到"一区十六园,产业从电子发展到包括电子信息、生物医药、新能源、新材料、先进制造、节能环保等多个高新科技产业。截至目前,在全国88个国家级高新科技园区中,中关村的园区总收入、入驻企业数量、从业人员数量、工业总产值和净利润等多项指标均稳居榜首。与国际上知名的创新集群相比,中关村增长力强劲,甚至有些指标在表面上已经超过了世界一流创新集群。

清华大学经济管理学院的陈劲教授对比了硅谷和美国马萨诸塞州创新集群,位于美国东部马萨诸塞州波士顿的128号公路和美国西部加州的硅谷可谓美国经济增长和科技进步的两大发动机。通过创新集群等重要指标的对比发现,中关村在某些指标上已经发展成为具有超强实力和巨大发展潜力的创新集群。根据这些指标,有些学者预测"中关村将成为未来全球第一的创新集群"。

中关村的确在以惊人的速度发展着,21世纪初,中关村与硅谷仍然存在巨大差距,当时硅谷已经具有完整和成熟的创新创业生态体系,包括一整套研发系统和风险投资体系,而中关村还是一个信息产品集散地、贸易中心、销售中心和市场中心。如今,从一些统计指标来看,中关村与硅谷的差距似乎已经不大,甚至中关村的某些指标已经超过硅谷。关于中关村能否成为或是超过硅谷的问题早在2000年就被讨论过,当时《科学新闻周刊》记者陶海清以《中关村能成为下一个硅谷吗?》为题,采访了李开复。总结李开复的一席谈话,得出三个核心观点:中关村可以成为下一个硅谷,但中关村不必处处模仿硅谷;硅谷是市场经济的自发性产物,而中关村还是一个政府主导的产业集群;硅谷是一个奇迹,只有深入理解奇迹是如何发生的,才能把中关村建设成为一个有中国特色的"硅谷"。

硅谷是世界优秀人才"创新与创业精神的栖息地",大多数创新创业者是基于"改变世界""改变生活"的想法。而中关村的创新创业者是在模仿"硅谷"模式,可以将中关村模式更加形象地比喻为"将硅谷的创新创业中国化"。总体上看,硅谷的创新创业是开拓性的,而中关村仍然是模仿性的。硅谷是为世界存在的,而中关村是为中国存在的——如果我们忘记了硅谷和中关村这一本质上的区别而简单地相信一些漂亮的静态指标,我们会犯下致命的分析错误。

我们非常赞同李开复的第二个核心观点,虽然与硅谷一样,中关村模式的诞生也是自下而上的市场经济产物,但是在20世纪80年代之后,中关村的发展得到了更多的政策扶植和政府的直接投入支持,这使得中关村与硅谷相比,"还是一个政府主导的产业集群"。在政府主导模式中,创新者、创业者、企业之间的竞争不充分,创新和产品都很难经受国际市场的考验。李开复的第三个观点最为关键,即我们需要深入理解硅谷奇迹是如何发生的。

硅谷模式是社会创新的范例,其包含了三个基本结构性要素。一是企业内部,建立的是一种横向协作的社会创新,通过跨职能部门的工作小组、更加流动性的人力资源、决策过程下放、使用工作站、重新设计和策划商业模式等活动进行;二是企业之间打破传统的行业限制，社会创新表现为构建更低纵向集成水平的网络化系统，包括丰富的信息交流和交易关系，形成网络内相互联结的系统化局面；三是更大层面的社会创新网络，包括高校、社群以及涉及更广泛区域的合作性创新网络。

二、中国企业对社会创新模式的探索——海尔"人人创客"

一些领先的跨国公司已经开始在多个方面运用社会创新，比较典型的是开放式创新，利用多种方式鼓励和吸引社会中的个人、社群、团体等多元化主体广泛参与，比如宝洁、道氏化学、IBM和霍尼韦尔等，已经从实施的开放式创新战略中获得丰厚的利益。3 中国企业的一些先行者也进行了不同程度的尝试，但主要还是停留在客户参与创新的阶段。目前，有一家曾经引领中国企业改革创新的企业，已经开始了对一种全新创新模式的尝试，而这种模式正是国际领先企业正在推行的社会创新模式的一种，这就是海尔开启的"人人创客"时代。

（一）"人人创客"的由来

20世纪80年代初，海尔还是一个濒临倒闭的集体制所有小厂，经过30多年的创新、开拓与发展，现如今已经成长为全球白色家电第一品牌。虽然海尔在中国城市化和现代化过程中取得了巨大的成就，但它在互联网时代却面临着巨大挑战。海尔应该如何应对挑战？经过研究，张瑞敏得到的答案是——只有创业没有守业！成功企业的再创业最为艰难的是如何突破已有的经验和思维定式，也就是做到"自我否定"，或称之为"自以为非"。张瑞敏认为，在互联网时代，海尔每一个人都是自己的CEO，每一个人都应该成为创业家。

（二）为什么要实施"人人创客"战略

首先，顺应时代潮流。企业若要做到基业长青，必须能够跟得上时代的步伐。人类社会的每一个时代都有其主旋律和主导产业。企业长青的唯一出路是通过业务组合和组织结构的不断调整和变革，引领或顺应时代的潮流。但是能够做到这一点的企业少之又少，因为否定自我、否定成功比击败竞争对手和承认失败要难得多。很多曾经非常优秀的企业由于缺乏否定自我的勇气和魄力，纷纷倒在了时代前进的路途中。比如，在手机行业，摩托罗拉被诺基亚取代，诺基亚被苹果和三星取代，本质上都是因为被替代者没有跟上时代的发展：摩托罗拉代表的是模拟时代的技术，诺基亚代表的是数码时代的技术，而苹果代表的是互联网时代的技术，4 跟不上时代的结果只有一个——死亡。所以，在海尔只有一句话，"没有成功的企业，只有时代的企业"。做企业不能只想着成功，所谓的成功只不过是踏准了时代的节拍。对于时代，张瑞敏有自己的认识和体验。互联网时代的变化和挑战就是三条：第一，零距离，信息零距离；第二，去中心化，互联网上所有的人都是中心，每个人都是发布者、评论者，符合用户要求、需求的就可以购买；第三，分布式，资源都是分布的。互联网思维已经把我们带进一个充满生机与挑战的人人创客时代。

其次，面临着如何安置智能化背景下释放的大量劳动力的巨大挑战。虽然"无人工厂"的概念在中国已经提及十多年，但是真正实施的企业却不多。因为无人工厂不仅涉及技术和成本问题，还涉及释放出来的大量劳动力如何安置的问题。但是，随着工业 4.0 时代的到来无人工厂已经开始在中国普及。作为全球最大的劳动密集型生产制造大国，随着汽车和电子工厂自动化的大力推广，预计到 2017 年，中国工厂使用的机器人数量将超过其他所有国家。国内不少大制造企业已经开始加速该进程，海尔也不例外，海尔的工厂已经开始了自动化和机器人化的历程。原来的洗衣机生产线需要 45 个产业工人，智能化后仅需要 5 人，而现在只要 2 个人做就足够了；海尔在佛山的自动化工厂曾经有 930 人，现在只剩下 31 个人，释放出来的人员如何安置？5 目前，海尔在全球拥有 8.6 万名员工，2014 年年底减少至 7 万人，减员比率为 18%，2015 年将再减掉 1 万人。

"人人创客"战略是海尔正在搭建的生态系统，希望给更多人提供就业机会，公司鼓励更多的员工跳出传统的企业组织，转变为创业者。未来，公司的员工会越来越少，而在线的资源会越来越多，同时培育员工由操作型员工向知识型员工转型，但这面临很大的挑战。

最后，十多年转型之路未果累积的压力。21 世纪伊始，海尔便开始了探寻未来的转型之路，十多年的实践过去了，尽管海尔在新业务开拓、国际化、战略联盟等方面进行了多项实践，但从目前的状态看，仍然没有找到一条明晰的转型之路。其实，海尔真正面对的问题是对试错的承受力。试错过程的这几年时间这么长，就是因为需要掂量和斟酌。但是，容忍程度太高可能会出现以后的局面难以控制；太低级的转型又转不动。

怎么拿捏这个程度很难，这就像凯文·凯利 (KevinKelly) 在《失控》(OutofControl) 中所说的"进化的代价就是失控"，想发展就必须进化，但进化的过程就很难控制。为了成为一个时代的企业，海尔需要将自己从一个"航空母舰"演变成为"联合舰队"。张瑞敏的想法是将海尔拆分成众多小微企业。7 海尔在传统经济时代中已经达到了一定的高度，现在需要进化到一个新阶段，但不是去爬另一座新的高峰，而是把它完全转变为一个生态系统。这个生态系统就像一片森林，其中的树木可能每天都有生死，但生态系统却可以生生不息。

三、"人人创客"的核心内容：自下而上、机会均等的海尔"三化"

海尔"三化"是指"企业平台化""员工创客化""用户个性化"。这"三化"其实是海尔"人人创客"战略转型过程的三个层面，其中成败的关键是员工能不能转变为真正的"创客"。规模化、机械化生产阶段的丰田模式成为全球制造企业争相效仿的对象，可是管理大师德鲁克始终没有发表过赞扬丰田的文章，后来，他在《已经发生的未来》(LandmarksofTomorrow) 一书中表述了他的观点：丰田模式没有体现出目标管理和自我控制的精髓。首先，丰田模式没有体现出个人的尊严，丰田员工下班也在做技术创新、技术改进，现场也做得很好，但都是接受领导指令的行为，不是自发的行为，也没有体现员工的自我价值。个人自发，其实就是让自己得到别人的尊重。其次，没有体现出机会公平，这些员工不接触用户，企业组织等级森严，没有机会获得公平。

颠覆性的组织变革。海尔没有层级，只有三种人——平台主、小微主、创客。传统的分工明确、等级森严的"金字塔"组织结构荡然无存！企业员工不再"唯领导是从"，现在所有的人都要"以用户为中心"。过去的员工现在必须变成为用户创造价值的创业者、创客，由创客组成小微创业企业，创客和小微主共同创造用户和市场。小微主不是由企业领导任命的，而是由创客选举产生的，如果一段时间之后发现小微主不称职，还可以选掉。实际上，在海尔小微主被选掉的情况时有发生。经过这样的组织变革，之前的各种层级，现在变成了一个个创业团队。海尔作为平台主，其与创客之间的关系由之前的上下级关系转变成为投资人与创业者之间的合作关系。另外，平台主需要负责战略方向和驱动创客在正确的道路上前进。

开放性平台。组织变革之后的海尔已经从一个具有明确界限的公司组织演变为一个更加开放性的平台。这个创新创业平台不局限于内部员工，公司鼓励引进外部资源。公司内部的小微主加上社会的优质资源，使海尔已经由一个集中化的组织变成开放性的平台。平台内外的资源和人才共同去创造个性化的市场。变革后，"世界就是你的研发部"，同时，"世界还是你的人力资源部"，"要么协作，要么消失"。研发资源可能来自美国硅谷，主要的核心零部件来自美国得州仪器，生产在武汉光谷。只有将平台开放，才能找到更具竞争力的资源，海尔在保持原有制造优势的基础上，通过开放性平台可以充分利用互联网思维不断放大这一优势。

实现这一转型，意义重大，如张瑞敏所言："海尔向社会开放供应链资源，每一个供应商和用户都可以参与到海尔全流程用户体验的价值创造。"原来企业从研发、制造、营销到服务的"串联流程"，在开放平台中都要"并联"运作，每一个环节都直接面对包括用户在内的社会多方。海尔这个开放性平台可以实现协同共享的经济，将所有参与者的利益最大化，从而推动发展。

"用户付薪"薪酬体系。之前，海尔的薪酬体系与国际大公司一样，是按照岗位和职位付薪，这导致了员工只盯着职级，不在意用户。"人人创客"战略下的薪酬体系是以用户为中心的考核薪酬体系，让员工有足够的创新激情。8 海尔对员工的考核方式由之前的单一指标变成了"二维点阵"，由两个坐标轴组成：横坐标是传统指标销量，纵坐标是用户流量的价值。用户的流量反映了用户的关注度，当一个产品有了用户流量，实现销售便水到渠成。

如果只有销量，没有与用户交互，就认为这个"小微"不能够给市场和用户创造出新的价值。海尔内部360度考评也被用户参与考评取代。"小微"的薪酬会从客户预约，到有一定市场地位，乃至能够吸引到投资，即在不同阶段获得不断攀升的利益分享。既然是创客，就会面临风险。尽管截至目前海尔还没有宣告失败的项目，但是已经开展的小微项目中有一些项目的推进速度比较缓慢。例如，有些"小微"在推进工作时，企业价值超额不少，但是没有用户价值，因而不能得到真正的薪酬，这时就得由小微主掏钱支付员工工资，这是无法持续的，最终"小微"就得解散。当下，海尔内部还存在很多"不开放"的利益共同体，他们没有建立生态圈，下一步可能会面临被淘汰的命运。

创客大赛。截至目前，海尔集团共有 200 多个小微。2015 年 1 月，海尔集团以"人人创客，创用户最佳生活体验"为主题，举办了"海尔创客大赛 2014 年度总决赛"。大赛吸引了智能物联网水健康交互平台项目、"雷台和汽车保险代理 7 大创客项目。"自以为非"和"创新创业"两大精神是海尔集团创办创客大赛的驱动力，给创客们提供创业资源与创业项目的对接平台是创客大赛的目标。因此，创业项目评审团也分为创业资源方和天使投资人两类。此外，为了体现海尔创客平台的开放性，本次大赛还吸引了 4 个来自海尔外部的创客团队。

对此，海云数据创客团队负责人表示："海尔平台的最大特点就是开放，这是当前搭建创业生态的关键所在。如果没有这个平台，我们很难快速地获取资源，而现在，我们不但能够整合全球一流的资源，还能通过双方协作开拓更为广阔的市场。"通过创客项目路演活动，充分展示了海尔创新平台的开放性与包容性。一方面，海尔员工正在创客大赛氛围下加速向创业者转变，响应"人人创客"的号召；另一方面，创客平台能够吸引全球的优质资源凝聚和扩散，不断完善创业生态圈。

的确，任何创新和变革都要面临风险，创新的颠覆性越强，面临的风险也就越大。张瑞敏在这次企业组织变革之前曾向企业家和专家请教，IBM 的前 CEO 郭士纳说之前他也想在 IBM 改变传统组织结构，但因风险太大而没有尝试；《长尾理论》(TheLongTai1 作者克里斯·安德森 (ChrisAnderson) 表示，即便是互联网公司，其组织架构也有很多中间层，所以建议海尔最好不要去掉中间层，因为风险太大了。

郭士纳和安德森的担心也是有根据的，企业作为社会的经济组织，最根本的存在意义在于资源配置效率的提升，当企业资源配置效率与市场配置效率等同，这便意味着企业没有存在的意义。企业之所以能够比市场配置资源的效率更高，主要源于其组织资源的方式更加合理，规模化和专业化是企业配置资源效率高的两大核心要素，这也是传统的金字形企业组织结构的存在基石。在互联网时代，企业纷纷"瘦身"，逐渐压缩层级，使企业对市场反应更为迅速，效率也得以提升，但尚无企业直接消除中间层。如果说郭士纳能够"让大象善于跳舞"，那么张瑞敏则是想要将海尔这头"大象"演变为"蚂蚁军团"。我们对张瑞敏破釜沉舟的颠覆式创新拭目以待。

海尔"人人创客"战略是企业组织的颠覆式创新，其开放性、竞争性、分权性、机会均等的特征无一不体现出社会创新的特点。截至目前，可以毫不夸张地说海尔的"人人创客"战略是海内外大公司中对社会创新最为深刻和彻底的尝试，如果能够成功实现，则表明社会创新模式不仅可以在企业技术创新方面、用户参与方面发挥作用，还能够改变传统的企业组织结构和企业边界。因此，"人人创客"是海尔非常勇敢和富有想象力的创新和尝试。

第二章 创业的内涵解读

第一节 创业的内涵概述

一、创业的实践本质

"创业"是开展创业研究的核心范畴，也是从哲学角度分析创业相关问题的逻辑起点。然而，究竟如何理解和界定"创业"，人们的看法至今仍不一致。从哲学角度来说，这既是必然的又是正常的，不同类型的创业所展示的是创业的某一侧面或某一层次，它们总是从特定的视角去观察创业，自然很难取得统一的认识。但是对于从哲学角度研究创业来说，这种认识上的不一致便成为首先要解决的问题，否则它就不可能"多中见一"，在众说纷纭、歧见迭出的各种"创业"概念中科学地抽象出"创业"的一般概念，以确立自己的逻辑起点；更不能从世界观的高度去审视复杂多变的创业现象，进而揭示机理的深层本质，洞见创业世界的奥秘。

（一）"创业"是一个历史演变着的多义范畴

创业作为人类的一种自主活动，是随着社会进步和人的发展而变化的。反映到语言中，"创业"一词不仅有着上述广义狭义之分，同时还经历了从古义到今义的演化。在古代，由于自然经济的分工和社会协作比较简单，创业一词有时甚至不用于经济活动而用于政治活动。诸葛亮在《前出师表》中所讲"先帝创业未半，而中道崩殂"，指的是创帝王之业；这种观点后世也有沿用，比如我们可以说，毛泽东领导中国人民进行新民主主义革命，建立了中华人民共和国，是在创立无产阶级大业。

"创业"一词被人们主要作为甚至专门当作经济管理领域的概念来使用，是从近代开始的。在近代，随着资本主义商品生产的出现和发展，社会分工日趋细密，人类在经济领域的活动越来越被重视；特别是现代，企业与企业、地区与地区、国家与国家之间的竞争主要不取决于资源、人力的多寡而取决于科技、经济发展水平的高低，在人们的认识领域中，"创业"一词的外延和内涵逐渐发生了历史性转变，终于演化为我们今天看到的多种创业概念。

"创业"一词由"创"和"业"组成，所谓"创"就是创造，即创建、创立、创新之意，《辞海》的解释是"创立基业"。《孟子·梁惠王》有："君子创业垂直，可继也。"这里所谓的"创业"是广义上的创业，是指"事业的基础、根基"，既可以是古代的"帝王之业""霸王之业"，也可以是百姓家业、家产和个人事业。关于"业"字，其含义也有很多，《现代汉语成语辞典》对"业"有如下解释：学业；业务、工作；专业、就业、转业、事业；财产、家业、企业等。可见"业"的内涵极为丰富。同样，"创业"的内涵也极其丰富，有性质、类别、范围和过程、阶段等方面的区别与差异。

在现代社会中，"创业"被普遍用于描述开创某种事业的活动，与保持前人已有成就和业绩的"守业"是相对的。改革开放以来，创业也就指一切个人或团队创立自己的产业的活动，如开店、办厂、创办公司、投资生意等生产经营活动。在高等教育中表述的"创业"主要是指：以所学知识为基础，以技术、工艺、产品、服务的创新成果为支柱，以风险投资基金为依托，开创性地提供有广阔前景的新技术、新工艺、新产品、新服务，直至孵化出新的高新技术企业甚至新产业部门的一系列活动。

从"创业"这个概念在汉语使用中所表达的意思分析，创业一般强调三层含义：①强调创业开端的艰辛和困难；②突出创业过程的开拓和创新意义；③侧重于在前人的基础上有新的成就和贡献。而对"业"的范围没有什么限制，主要体现一个新的结果。因此，创业是一个过程，创业是一个主体通过主观努力而取得的新的结果。

理论研究对"创业"有很多表述，国内外具有代表性的主要有以下几种。

(1) 李志能等认为："创业是一个发现和捕捉机会并由此创造出新颖的产品或服务和实现其潜在价值的过程。"

(2) 刘常勇认为，创业是一种无中生有的历程，是创业者依自己的想法及密，人类在经济领域的活动越来越被重视；特别是现代，企业与企业、地区与地区、国家与国家之间的竞争主要不取决于资源、人力的多寡而取决于科技、经济发展水平的高低，在人们的认识领域中，"创业"一词的外延和内涵逐渐发生了历史性转变，终于演化为我们今天看到的多种创业概念。

"创业"一词由"创"和"业"组成，所谓"创"就是创造，即创建、创立、创新之意，《辞海》的解释是"创立基业"。《孟子·梁惠王》有："君子创业垂直，可继也。"这里所谓的"创业"是广义上的创业，是指"事业的基础、根基"，既可以是古代的"帝王之业""霸王之业"，也可以是百姓家业、家产和个人事业。关于"业"字，其含义也有很多，《现代汉语成语辞典》对"业"有如下解释：学业；业务、工作；专业、就业、转业、事业；财产、家业、企业等。可见"业"的内涵极为丰富。同样，"创业"的内涵也极其丰富，有性质、类别、范围和过程、阶段等方面的区别与差异。

在现代社会中，"创业"被普遍用于描述开创某种事业的活动，与保持前人已有成就和业绩的"守业"是相对的。改革开放以来，创业也就指一切个人或团队创立自己的产业的活动，如开店、办厂、创办公司、投资生意等生产经营活动。在高等教育中表述的"创业"主要是指：以所学知识为基础，以技术、工艺、产品、服务的创新成果为支柱，以风险投资基金为依托，开创性地提供有广阔前景的新技术、新工艺、新产品、新服务，直至孵化出新的高新技术企业甚至新产业部门的一系列活动。

从"创业"这个概念在汉语使用中所表达的意思分析，创业一般强调三层含义：①强调创业开端的艰辛和困难；②突出创业过程的开拓和创新意义；③侧重于在前人的基础上有新的成就和贡献。而对"业"的范围没有什么限制，主要体现一个新的结果。因此，创业是一个过程，创业是一个主体通过主观努力而取得的新的结果。

理论研究对"创业"有很多表述，国内外具有代表性的主要有以下几种。

(1) 李志能等认为："创业是一个发现和捕捉机会并由此创造出新颖的产品或服务和实现其潜在价值的过程。"

(2) 刘常勇认为，创业是一种无中生有的历程，是创业者依自己的想法及努力工作来开创一个新企业，包括新公司的创立、组织中新单位的成立，以及提供新产品或者新服务，以实现创业者的理想。

(3) 宋克勤认为，创业是创业者通过发现和识别商业机会，组织各种资源提供产品和服务，以创造价值的过程。创业包括创业者、商业机会和资源等要素。

(4) 雷家骕等认为，创业的目的就是为了实现商业利润。创业是"发现、创造和利用商业机会，组合生产要素，创立自己的事业，以获得商业成功的过程或活动"。

(5) 刘建钧认为，创业是"一种创建企业的过程，或者说是创建企业的活动"，创业需要一个创业的实体，这个实体通常就是企业。他强调了创新与创业的区别，指出创业活动必然涉及创新，但创新并不必然是创业活动。

(6) 罗天虎主编的《创业学教程》将创业定义为"社会上的个人或群体为了改变现状、造福后人，依靠自己的力量创造财富的艰苦奋斗过程"。创业就是一个创造和积累财富的过程，创业活动具有开拓性、自主性和功利性等基本特征。

(7) 由美国巴布森学院 (BabsonCo11ege) 和英国伦敦商学院 (LondonBusinessSchoo1) 联合发起，加拿大、法国、德国、意大利、日本、丹麦、芬兰、以色列等十个国家的研究者应邀参加的"全球创业监测"项目，把创业定义为"依靠个人、团队或一个现有企业来建立一个新企业的过程，如自我创业、一个新业务组织的成立或一个现有企业的扩张"。

(8) 杰弗里．A．蒂蒙斯 (Jethy'A.Timmons) 认为："创业是一种思考、推理和行为方式，这种行为方式是机会驱动、注重方法和与领导平衡。创业导致价值的产生、增加、实现和更新，不只是为所有者，也是为所有的参与者和利益相关者．'

(9) 霍华德 H．斯蒂文森 (HowardH．Stevenson) 认为"创业是一个人——不管是独立的还是在一个组织内部——追踪和捕获机会的过程，这一过程与其当时控制的资源无关"，并进一步指出有三个方面对于创业是特别重要的，即察觉机会、追逐机会的愿望及获得成功的信心和可能性。

这些定义都描述了创业的一个或几个侧面，如强调了识别机会的能力，正确地预测下一个不完全市场和不均衡现象在何处发生的套利行为与能力。西方有影响和有代表性的创业定义主要立足于四个方面，即创业家个性与心理特质、识别机会的能力、获取机会、创建新组织与开展新业务的活动，其中的两个方面涉及创业机会。

创业是人类基本的生存方式，是一切财富的源泉，是促进国家昌盛、社会繁荣、人民富有的必然手段。人类的历史就是创业的历史，社会文明与物质文明无不是创业者劳动和智慧的结晶。

从范围上讲，创业有广义、狭义之分。广义上的创业，泛指人类一切带有开拓意义的社会变革活动。因此，从广义上说，一切有益于国家、社会、人民利益的活动，都可以称之为创业。广义创业涉及的领域非常广阔，无论政治、经济、军事、文化艺术事业，只要人们从事的是前无古人的事业，都可称之为创业。前文提到的刘备创帝业和毛泽东领导中国革命胜利，热心公益事业的人建立公益性组织、扶贫组织和志愿者组织，创立扶贫公益事业，都可属于广义的创业。而从狭义上讲，创业就是社会上的个人或群体自己开展的以创造财富为目标的社会活动，开创属于自己的经济组织，获得经济上的收益。这种活动对于整个人类来讲，也许是有许多前人的经验的，但对创业者本身来说，则是从未经历过的、从头开始的事业。在当今改革开放的背景下，一系列白手起家开拓出新局面的企业领导者所做的工作都是狭义上的创业活动。根据上述分析，我们可以给创业下一个明确的定义：创业是指社会上的个人或群体、为了改变现状、造福后人，依靠自己的力量创造财富或开拓新局面的艰苦奋斗过程。

（二）创业是人类一种特殊的实践活动

与当下社会对创业认识上存在的巨大分歧不同，从哲学角度对创业所做的定义比较统一，都认为创业是人类社会特有的某种"活动"。至于究竟是什么性质的活动，创业这类活动同人类其他活动有何区别及联系，人们的看法又不一致。大概可以归纳为如下三类：一是将创业看成一种可观察、可量化的组织商业活动，认为创业就是组织调配资源、指挥控制作业人员的感性活动。这种观点将决策等思维活动排除在创业活动之外，认为创业虽离不开决策、政策、计划等思维形式，但它们本身不属于创业。二是认为创业既包括创业的感性活动，又包括指导创业实践的理性思维活动，主张创业是一种"社会活动"。三是认为创业是一种特殊的社会实践，而且是社会实践的一种基本形式。

对于创业的这三种看法，第一种显然是片面的，因为创业既不是无思想的纯感性活动，也不是无行动的纯理性活动，而应当是感性和理性、行为和思想的统一。任何一个完整的创业过程，都必须经历由预测、决策、计划到组织、指挥、调控这样两个大的阶段，缺一便不能完成创业。

既然第一种看法有其明显的片面性，是否意味着第二种观点可以成立？的确，第二种观点很全面，认为创业既包括创业者的一系列主观认识活动，又包括组织、指挥、调控创业活动对象的现实活动或实践活动。不过这种观点却回避了一个重要的内容，即创业这种"社会活动"中的两类活动，究竟有无主从之分？或者说，究竟是创业的实践活动决定创业的理性活动还是相反？因此，第二种观点虽全面但欠深刻，没有明确揭示创业的本质。而回避创业本质的"全面"只能是肤浅的"全面"，它无助于人们从哲学高度去认识创业。

笔者赞同上述第三种看法，认为创业在本质上是一种特殊的社会实践活动。至于为什么要把创业的本质归结为一种特殊的社会实践，可从以下四个方面加以阐述。

第一，创业是人类的一种目的性活动，而不同于动物的本能活动和人类的无意识活动。众所周知，动物也在活动，但动物的活动主要是由遗传获得的本能活动，缺乏明确自觉的意识为指导。某些高等哺乳动物虽开始具有人类意识的萌芽，其行为也有某种高于其他动物的目的指向性，但这终究是一种本能行为，它始终无法意识到其行为的意义。人类既有同动物相似相通的本能活动，又有与之完全不同的目的性活动。人作为一个有生命的自然存在物，先天地具有求生存、求安全的生物本能，这类活动是由先天遗传获得的无意识行为。而人之为人，人高出于一切动物的地方，却在于人还有另一类活动：即由各类意识支配着的目的性活动，创业便是其中之一。在人类早期的创业活动中，就包含创业者明确的目的性和计划性。随着创业活动的发展，创业的目的越来越复杂、计划越来越周密，以致发展到今天，创业决策和计划已成为创业过程中一项重要工作，成为创业活动成败的关键环节。可见，创业活动是人类的一种目的性活动，目的性是它的第一重本质属性。

第二，创业是一种自觉的自组织活动，它按照自觉的目的和复杂的方式将参与创业者高度组织起来。根据系统论的观点，任何系统都是自组织。系统各要素之所以能按照一定的结构方式组成有序的系统组织，都有它内在的组合机制。从简单的原子到复杂的生命，各类自然物无不自成系统，也无不具有自身特有的组织功能和组织机制，否则，自然界便将处在永无秩序的混沌离散状态。人类社会作为由众多的人和不同的物组成的最复杂的特殊物质体系，同样是一个自组织体系；不过，它同自然物质系统存在着明显的区别。自然系统是由物理的、化学的、生物的各种组织机制来发挥其组织功能的，其组织过程是一个自然过程。人类社会领域中很多经济和社会活动都不可能自然地组织起来，而必须借助于自身特有的组织机制，这其中重要的形式之一就是创业。马克思主义哲学认为，从猿到人经历了十分漫长的历史进程，劳动最终将人从动物中提升出来。而严格意义上的劳动不是原始个体分散的觅食活动，而是将个体有序组织起来的社会组织活动。可见，创业活动不仅以其明确自觉的目的性与动物的本能活动区别开来，还以其自觉的组织性与自然系统自发的组织性区别开来。

第三，创业是人类实现目的的对象化活动，是主观见之于客观的实践活动。人类有目的的活动可以划分为两类：一类是客观见之于主观的认识活动，另一类是主观见之于客观的实践活动。前者即主体对客体的反映，其进程由外到内、由客观到主观，目的在于认识客观世界；后者即主体对客体的能动改造，其进程刚好相反，表现为从内到外、由我及物，目的在于将主体自身的需要、意志、追求加以实现。显然，人类这两类活动都有明确的目的计划，但二者的目的指向却刚好相反。黑格尔将后一类活动看成绝对理念的对象化（或物化、或异化、或外化）过程，马克思则将其看成人类实现自由自觉本质的实践活动。毫无疑问，创业作为有明确目的指向的人类自组织活动，离不开诸如预测、目标、决策、计划等思维形式，而且在整个创业过程中，无论是组织（企业和社会组织）的创建，还是组织在具体活动中的控制、协调、激励、引导诸环节，也无不渗透着创业者的意向、偏好和创业组织成员的情绪、追求。

第四，创业是一种特殊的实践活动。在通常意义上，实践被定义为人类改造客观世界的现实活动，其基本特征是"改造"或"对象化"，即按人的目的需要去变革、改变已有的对象和秩序，创建能满足人的需要的新对象和新秩序。创业则有所不同，它是一种特殊的实践活动，与通常所说的实践活动存在着两点区别：其一，两类实践的对象性客体不同。一般实践是以外部客观世界为其作用对象，实践者直接面对的是自然和社会环境；创业作为计划、组织、控制各类实践活动的特殊实践，创业者直接面对的不仅是外部自然界和创业组织以外的社会环境，而且包括参与各类实践活动的人和组织，是以各类实践活动为其作用对象。其二，两类实践的主体不同。一般实践的主体是指直接参与改造自然和变革社会的多数人，包括从事生产实践的工人、农民、工程技术人员，从事科学实践的科研人员和从事各类具体社会实践的人（如普通士兵、警察、政府各级各类事务员等），以及直接配合这些实践活动的辅助人员（如物资储运人员、信息传输人员、资金保管人员等等）。而创业实践的主体则指规划指导各类实践活动和组织指挥各类实践主体的少数人，即创业者。当然，这两类不同实践主体的划分只具有相对的意义，因为在现实生活中有的人兼有双重身份。但是二者之间的区别又是明显的，在任何时候和任何地方，创业实践的主体总是指直接从事各类创业活动的少数人而不是直接参与其他实践的多数人。如果看不到二者的这种区别，就抹杀了社会分工，无法理解创业何以是一种特殊的实践活动。

综上所述，我们不难看出，创业不是人类无目的的本能活动，而是有目的、有计划的自觉活动；本质上不是有目的的人类认识活动，而是根据已有认识实现目的的实践活动；不是直接改造客观世界的一般实践活动，而是计划、组织、指导、控制一般实践活动去实现创业目标的特殊实践活动；不是局限于一时一地的实践活动，而是人类社会无时不有、无处不在的基本实践活动。因此，如果用以上内容来概括创业，我们可以说，创业就是创业者为达到一定目标而对某类实践活动进行的组织行为过程或特殊实践活动。

（三）创业的基本特征

创业既然在本质上不能归结为某种思想而只能归结为实践，说明它具有实践的一般特征；既然它是一种以其他各类实践为对象的特殊实践，又蕴含着一系列区别于其他实践的具体特性。

首先，创业作为一种实践，无疑具有各类实践共有的客观性。这是因为：第一，无论何种创业，都是由创业主体有目的地作用于创业客体的活动。无论是创业主体——人，或是创业客体——人、财、物、时间、空间、信息，都是不以个人意志为转移的客观存在。这说明创业的两大基本要素是客观的。第二，创业活动虽然是人们有目的的、受创业者思想控制的活动，但本质上不能归结为思维活动，而应归结为实践活动。创业过程主要不是从客观到主观的内化认识过程，而主要是从主观到客观的物化实践过程。任何创业及其环节虽然体现了创业者的目的、意志、思想、情感，但科学有效的创业结果总是受客观规律的制约和创业实践的决定。因此，创业过程从根本上看不是创业者主观随意的纯思维过程，而是创业者通过种种创业中介实现主观的行为发生过程。第三，任何创业

27

活动最终都会形成某种结果，产生一定的创业效应。这种创业效应可能与人们期望、预料的相符或不符，不同的人对此必将做出不尽相同或者完全相反的评价。这说明创业效果具有主观差异的一面。但是，人们对效果的评价是一回事，效果的实然存在状态是另一回事，它不会以人们的好恶为转移，这说明创业活动的结果也是一种客观存在。由此可见，无论是创业的基本要素还是它的现实过程，是创业的效果还是人们运用创业的艺术，都体现了创业的客观性。

其次，创业作为人类一种自觉的社会实践，还具有明确的目的性和周密的计划性。这里所谓的目的，是指创业活动所要达到的目标；所谓计划，是根据预定目标的要求和实际提供的多种可能进行决策和制定计划。如前所述，创业活动区别于生物本能活动和人类下意识活动的地方，首先在于创业活动在进行以前，一般都预先设定了目标和计划，这说明创业活动具有目的性和计划性。但是，一般社会实践活动也有目的和计划，这就必须对二者的目的计划进行比较。按照人们通常的理解，一般的实践在于改造客观世界或探索客观规律。而创业者对创业目的则看法不一，有所谓盈利说（认为创业目的在于赚钱盈利）、效率说（通过创业提高生产效率或工作效率）、功能放大说（通过创业谋求组织系统的最大功能或最佳效益）和社会效益或社会责任说。说一般实践的目的在于改造客观世界固然不错，但却过于笼统，因为实践是具体的、多样的，不同的实践各有其特殊的目的内容。而认为创业的目的在于盈利或在于提高组织工作效率等，既不完全符合创业的真正目的，也割断了创业目的同实践目的的统一关系。其实，创业的目的同实践活动的目的是一致的，这种一致性从两个方面表现出来：一方面，实践的需要产生了相应的创业项目，实践的目的从根本上决定和制约着创业的目的，没有离开一定实践目的的创业目的。脱离实践的目的而另设创业的目的，这种目的要么是不真实的，要么必然因背离它的对象的目的注定不能实现。另一方面，创业作为经济和社会领域的特殊实践，首要的任务就是给实践定方向，赋予实践活动明确的目的性；其次是通过各种手段，统一创业组织成员的行为目的和控制整个实践过程沿着既定的目的运行，创业的目的又集中表现了实践的目的。脱离了创业的目的，参与实践活动的各个人的目的就不可能统一起来，整个实践活动就会因此而丧失自己的目的。可见，一般社会实践同创业这一特殊实践都有目的，都具有目的性，二者的目的是一致的。

最后，创业作为人类社会的特有形式，具有诸如内聚性、协调性和有序性等特征。这里所说的内聚性包括两层含义：其一，创业是具体的，具体的创业有它特殊的实践对象和作用范围。如果创业的对象错位或创业范围无限扩大，势必造成创业活动的混乱和创业失控。这就意味着，创业是针对一定对象和在一定范围内的活动，创业的内聚性，首先是指创业给它作用的实践活动确定对象和划定范围，以使实践系统同环境的内外界限一目了然。其二，创业的内聚性还指创业对实践系统内组织成员的凝聚功能。各类实践活动是由一个个实践者共同参与的群体活动，如果没有创业通过各种方式将他们联系、凝聚在一起，就不可能有社会的"合力"，自然也谈不上实践。所谓协调性，是指要实现创业目标，就要对实践活动进行协调，这既包括组织成员行为的协同一致，也包括对组织系统各成员之间关系的调整处理；既包括对实践过程中人和物、物和物多种因素的合理配置与适时调整，也包括正确处理组织与环境的复杂关系、维护二者的动态平衡。这就是说，协调是各类创业活动实现自身预期目的的手段，以保证它所创业的实践沿着既定的方向正常进行。所谓有序性，是相对于无序、混沌、离散而言，它是对事物一种存在状态的描述。在社会生活中，经济繁荣、政治稳定、思想统一、秩序井然表现了社会系统的有序性。而经济失调、政局动荡、思想混乱和旧的秩序被破坏，则意味着社会的无序。各类社会实践的作用在于破坏已过时的有序状态而追求更新的有序状态，因而它必然伴随着对旧秩序的种种破坏，引起各种各样的失衡、震荡、分化、混乱等无序现象。而要克服这种无序达到新的有序，创业者应当尽量减少实践过程的盲动性和混乱性，以使各类改造客观世界的活动有序地进行并最后建立起新的秩序。

（四）创业的二重性

研究经济领域的活动不难发现，一切经济创业也有二重性；不仅以建立企业为目的的创业有二重性，社会创业也有二重性。包括生产企业创业在内的所有企业创业的二重性，是指创业既同生产力又同生产关系相联系，既反映生产力的需要又受生产关系的制约，既包含如何合理有效地组织生产、进行分配和交换的技术性，又包含实现创业者的生产目的，维护某种生产关系的社会性。以实现公益目的而开展的社会创业的二重性，是指社会创业的手段性和目的性。前者包括如何设置最佳的组织模型，有效地控制社会创业活动组织和人员的行为方式，提高工作效率；后身体现为社会组织的价值取向。

可见，任何创业都有二重性，即创业的自然性（技术性）和创业的社会性。自然性（技术性）包括创业的科学决策程序、计划的制定方法、合理的组织原则、有效的指挥艺术和严密的调控机制等；社会性指创业的各类社会属性，包括创业者的社会地位或所属阶级的阶级性，创业者的价值观念和价值取向、创业关系的社会性质以及创业所产生的社会意义。这就意味着，创业作为一种特殊的社会实践活动，尽管它具备前文提到的多种属性，但归根到底可归结为这两类基本属性。其中，创业的技术性遵循效率原则，反映了创业活动的客观规律，表现了创业的科学性和通用性，属于创业的自然本质；创业的社会性则不同，它所遵循的是价值原则，反映了创业者的主观意图和价值取向，代表着某种特殊的社会关系，属于创业的社会本质。

创业二重性理论的提出，对于我们深入理解创业和正确对待创业具有重要的意义。

首先，创业二重性表明，创业既不是无目的、无计划的纯感性活动，又不是纯理性的认识活动和思维活动，而是目的观念的对象化活动，是主观和客观、目的和手段、观念和技术相统一的特殊实践活动。这就告诉人们，任何创业部是由两重基本属性共同规定的，缺一便不成其为创业。如果只看到创业某一方面的属性，就会对创业的本质做出错误的判断。

其次，创业的自然性表明，创业虽是人类一种有目的、有计划地组织、调控某类实践活动的能动活动，但人们的目的计划必须合乎创业的实际，不得违背创业活动的运行规律。任何一项有效的创业活动，都是创业者正确认识创业实际和遵循创业规律办事的结果。如果以为创业既然是创业者的活动，创业者可以随心所欲、任意妄行，就抹杀了创业的客观自然性，其结果是无法进行科学有效的创业活动。

最后，创业的社会性表明，创业作为由其他实践所决定并反映一定社会关系的特殊实践，还具有时代性、民族性、阶级性、社团性等特殊性，不同的创业之间存在着严格的界限，不容混淆和机械照搬。

二、创业的社会方位

创业是实现创业目标的特殊实践，因此，创业的存在必然有着它无可估量的多种社会价值。不过，要寻求它所存在的社会方位和认识其社会价值绝非易事，这需要将它置于社会系统的大背景之下，分别考察它与经济、政治和文化的复杂关系。

（一）创业和经营管理

在经济领域创业活动中，"经营"和"管理"是使用频率最高的两个词汇。但是对于"经营"和"管理"的关系人们很少注意，从而使我们在概念上发生某种程度的混乱。

之所以发生"经营"和"管理"混用的情况，首先同汉语的习惯有关。在古汉语中，"经"含有通盘谋划或从长计议之意；"营"含有营造和操办之意。"经营"合用，是指通过深思熟虑去参与某项事业，其意与我们现在所说的"管理"大致相当。所以，在日常用语中，很难对经营和管理做出明确的界定，"经营""管理"常常连用或相互代用也就不足为奇了。

在西方学术界，"经营"和"管理"则是两个相关但含义不同的经济学范畴。法约尔认为，人们常常将经营和管理等同看待是很有害的，应当对二者进行区分。在《工业管理和一般管理》一书中他指出："所谓经营，就是努力确保六种固有职能的顺利运转，以便把事业拥有的资源变成最大的成果，从而导致事业实现它的目的。"他所说的管理，只是经营的六大职能（技术职能、营业职能、财务职能、保养职能、会计职能、管理职能）之一。很明显，法约尔所理解的"经营"，指的是企业（特别是大企业）的整个经济活动；而他所理解的"管理"，只是作为经营的一个环节或一个方面，其职能包括对经济的计划、组织、指挥、调节和控制。

不过西方还有另一类理解，其代表有霍金森和西蒙。霍金森在其《领导哲学》中认为管理就是政策的制定，它包括"哲学""计划""政治"三个环节；经营则是政策的实施，它包括对人员的组织动员，对问题和效果的检查。也就是说，管理同经营相比较，前者更为根本，因为只有按照某种哲学制定政策和编制某一经营计划的行为才称得上管理，而经营不过是执行既定政策计划的行为。西蒙同霍金森的观点大致相同，认为管理就是决策。按照他们的意见，管理同经营并非属种关系，经营不能包含管理，而是思想和行为、计划和执行的关系，二者很难划出一条决然分明的界线。

笔者认为，仅仅把管理理解为政策计划的制定等决策活动是极不全面的，因为管理绝不限于这类活动，还包括诸如组织、指挥、调整、控制等活动。同时，不应将经营和管理当作种属概念关系，不能笼统地说经营包含管理，而应将二者看成相互交叉的逻辑关系，具体分析它们之间的相互作用。首先应当明确规定，所谓经营，是专指现代企业的经济活动，而超出企业经济活动的范围，不得使用"经营"一词（如古代那样泛用）。在这种场合，即在企业经济活动的领域，企业管理便属于企业经营的一个环节，或者说经营包含管理。但是还必须看到，管理又不是企业所独有的，而是一种普遍的社会实践活动。因此，如果超出企业经济活动的范围，或者将企业置于社会大系统之中来观察，我们便会发现两类现象：其一，不独企业的经营活动需要管理即企业管理，企业之外的其他任何实践活动也需要管理，管理有其广泛的社会性；其二，企业的经营活动既需要企业内部的企业管理，还必须接受行业组织和国家的宏观管理。这两类现象说明，管理具有比经营更宽泛的适用范围，管理又包含经营。

管理和经营的上述复杂关系告诉人们，在创业活动中，既不可能没有经营，也不可能缺少管理。在企业内部，创业者的企业管理必须纳入其经营的轨道，为整个企业的经营活动服务。管理和经营的关系处理得当，企业和组织的创业活动便会正常进行，整个社会的综合实力也会同时增强。

（二）创业管理和生产力

生产力即人类征服自然、改造自然的能力，它是由劳动者、劳动对象和劳动资料三种基本要素按一定方式构成的动态物质系统。唯物史观认为，物质资料的生产是人类社会赖以存在和发展的基本实践，生产力则是推动社会历史进步的最根本的动力。在整个社会大系统当中，生产力居于决定一切的基础地位。判断一种事物是否具有合理性，归根到底是看它对生产力有无积极的推动作用。

那么，创业同生产力之间究竟是何关系？或者说，创业对生产力起着哪些作用？显然，回答这些问题既涉及如何全面理解生产力概念，也关系到对创业的社会价值的认识。首先，应当肯定，经济领域创业作为以实现企业经济效益为目标的特殊实践，是社会生产力的一个内在要素，对生产力起着多种积极作用。通观古今各种形式的生产力，可以看到这样一些现象：其一，生产什么和怎样生产，这是生产力得以形成的先决条件。但是生产什么（生产目的）和怎样生产（生产计划）不可能由生产力的其他要素决定，而必须由生产的决策者来考虑。其二，现实的生产力不可能自发形成，劳动者、劳动资料和劳动对象如何按一定的比例结合并组织成现实的生产力，也必须借助于企业经营者（创业者）来实现。创业者只有发挥组织功能，生产力的各类基本要素才可能构成能动的生产力系统，而缺乏组织或组织不善就谈不上现实的生产力或形不成有效的生产力。其三，生产力所要解决的是人和自然的矛盾，生产力的活动过程不可避免地要出现这样那样的矛盾。这些矛盾显然也不可能自然地得以解决。要解决这些矛盾，便需要创业者通过生产管理对之进行调整和控制。以上事实说明，创业者所进行的生产运作管理工作虽然不是生产力的实体要素，但从来都是它的重要因素。当创业者为生产力确定生产目标和制订生产计划时，使生产运作管理工作成为生产力的决策计划要素；当创业者围绕计划目标而对生产力的各类要素进行最佳配置时，使之成为生产力的组合要素；当创业者对生产力的现实运动进行调整时，使生产运作管理工作成为生产力的制导要素。因此可以说，创业者的一系列管理、决策工作也是生产力或是生产力的组成部分。

其次，在创业管理和生产力之间，不仅创业管理的许多作为生产力的要素对生产力起着多重作用，同时生产力又从根本上决定和制约着创业管理，生产力对创业管理也具有多重作用。在古代自然经济条件下，人们凭借手工工具进行生产，生产力的社会化程度低，这决定了当时的生产多采用家长式的经验管理形式，管理主要凭习俗、经验、强制指挥来进行。而从近代开始，随着商品经济的高度发展和生产的社会化，生产管理的地位不仅日益突出，创业者管理的内容和方式也逐渐发生变化。在资本主义手工工场中，虽然同样使用手工工具，但因出现了初步的工序分工，生产便只能由工场主来行使统一指挥和管理，手工业工人开始丧失了家庭手工业和行会手工业时期的独立性。随着机器代替手工，出现了资本主义早期的工厂，分工更细，协作性更强。与此同时，一方面工人被降低到简单操作某一机器的附属地位，另一方面又产生了最早的专职生产管理阶层，管理开始具有过程性和专业性。再后，随着生产力社会化程度的进一步提高，一方面机器的专业化程度愈来愈高，生产进程需要创业管理的环节越来越多；另一方面，随着劳资关系日益紧张，对生产者的创业管理问题日益突出。为解决这两个方面的问题，仅靠原有的创业管理经验和对雇佣劳动者的简单命令被证明是行不通的，这就刺激了近代资本主义创业管理理论的产生。到现代特别是当代，传统的工业在发达的资本主义国家相继为更先进的现代企业所取代，生产具有国际性，出现了各式各样的管理方式。可见，并非创业者管理单方面对生产力起着促进作用，由于创业者的管理工作也受制于生产力，生产力对创业者管理也起着促进作用。在考察创业者管理工作和生产力之间的关系时，人们较多注意到的是前者，往往认为创业企业的生产力落后是创业者管理水平落后所至。事实上，初创企业管理的落后有它更深层的根源，即企业的生产力在总体上的落后。

再次，让我们来具体分析一下创业管理的社会价值。如前所说，创业管理作为生产力的内在要素之一，起着计划、组织、指导生产的多种作用。因此，从抽象的意义上讲，创业管理具有无可估量的社会价值。尤其在当代，生产率的提高已经主要不取决于劳力、工时和资源的投入．而主要取决于创业者管理方式的改善。但是深入思考后我们又会发现，并非所有的创业管理活动都对生产力起推进作用，如果管理不善或不当，生产力会遭受摧残。这就意味着，创业者管理工作不是无条件地构成推进生产力的积极要素，有时它会转化为阻碍、破坏生产力的消极因素。究竟创业者的管理工作是有益的还是有害的、是发挥正面的社会价值抑或产生负面的否定价值，关键不在于创业管理本身，而在于创业管理者如何进行创业管理。

一般而言，创业者的管理工作对生产力沿着什么方向起作用可以通过以下几点来鉴别：第一，创业管理所确定的生产目标是否正确。这里的生产目标是指创业者为生产确定的生产方向，它包括企业的产品类型或服务项目，一定时期内企业应完成的产品数额或服务总量。所谓目标正确是指创业者确定的目标有实现的可能性，能激发、调动本企业职工的最大工作热情，能以最低的投入换取最大产出的营利性。显然，创业者在选择生产目标时符合以上条件，才可以被肯定是有效的；反之，如果选择的目标过高、缺乏现实的可能性，或者目标过低、缺乏挑战性和营利性，一开始就会将生产引入歧途，这对生产力不仅无益，反而有害。第二，创业管理对生产力诸要素的匹配组合是否合理。生产经营管理的一项重要使命是按照生产目的的要求合理配置资源即组织人力，而配置组合是否合理，直接关系到生产效率的高低。如何配置资源和组织人力是一门深奥的学问，其基本要求是人尽其才，物尽其用，以有限的人力物力和财力，形成最佳的生产格局和组织网络。系统论认为，系统的总体功能不等于各要素功能的代数和，而是大于或小于其代数和。创业者如果能合理配置资源和组织人力，便能发挥生产力的最大效应，使其生产总量大于各人单干时的总和。相反，如果创业者随心所欲地配置资源和组织人员，造成物资和人力的浪费，其结果不仅不能发挥生产系统的最大效益，反而大大低于单干时的生产总和；给企业生产带来的只能是负效应。第三，创业者管理工作对生产过程的调控是否恰当。创业者对生产过程的调控包括创业管理人员对作业人员行为的指挥引导、对生产情况的了解和督促、对生产过程诸矛盾的处理、对组织成员之间关系的调整和对他们工作热情的激励等。所谓创业者对生产过程的调控适当，即指创业者对员工指挥有方、引导有效；对生产情况了然于胸；对各种矛盾能及时处理；能激励组织成员为企业多做贡献，善于解决员工之间的利益矛盾以形成和增强团体意识，等等。相反，如果创业者滥用权力、指挥无方、形象不佳、无力引导员工为企业自觉工作，或者创业者对生产不懂行或不了解，或者出现矛盾"绕道而行"，其结果只能是给生产带来混乱。

通过以上分析，我们可以对创业管理和生产力的关系做出如下归纳：第一，创业管理和生产力是两个内涵不同的概念。生产力是人类征服自然改造自然的能力，创业管理则是创业者管理企业的特殊实践。如果不加限制地说创业管理是生产力或生产力的组成要素，就将二者看成了一个包含另一个的种属关系，这显然是对创业管理的狭隘理解。第二，创业管理同生产力又有着密切的交互关系，主要表现为，任何一种形式的创业管理归根到底都是由一定的生产力水平所决定、所制约的。在此意义上可以认为，生产力决定创业管理水平，创业管理形式的选择必须符合生产力的要求、适合生产力的发展状况。第三，创业管理既可以促进生产力的发展，也可阻碍、延缓以至破坏生产力的发展。如果创业者工作得当，创业管理形式适合生产力的发展水平，它就会促进生产力的发展，从而具有积极肯定的社会价值。如果创业者工作失误或不当，创业管理形式不适合生产力的发展水平，那它就损害生产力，产生负面社会价值。创业管理这两种不同性质的社会价值，反映了创业管理对生产的两种反作用。对此，创业者应有清醒全面的认识。

（三）创业和政治

在当今创业教育领域，由于大多数人常常将创业当成纯经济学范畴来使用，因此较多注意到创业同经营管理、创业同生产力之间的关系，而极少注意到创业同政治的关系。

创业是人类基本的生存方式，是一切财富的源泉，是促进国家昌盛、社会繁荣、人民富有的必然手段。人类的历史就是创业的历史，社会文明与物质文明，无不是创业者劳动和智慧的结晶。其实，政治同创业的关系非常密切。

回顾当代的中国经济发展史，不难发现改革开放以来，中国的发展就是一部"创业史"。客观地说，当代中国人民的创业史是从改革开放开始的。1978年党的十一届三中全会，党中央果断地摒弃了"以阶级斗争为纲"的错误指导思想，把党和国家的工作重心转移到经济建设上来，使中国人民迈进了创业的新时代。

从1979年初至1988年的十年中，中国的创业活动经历了从原始积累到正式起步两个阶段。特别是1984年党的十二届三中全会全面通过的《关于经济体制改革的决定》中明确指出：社会主义经济是公有制基础上的有计划的商品经济，商品经济是社会经济发展不可逾越的阶段。经济体制从计划经济转向商品经济使人们了解了社会发展趋势。一些早期的万元户、先进的知识分子掀起了中国创业的第一次大潮，创业者从事的主要是第三产业、科技产业。四通集团、联想集团、北大方正、王码公司都是这一时期开始创业的。柳传志、段永基、王选、王永民也都成为一代创业的传奇人物。

1988年以后"左"的思想回潮和外国经济的制裁一度使国家经济发展陷入低谷，也使创业活动受到影响，然而有识之士痴心不改，特别是"国家允许私营经济在法律规定的范围内存在和发展"的内容直接纳入宪法，坚定了有志创业者的决心和信念。段永平、史玉柱等都是这一时期出现的创业精英。

1992春，改革开放的总设计师邓小平同志发表了南巡讲话，提出了"三个有利于"的判断是非的标准。特别是针对一些人抽象的姓"社"姓"资"问题纠缠，明确指出"不争论"，大胆地试，大胆地闯，"特区"姓"社"不姓"资"。

小平同志在南巡讲话中提出"发展才是硬道理"的命题，当时很多人只简单地理解为小平同志强调发展经济的重要性。事实上，"发展才是硬道理"这个命题一直贯穿在邓小平理论之中。我们可以从以下四个角度去理解小平同志的论述。

第一，"中国发展得越强大，世界和平越靠得住。"邓小平站在时代的高度，对时代特征进行了科学的分析，提出了和平与发展是当代世界的主题。在和平与发展问题上，邓小平认为和平是发展的条件，发展是实现和平的出路，"越发展和平的力量越大"，因此，发展问题是核心。中国是发展中国家人口最多的国家，中国越发展，在国际事务中的作用就会越大，对世界的和平和稳定的贡献就越大。发展是硬道理是一个带有时代性和国际性的命题。

第二，只有发展了，人们才能拥护社会主义。经济发展，人民生活水平提高，社会主义才会赢得与资本主义相比较的优势，人民才能从内心里拥护社会主义，才能更好地坚持社会主义。

第三，只有发展，才能解决中国所面临的所有问题。中国要解决的问题千头万绪，对外要反对霸权主义，维护世界和平，对内要尽快提高人民的生活水平，还要实现国家统一。这些问题的解决都依赖于中国的发展。

第四，中国要善于把握时机，加快发展。中国过去丧失了发展的机会，一直没有改变经济落后的状态，现在要加快发展。中国经济发展要力争隔几年上一个台阶。

南巡讲话有如春风驱散了笼罩在人们心头的阴霾，又一次掀起创业大潮，比之以往，创业规模增大，创业范围也由最初的第三产业、科技产业向房地产、金融业、教育产业等方向拓宽。1992 年党的十四大提出，我国经济体制改革的目标是建立社会主义市场经济体制，市场逐渐规范化，创业活动也走向规范，走向正轨，朝着健康的方向发展。

党的十五大报告中指出：非公有制经济是我国社会主义经济的重要组成部分，对个体、私营等公有制经济继续鼓励、引导，使之健康发展。九届人大一次会议通过的《中华人民共和国独资企业法》为民间创办企业提供了可靠的法律依据，取消注册资本金的限制条件（一元钱也可以注册企业），降低了企业经济者做老板的门槛，鼓励一切有能力的人投资创业，再一次掀起创业的浪潮。

党的十六大报告指出，必须毫不动摇地鼓励、支持和引导非公有制经济的发展，要鼓励人们自谋职业和自主创业。党章中也明确私营企业主和个体户等六种新的社会阶层作为党的社会基础。政治与政策的保证促使人们可以用自己的智慧与劳动追求自我发展，开辟美好的未来。十六大以后，中国的创业活动更加规范、有序、健康地发展。广大创业者意气风发、开拓进取，同全国人民一道在建设小康社会的康庄大道上一展宏图。

2015 年李克强总理提出"推动大众创业、万众创新"，在中关村与创业者一起喝咖啡，2015 年 5 月 13 日发布《国务院办公厅关于深化高等学校创新、创业教育改革的实施意见》（国办发 [2015]36 号）。我们在看到国家关注创业的同时，也更应感受到创业与国家政治稳定的联系。创业活动的蓬勃开展必然带动经济发展，经济发展才能使人民安居乐业，这就是每一个普通人的"中国梦"，这也是中国最大的政治命题。

（四）创业和文化

同上述忽视或看轻政治对创业的作用的倾向所区别，最近几年，我国创业界对"文化"问题表现出兴趣，"企业文化"受到学者和企业家的欢迎。但是问题也接踵而至：究竟什么是文化？文化同创业企业到底是什么关系？

笔者认为，文化有广义和狭义之分。不同的是，文化同创业之间不具有直接的同一性，而是相互交叉的两个概念，彼此间的关系非常复杂。按照马克思的观点或对文化作广义理解，"文化"就是"人化"，即人的本质的对象化。马克思认为人之高出于动物，在于他们不是坐等自然的恩赐，而是能通过实践向自然索取。换言之，人之所以为人的秘密，不是像动物那样消极地适应环境，而是按照自身的需要通过实践去能动地改造自然、改造社会和自身，不断地创造一个个适合人的生存和发展的人文环境。这个人文环境即是人的自由自觉本质的对象化，创造人文环境的活动过程也就是自然的"人化"过程或创造文化的过程。因此，凡是由人所创造或被打上人类意志印记的一切，包括各类器物、组织、制度和意识形态，都属于文化范畴。创业作为人类特有的自觉的自组织活动，无疑是人类自由自觉本质的一种体现。

文化除去上述的广义解释，还有两种狭义理解。一种是相对于社会经济、政治而言的文化，即毛泽东所说的观念形态的文化。观念形态的文化是指反映一定经济和政治的精神产品或社会意识，它既包括构成上层建筑的各种社会意识形态如宗教、道德、艺术、政治、法律、思想、哲学等，又包括各种科学技术。另一种专指文学艺术。此外，体育、杂技、卫生也应列入文化范围。很明显，作为一种观念系统或作为某种精神现象的狭义文化同作为一种特殊实践的创业是两个不同的概念。当我们在狭义上使用文化一词时，就不能再说创业是一种文化。

弄清了文化的两种含义，我们便有可能阐明创业和文化的关系。

一方面，创业作为广义文化之一种，对其他文化具有渗透性和能动性。这里所说的渗透性，是指凡是由创业者创造的文化成果，都渗透着创业者的理念。这里所说的能动性，是指创业者对企业和其他形式的创业组织所开展的活动所发挥的功能。创业之于广义文化，绝非可有可无。相反，凡涉及人们共同创造的文化成果，很多都是依靠创业者的努力而产生和实现的。进一步说，即使是由个人创造的文化产品，也并非同创业无关。同样的道理，我国今天的创业企业文化建设是以创业者个人为主体的创造性活动，别人或社会必须充分尊重他们的劳动并尽量提供必要的条件；同时，创业企业文化建设又必须以"四项基本原则"、国家法律法规为依据，自觉接受社会主义文化体系的协调。

另一方面，文化对创业也起作用，创业也离不开文化。文化对创业的作用具体表现为以下几种类型。

第一，器物文化是创业不可或缺的物质条件。器物文化即人类精神的物化，包括各类物质产品。很明显，任何创业者都必须借助一定的物质手段。特别是现代化的创业活动，各种先进复杂的创业工具如计算机、现代通信设备等更不可少。

第二，制度文化决定着创业的根本性质。所谓制度文化，是人们在改造社会的过程中形成的各种制度的总称，主要有经济制度、政治制度和法律制度。诚然，创业活动有时也可以表现为建立一种组织制度，在此意义上创业也属制度文化之一种。但是制度文化要比创业制度更宽泛、更根本，一个社会或一个企业的制度，是由它当时的生产关系的性质决定的，并受到政治法律制度更具体、更严密的多重制约，也就是说，创业企业内部制度的确立，从根本上取决于当时生产关系（根本的经济制度）的性质和要求；而创业活动的进行，又必然受其政治法律制度的保护或影响。

第三，意识形态文化在创业过程中对企业或组织具有组织控摄作用。意识形态作为一种观念形态的文化，具有多种社会作用，对企业或组织主要表现为组织和控摄两个方面。如前所述，创业的实质是建立一个目标一致的创业组织去实现创业者的目标。而人与人之间，其追求、爱好、理想、目的等价值观念存在着差别以至于对立。怎样才能将不同价值观念的人组织在一起而进行协调有序的工作呢？其中一个重要的手段，即运用一种意识形态去同化别的意识形态，以形成团体的凝聚力。如果做不到这一点，组织或将解体，或者虽未解体、但却因思想分歧、内乱不已而名存实亡。这里的所谓控摄，是指各类意识形态对创业根本目的的定向控制，具体到创业活动而言，就是团体内部所形成的共同价值观念对组织行为的定向控制，通过对组织成员的思想控制达到行为的一致，其目的是保证组织目标的实现。

第四，传统文化对创业组织的影响和制约。传统文化是观念文化之一种，它通常被理解为历史文化的延续、传承或存留。传统文化因民族、地域而异，其性质有优劣之分；形式也多种多样，主要表现为风尚、习俗、思维定式、民族精神和传统的生活方式。从理论上说，既然文化对创业活动具有多种作用，那么沉淀于现实文化体系中的传统文化也必然对创业起作用。从现实来分析，传统文化对创业活动的影响主要有以下几点：首先，传统文化中的民族精神是一个民族在长期文化演变中保留、继承下来的精神财富，它具有巨大而持久的向心力和凝聚力。创业者如若注意发扬民族精神，就可以强化团体观念和激励组织成员的工作热情。日本企业创业成功的秘诀之一，即在于企业家们历来重视培育日本传统的"家族精神"和"危机意识"，拒斥美国的"个人本位"。相反，如果以为民族精神与创业无缘，在创业组织遇到困难时，就可能引发混乱。其次，传统文化之所以历久不衰，证明它包含一种巨大而隐秘的心理惯性。这种心理惯性以不同的方式不自觉地支配着人们的精神生活，形成某类固定的思维方式。很显然，创业者经常面对的直接对象既然是活生生和思维着的人，那么创业者就必然要面对某类思维方式并可能与之发生冲突。因此，高明的创业者就应当了解、利用以致想方设法改变组织成员的思维定式，这样才谈得上知人善任。如果无视组织成员的思维方式，或者企图以权力强制人们按创业者的方式去思考，就会造成上下级之间的心理冲突，阻断信息的传输和反馈，创业活动很可能进展不畅。最后，传统文化作为历史文化在现实中的积淀还表现为某一地区或某一国家人们共同的习俗、风尚和生活方式。了解和面对这些习俗和生活方式对创业者也很重要，比如企业在预测市场需求、确定生产目标的时候，除去要考虑原料、技术、成本、利润等情况，还必须了解消费者的生活习惯和生活方式。如果不了解他们生活之所需，其计划就有盲目性，经营就会冒很大的风险。又如在创业时，还必须了解组织成员的习俗信仰和风尚，以便因势利导。如果对他们的生活方式和风俗习惯不了解，将很可能造成创业者和员工之间的冲突。

总之，文化同创业之间是既对立又统一的辩证关系。一方面，文化离不开创业，创业渗透于各类文化之中并影响、制约着文化。创业组织的性质、形式和水平从一个特定的侧面折射着文化的性质和水平的高低，反映了人类社会的文明程度；另一方面，创业又离不开文化，各类文化也渗透于创业活动之中，并影响、制约着创业组织的发展。文化同创业的关系既然如此密切，这就要求创业者勿忘组织文化建设。

三、创业的基本类型

现代社会是一个分工精细又高度协作的有机系统。历史发展到今天，因社会分工日趋细密和各分工系统之间相互协调的要求日益迫切，使创业活动呈现出空前的繁复性和多样性，也使创业活动的系统性和综合性问题更加突出。因此，要深刻认识创业的本质和规律，就必须对现代创业的基本类型及其相互关系有所了解。为此，本章将现代创业划分为经济创业和社会创业两大系统，并简要说明两者之间的关系。

（一）现代创业类型的多维划分标准

现代社会既然是一个复杂的有机系统，其创业也就具有多种多样的形式。而当人们从不同视角区分创业时，很自然地便产生了纷然杂陈的各种创业类型。

现代社会是一个结构复杂的开放社会。在这个社会中，如果按创业范围的广狭作社会学划分，可以将创业区分为家庭创业、企业创业。现代社会是科技进步生产力向纵深发展的社会。在这个社会中，除传统的创业领域——农业领域之外，还有其他众多的领域，诸如工业领域创业、商业领域创业等。

上述多种创业分类，各从不同侧面或不同层次向人们描绘了创业在现代社会的复杂性和多样性，自有其分类的根据和特定的意义。但是必须指出，这些分类，其着眼点或是管理学的或是经济学的，而且相互交叉重叠，缺乏必要的哲学概括和系统分析，不利于我们从整体上把握现代创业的复杂结构。从哲学观点看来，创业是创业主体——社会的人和创业客体——人和物的互动过程。因此，要对现代创业进行更高层次的分类，首先应以创业主体的性质为依据，这是所谓主位划分法；其次应以创业客体的性质为依据，这是所谓客位划分法。主位划分法是分析创业主体的创业意识和创业方式，侧重回答"谁来创业"和"按什么思维

方式去创业"；客位划分法是分析创业客体的性质、结构和状态，侧重回答"干什么"。

在现代，要区别复杂的创业类型，客位划分法显得更为重要。根据创业客体对象的不同性质，我们可以将现代社会创业区分为商业创业和社会创业两类基本形式。

（二）商业创业

所谓商业创业，是以社会经济活动为对象的创业形式。它既包括对物质生产经营活动中人力人才、物质资金、能源信息、交通运输的创业，也包括对生产、分配、交换、消费活动的控制；既包括协调人类生产、生活同生态环境的动态平衡，还包括对人类自身生产的合理控制以及对人才的正确使用。在古代自然经济条件下，家庭是社会物质生产和人口生产的基本单位，因而经济活动主要是在家庭内部以极其简单的形式进行的，创业空间较小。到商品经济高度发展的现代，家庭作为人口生产的基本单位仍被保留下来，而作为物质生产的基本单位则被破坏，日益被企业所代替。自近代企业产生以后，经济发展主要包括三个层次：一是企业，二是部门经济，三是国民经济。此外，同社会物质生产关系密切、直接影响社会经济活动的环境、人口、人才也应列入经济发展因素的范围。

商业创业的主要载体——企业是专门从事商品生产、商品交换或提供服务并进行自主经营、独立核算的经济单位，它产生于手工工场时期，而在现代成为普遍的经济形式。

企业按其所从事的生产经营活动，可分为工业企业、农业企业、商业企业、交通运输企业、金融企业、建筑企业、旅游和服务性企业等。

企业作为现代社会的经济支柱，具有商品性、营利性、经营独立性等特征。所谓商品性，是指企业所从事的是以交换劳动产品（或服务）为目的的经济活动，这与自给自足的自然经济大不相同。所谓营利性，是指企业必须盈利，进行以盈利为目的的商业性活动，以实现自我扩张、自我发展。如果不盈利或不打算盈利，不能称其为企业。企业必须具有独立的或相对独立的自主经营、独立核算的权力，否则便不可能保证达到自己的目的，而变为非企业的其他组织。

商业创业作为人类的社会行为，有以下几个基本特征。

第一，社会性。创业是人类最基本的生存方式，是一切财富的源泉。由于人类的持续创业活动，才有社会的繁荣、国家的昌盛以及现实生活中享受到的物质文明和精神文明。创业活动源于社会需求，也适应于社会需求，因此一切创业活动必须按社会的准则与规律行事。

第二，开拓性。从历史与社会角度来看，创业活动是持续的，永恒的；而对于创业者来说，所创之业则是从未经历过的、从头开始的事业。就目前而言，一种创业是人类空前未知的事业，在事业自身发展过程中，必须通过创业活动来取得成果。而其他运营的过程还是有其他行业可以借鉴的。另一类事业于人类已经有过尝试和体验，甚至有比较普遍的尝试，但对创业者来说仍是一件空前未知的事业，虽然可以借鉴、模仿、学习前人（乃至国外）的经验和方法，但是必须从头做起，只有创造与创新，才有突破与成功，才能开拓新的事业。

第三，自主性。创业从来就是一种独立自主的行为。创业者一般有身处逆境者、不满足现状者、锐意进取者和有志向、有成功欲望者。未来的事业是自己选定的意愿，从创业伊始到整个创业过程，都需要独立自主、自力更生，靠自己的能力去完成创业目标，实现当家做主的理想。

第四，功利性。创业是一项充满功利性的事业，是创造财富、积累财富的过程。创业的过程是一个艰苦奋斗、耗费心血、体力并承担风险的过程。无论创业者采取什么手段和方式创业，积累财富是创业的目标。财富的多少也是衡量创业业绩的重要标志。即使要完成其他的公益事业，在市场经济条件下也必须通过财富来达到目的。

商业创业是带有普遍意义的人类行为，尤其是在经济领域，不同的时代，不同的领域，不同的个人和团体，都存在着创业活动，这就使创业活动表现为多种多样的类型。商业创业的基本类型主要有以下几种。

从创业的时代背景看。创业可分为传统创业、现代创业两种类型。这两种类型的创业活动由于社会条件不同，在创业的水平、特点、手段上表现出极大的差异。

从创业的宏观环境看，创业有国内创业和海外创业两种类型。这两种创业类型反映了创业活动的广度。由于创业空间的反差，也就决定了它们在创业形式、内容及风格上的不同。

从创业的微观环境看，创业又有内部创业和外部创业两种类型。这两种创业类型反映了创业活动的深度。内部创业特指一个组织内部的一些集体的创业活动，外部创业特指一个独立的社会组织的创业活动。

从创业的模式看，创业则表现为独自创业、合伙创业、家族创业、集团创业等四种类型。这些类型反映了创业活动的本质、规模和利益关系。

从创业的发展阶段划分，创业又有初次创业、再创业、持续创业三种类型。初次创业是指事业的草创时期的活动；再创业是在初次创业结束后，为达到原定目标而继续的创业活动；持续创业是在创业成功后，为巩固和扩大创业成果而不间断地进行的创业活动。

从创业的动机看，创业有自发创业、自主创业、自觉创业三种类型。自发创业通常是为环境所迫、争取生存的创业活动，具有很强的被动性；自主创业是为适应环境需要、争取发展的创业活动，具有更多的主动性；自觉创业往往是为改造环境、造福社会的创业活动，是人对客观世界能动性的反映。

（三）社会创业

既然可以有以营利为目的的商业创业，那么是否有不以营利为目的的非营利性创业呢？随着时代的进步，社会创业、公益创业的概念越来越被国人所熟知。

社会创业（Social Entreprenurship，SE），有时也被称为公益创业，是近年来在全球范围内逐步被认可的一种全新创业理念，它是一种旨在实施追求社会价值和商业价值并重的创业活动。社会创业在涵盖非营利性机构的创业活动和营利性机构践行社会责任的活动的同时，还强调个人和组织必须运用商业知识来为社会创造更多的价值。

J. 格利高里·迪斯（J. GregoryDees）从四个方面界定社会创业：选定一项使命来创造和体现社会价值（而不仅仅是私有价值）；发现和不断寻找新的机会来实现这项使命；不断创新、调整学习过程；不受当前资源稀缺限制的大胆行动。

浙江大学陈劲、王皓白对社会创业者定义如下：社会创业者是那些具有正确价值观，能够将伟大而具有前瞻性的愿景与现实问题相结合的创业者，他们对目标群体负有高度的责任感，并在社会、经济和政治等环境下持续通过社会创业来创造社会价值。他们在物质资源和制度资源稀缺的情况下，为了实现自己的社会目标，不断发掘新机会，不断进行适应、学习和创新。

从创业的角度看，社会创业者和企业创业者有很多相似点，但也有很多差异和不同。南开大学国际商学院王仕鑫、廖云贵就对社会创业者与企业创业者之间的差异进行了分析，指出社会创业者与企业创业者具有许多共同特质，但社会创业者的活动及社会价值创造过程都和社会使命密切相关，因此具有区别于企业创业者的特征，主要表现为以下几个方面。

1. 社会价值驱动

社会创业者肩负社会责任，以创造社会价值为使命。在从事社会活动的过程中，社会创业者不存在任何个人财富动机，具有高尚的道德情操和自我约束能力，他们自我实现的途径不是创造个人价值而是创造社会价值。社会创业者希望通过长期努力最终解决社会问题并创造社会福利，他们在实现愿景过程中能够获得极大的成就感和满足感。在不存在任何利益驱动的情况下，高效创造社会价值是社会创业者自我驱动的重要来源。

2. 建立愿景能力

愿景是社会创业者自我激励的重要来源，建立适当的愿景是社会创业者实现自身使命的重要条件。由于社会问题具有长期性和复杂性，社会创业者在寻求解决社会问题的途径过程中，需要不断尝试，甚至不断经历失败。在此过程中，社会创业者只有建立适当愿景并围绕愿景不懈努力，才能克服来自社会和个人的种种诱惑，实现自我激励。愿景也是社会型组织吸引大量志愿者的重要保障，由于社会型组织不存在利润驱动因素，同时社会价值具有难以识别和归因的特性，因此明晰的愿景可以使志愿者通过社会创业清晰地认识到自身活动可能创造的社会价值以及最终解决社会问题的可能性，从而使志愿者和社会创业者为实现共同目标而不断努力。

3. 具有良好的信用网络

社会创业者在吸引和激励他人实现共同愿景的过程中，必须具备良好的个人信用和组织网络，以获取所需的各种资源。首先，社会创业者在其服务领域应具有良好的道德情操、地位和声誉。这有助于组织愿景被他人认同和接受，同时有利于产生扩散效应，使行之有效的解决方式为其他人所模仿，从而有利于社会问题的最终解决。其次，社会创业者应与政府、商界组织以及个体建立广泛联系，这对于社会型组织以低成本从网络中获取各种资源十分重要。

4. 联盟合作能力

由于社会问题的产生和解决涉及诸多领域并耗费资源，因此社会创业者单凭个体和组织的自身资源很难实现愿景，而建立联盟是解决问题的一种重要途径 (AlisonButtenheim，1998)。社会创业者需要同政府机构建立合作关系以获取政府津贴和宣传支持，需要同企业建立联盟以获取财务方面的支持，需要同与自身愿景相关性强的社会型组织建立联盟以集中力量共同解决复杂问题，同时需要与媒体建立合作关系以提高公众对于社会问题的关注度并获得广泛支持。

虽然社会创业还没有一个学术界认可统一的定义，但是，从社会创业的产生动因、内涵与特征、类别、影响因素、作用形式与机理等角度入手开展的社会创业研究却已经有许多成果。

约翰逊 (Johnson. S) 认为社会创业是一种混合模式，从社会创业承担组织的性质来说，这种模式既包括营利组织的活动也包括非营利组织的活动以及与政府跨部门的合作。上述描述表明:社会创业有着多种承担主体和多种形式，既包括非营利企业实现可持续发展、完成社会使命、进行商业运作等活动，也包括营利企业和非营利性组织开展社会福利性质的商务活动，还可以包括营利企业基于提高企业形象、承担社会责任而开展的社会活动。

格利高里·迪斯提出将社会创业和投资的经济回报分开来研究，他认为社会创业包含两个概念，一是利用变革的新方法解决社会问题并且为全社会创造效益，二是引用商业经营模式产生经济效益。斯坦福大学商学院创业研究中心 (2002) 认为：社会创业主要是采用创新方法解决社会焦点问题，采用传统的商业手段来创造社会价值 (而不是个人价值)，它既包括营利组织为充分利用资源解决社会问题而开展的创业活动，也包括非营利组织支持个体创立自己的小企业。加拿大社会创业研究中心 (2001) 提出：社会创业主要体现在两个方面：首先，其盈利部门的活动强调社会参与的重要性，并且奖励表现良好的成员；其次，社会创业家还鼓励企业参与非营利性的活动，以便提高组织效率，并且树立长期的可持续发展战略。中国公益创业研究中心提出：社会创业指个人、社会组织或者网络等在社会使命的激发下，追求创新、效率和社会效果，是面向社会需要、建立新的组织、向公众提供产品或服务的社会活动。

虽然社会创业概念还没有统一，但是社会创业的活动已经在国内外蓬勃开展。与此同时，与社会创业概念相关、工作内容相近的公益创业也成为人们关注的话题。公益创业指个人或者社会组织在社会使命的激发下，追求创新、效率和社会效果，是一种面向社会需要、建立新的组织并向公众提供产品或服务的社会活动，是一项新兴的事业，它主要强调创建非营利性组织、兼顾社会效益的企业和志愿公益活动三个方面的内容。

社会创业的兴起与发展主要有以下三方面的原因。

第一，20 世纪 80 年代起，以发达国家为代表的国家采取新自由主义经济政策，导致政府对非营利组织的直接资助经费不断减少，政府对福利事业的资助大幅削减，"市场失灵"导致人们对非营利组织提供的社会服务的需求有增无减，引发非营利性组织迅速发展。非营利组织可以提供的满足社会需求的资源十分有限，要提高运作效率和实现可持续发展，. 实现更好地提供公益服务的目标，就必须引入商业化操作和市场化运作手段提高自身效率。因此，"企业家"和"创业"概念开始被引入公益领域，社会创业理论和实践正是在这种背景下应运而生的。

第二，经济的市场化和全球化导致社会财富不断向私营组织集中，社会问题进一步加剧，社会迫切需要企业承担更多的社会责任和更主动地解决复杂的社会问题。在发展中国家，政府等公共机构所能提供的公共资源难以充分满足社会需求，促使更多的私营企业与非营利组织结成联盟，进行社会创业活动，以实现投资的商业价值与社会价值的双重回报。

第三，商业和公益事业之间的界限正在消失。公益事业部门和商业部门结盟合作以实现整个社会的创新和福利增长正成为一种解决问题的模式。不同类型的部门具有各自的资源和优势，合作可以整合利用各自的资源和优势，增强为社会服务和创造社会价值的能力。

社会创业主要包含两方面的含义：一方面，企业组织需要强化社会责任，即社会创业的社会维度；另一方面，非政府组织、公共服务部门和第三社会部门等非商业组织要采用商业运作的方式来实现社会目标，即社会创业的创业维度。社会性和创业性正是社会创业的关键特征所在。

社会创业的社会性特征体现在以下四个方面。

第一，目的和产出的社会性。社会创业的目的是为了解决社会问题，而不是营利。社会创业的目标是促进健康福利事业，提高人们的生活水平。

第二，社会创业的核心资本应是社会资本。社会关系、网络、信任和合作这些社会资本能为创业带来实体资本和财务资本。

第三，组织的社会性。社会创业组织是新型的公民社会组织，并不归股东所有，也不把追求利润作为主要目标。

第四，社区性。社会创业往往具有一定的服务区域性，大多致力于改善作为社会创业基地的街区和社区的某项或某些事业。

社会创业的创业性特征主要体现在以下四个方面。

第一，机会识别能力。社会创业者善于发现人们没有得到满足的需求，并利用那些未被充分利用的资源来满足这些需求。

第二，紧迫感、决心、雄心和领导天赋。社会创业者的创业动力不是利润或股票价值，而是使命感。

第三，创新精神。社会创业者一定要进行创新和变革，开发新的服务项目，组建新的组织，才能更大限度地满足社会需求。

第四，有经营活动。社会创业不同于传统非营利组织的主要区别就在于资金来源，传统非营利组织主要依靠募捐来维持，独立生存能力相对较弱，而社会创业能够自给自足，其经营收入是主要资金来源，但也不排除募捐。社会创业正日益超越民间非营利部门的范畴，大型私营企业也通过与非营利组织合作来进入教育和社会保险等市场，成为一种将社会需求和个体需求有机结合起来的社会性企业。

第二节　创业的动机与动力

无论是商业创业还是社会创业、公益创业，创业者的动机和动力是一个值得关注的话题。本节将分析创业动机、创业的原始和直接动力。

一、创业动机

在人类历史上，创业动机的差异是巨大的。心理学研究表明：需要产生动机，动机导致行为。人们的创业冲动是在各种需要的刺激下产生的。需要是产生创业的直接原因。因此要分析创业的动因，就要首先探讨人类的需求。

1. 人类的需要特征分析

需要是人的行为的动力基础和源泉，是人脑对生理和社会需求的反映（人们对社会生活中各类事物所提出的要求在大脑中的反映)。心理学家也把促成人们各种行为动机的欲望称为需要。

人类在社会生活中，早期因维持生存和延续后代而形成了最初的需要。人为了生存，就要满足自己的生理需要，例如饿了就需要食物；冷了就需要衣服；累了就需要休息；为了传宗接代，就需要恋爱、婚姻。人为了生存和发展，还必然产生社会需求，例如，通过劳动，创造财富，改善生存条件；通过人际交往，沟通信息，交流感情，相互协作。人的这些生理需求和社会需求反映在个体的头脑中，就形成了他的需要。随着人类社会生活的日益进步，为了提高物质文化水平，逐步形成了高级的物质需要和精神需要。人有生理需求和社会需求，即需要，就必然去追求、去争取、去努力。因此，正如一些心理学家所说："需要是积极性的源泉。""需要——这是被人感受到的一定的生活和发展条件的必要性。……需要激发人的积极性。""需要是人的思想活动的基本动力。"

人类的需要有下列表现形式：

(1) 任何需要都有明确的对象。或者表现为追求某一种东西的意念，或者表现为避开某一事物、停止某一活动的意念。

(2) 一般的需要有周期性，周而复始；比较复杂的需要虽然没有周期性，但在条件适合时，也可多次重新出现。

(3) 需要随社会历史的进步而不断发展。一般由低级到高级、简单到复杂、物质到精神、单一到多样。

人的需要又表现为以下特征：

第一，目的性。人的需要不是空洞的，而是有目的、有对象的，而且随着满足需要的对象的扩大而发展。人的需要的对象既包括物质的东西，如衣、食、住、行，也包括精神的东西，如信仰、文化、艺术、体育；既包括个人生活和活动，例如，个人日常的物质和精神方面的活动，也包括参与社会生活和活动以及这些活动的结果。例如，通过相互协作，带来物质成果，通过人际交往，沟通感情，带来愉悦和充实；既包括想要追求某一事物或开始某一活动的意念，也表现想要避开某一事物或停止某一活动的意念，这些意念的产生都是根据个人需要及其变化决定的。各种需要彼此之间的区别就在于需要对象的不同。但无论是物质需要还是精神需要，都必须有一定的外部物质条件才能满足。例如，居住需要房子，出门要有交通工具，娱乐要有场所，等等。

第二，阶段性。人的需要是随着年龄、时期的不同而发展变化的。也就是说个体在发展的不同时期，需要的特点也不同。例如，婴幼儿主要是生理需要，即需要吃、喝、睡；少年时代开始发展到对知识、安全的需要；到青年时期发展到对恋爱、婚姻的需要；到成年时，又发展到对名誉、地位、尊重的需要等。

第三，社会制约性。人不仅有先天的生理需要，而且在社会实践中，在接受文化教育的过程中，发展出许多社会性需要。这些社会需要受时代、历史的影响，又受阶级性的影响。在经济落后、生活水平低下时期，人们需要的是温饱；在经济发展、生活水平提高的时期，人们需要的不仅是丰裕的物质生活，也开始需要高雅的精神生活。具有不同的阶级属性的人的需要也不一样，资产阶级需要的是不劳而获、坐享其成；工人阶级需要的是自由、民主、温饱和消灭剥削。由此可见，人的需要又具有社会性和历史与阶级的制约性。

第四，独特性。人与人之间的需要既有共同性，又有独特性。由于生理、遗传因素、环境因素、条件因素不同，每个人的需要都有自己的独特性。年龄不同的人、身体条件不同的人、社会地位不同的人、经济条件不同的人，都会在物质和精神方面有不同的需要。

需要在人的个性发展中起着重要作用，它是人的心理活动与行为的基本动力。

马克思主义认为，个体的需要是个体行为积极性和动力的源泉和基础。人有了物质方面和精神方面的需要，才会产生行动的积极性；正是个体的这种和那种需要，才促使、推动人们去从事这项或那项的活动，去完成这项或那项的任务。正如马克思在《德意志意识形态》一书中所说：人们"第一个历史活动就是生产这些需要的资料，即生产物质生活本身"。正是人的各种需要，去促使人们追求各种目标，并进行积极的活动，去实现这些目标，以满足需要。人对某一方面事物的需要越强烈，他的积极性就越高，动力就越大。因此，需要总是带有动力性、积极性的，而且需要的水平也总是在不断提高的。

需要总是在不断地更新、不断地增加，需要又总是推动人们去不断地努力、不断地奋斗。

需要在人的个性心理中也起着重要作用。需要是人类认识过程的内部动力。为了满足需要，个人必须通过认识过程解决一定的问题，完成一定的任务。需要在人的个性心理活动中往往又以情绪表现出来。凡是能满足人的需要的事物，则产生肯定的情绪；凡是不能够满足人需要的事物，则产生否定的情绪。情绪是反映了人的需要是否满足的标志，与人的需要毫无关系的事物则不会引起人们的情绪和注意。需要对人的意志的形成和发展也起着积极的推动作用。个人物质和精神方面的需要、社会的需要，会促使人们为了满足这种需要和适应这种需要坚持不懈地努力，并在这一过程中形成自己的意志和决心。

2. 从马斯洛五层次理论分析创业者创业动机

美国著名的社会心理学家、人格理论家和比较心理学家马斯洛提出了需要层次理论，该理论的五层次刚好是人类创业的五种基本动因。

马斯洛认为，人类的需要是分层次的，由低到高。它们是：生理的需要、安全的需要、社交的需要、尊重的需要、自我实现的需要。

生理上的需要是人们最原始、最基本的需要，如吃饭、穿衣、住宅、医疗等等。若不满足，则有生命危险。这就是说，它是最强烈的、不可避免的最底层需要，也是推动人们行动的强大动力。显然，这种生理需要具有自我和种族保护的意义，是人类个体为了生存而必不可少的需要。当一个人存在多种需要时，例如同时缺乏食物、安全和爱情，总是缺乏食物的饥饿需要占有最大的优势，这说明当一个人为生理需要所控制时，那么其他一切需要都被推到幕后。

安全的需要要求劳动安全、职业安全、生活稳定、希望免于灾难、希望未来有保障等，具体表现在：①物质上的：如操作安全、劳动保护和保健待遇等；②经济上的：如失业、意外事故、养老等；③心理上的：希望解除严酷监督的威胁、希望免受不公正待遇，工作有应付能力和信心。安全需要比生理需要较高一级，当生理需要得到满足以后就要保障这种需要。每一个在现实中生活的人，都会产生安全感的欲望、自由的欲望、防御实力的欲望。

社交的需要也叫归属与爱的需要，是指个人渴望得到家庭、团体、朋友、同事的关怀爱护、理解，是对友情、信任、温暖、爱情的需要。社交的需要比生理和安全需要更细微、更难捉摸。它包括：①社交欲。希望和同事保持友谊与忠诚的伙伴关系，希望得到互爱等；②归属感。希望有所归属，成为团体的一员，在个人有困难时能互相帮助，希望有熟识的友人能倾吐心里话、说说意见，甚至发发牢骚。而爱不单是指两性间的爱，而是广义的，体现在互相信任、深深理解和相互给予上，包括给予和接受爱。社交的需要与个人性格、经历、生活区域、民族、生活习惯、宗教信仰等都有关系，这种需要是难以察悟，无法度量的。

尊重的需要可分为自尊、他尊和权力欲三类，包括自我尊重、自我评价以及尊重别人。与自尊有关的需要，包括自尊心、自信心，对独立、知识、成就、能力的需要等。尊重的需要也可以如此划分：①渴望实力、成就，适应性和面向世界的自信心以及渴望独立与自由；②渴望名誉与声望。声望是来自别人的尊重、受人赏识、注意或欣赏。满足自我尊重的需要导致自信、价值与能力体验、力量及适应性增强等多方面的感觉，而阻挠这些需要将产生自卑感、虚弱感和无能感。基于这种需要，人们愿意把工作做得更好，希望受到别人重视，借以自我炫耀，指望有成长的机会、有出头的可能。显然，尊重的需要很少能够得到完全的满足，但基本上的满足就可产生推动力。这种需要一旦成为推动力，就将会令人具有持久的干劲。

自我实现的需要是最高等级的需要。满足这种需要就要求完成与自己能力相称的工作，最充分地发挥自己的潜在能力，成为所期望的人物。这是一种创造的需要。有自我实现需要的人，似乎在竭尽所能，使自己趋于完美。自我实现意味着充分地、活跃地、忘我地、全神贯注地体验生活。成就感与成长欲不同，成就感追求一定的理想，往往废寝忘食地工作，把工作当作一种创作活动，希望为人们解决重大课题，从而完全实现自己的抱负。

在马斯洛看来，人类价值体系存在两类不同的需要，一类是沿生物谱系上升方向逐渐变弱的本能或冲动，称为低级需要和生理需要。一类是随生物进化而逐渐显现的潜能或需要，称为高级需要。人都潜藏着这五种不同层次的需要，但在不同的时期表现出来的各种需要的迫切程度是不同的。人的最迫切的需要才是激励人行动的主要原因和动力。人的需要是从外部得来的满足逐渐向内在得到的满足转化。

在高层次的需要充分出现之前，低层次的需要必须得到适当的满足。低层次的需要基本得到满足以后，它的激励作用就会降低，其优势地位将不再保持下去，高层次的需要会取代它成为推动行为的主要原因。有的需要一经满足，便不能成为激发人们行为的起因，于是被其他需要取而代之。

这五种需要不可能完全满足，愈到上层，满足的百分比愈少。任何一种需要并不因为下一个高层次需要的发展而消失，各层次的需要相互依赖与重叠，高层次的需要发展后，低层次的需要仍然存在；只是对行为影响的比重减轻而已。高层次的需要比低层次的需要具有更大的价值。热情是由高层次的需要激发的。人的最高需要即自我实现就是以最有效和最完整的方式表现自己的潜力，只有这样，才能使人得到高峰体验。

人的五种基本需要在一般人身上往往是无意识的。对于个体来说，无意识的动机比有意识的动机更重要。对于有丰富经验的人，通过适当的技巧，可以把无意识的需要转变为有意识的需要。马斯洛还认为：在人自我实现的创造性过程中，产生出一种所谓的"高峰体验"的情感，这个时候是人处于最激荡人心的时刻，是人的存在的最高、最完美、最和谐的状态，这时的人具有一种欣喜若狂、如醉如痴、销魂的感觉。

根据马斯洛的需要五层次理论，创业者的创业动机可以概括为争取生存的需要、谋求发展的需要、获得独立的需要、赢得尊重的需要、实现自我价值的需要。

二、创业的原始动力：需求

历史唯物主义告诉我们，社会的基本矛盾是生产力和生产关系、经济基础和上层建筑的矛盾，它是推动社会发展的根本动力。在创业的动力问题上，我们也坚持这一点。但是人们往往忽视的是马克思提到的根本动力背后的动力。人们为什么要生产？人们为什么要交往？人们为什么还要创造精神产品呢？因为人有需要和新的需要，需要是人类各种实践活动和社会基本矛盾背后的原始动力。

需要在这里指的是人的需要。人的需要和动物的需要有本质区别。"通过实践创造对象世界，改造无机界，人证明自己是有意识的类存在物，就是说人是这样一种存在物，它把类看作自己的本质，或者说把自身看作类存在物。诚然动物也生产。……但是动物只生产它自己或它的幼仔所直接需要的东西；动物的生产是片面的，而人的生产是全面的；动物只是在直接的肉体需要的支配下生产，而人甚至不受肉体需要的影响也进行生产；并且只有不受这种需要的影响才进行真正的生产；动物只生产自身，而人再生产整个自然界；动物的产品直接属于肉体，而人则自由地面对自己的产品。动物只是按照它所属的那个种的尺度和需要来构造，而人懂得按照任何一个种的尺度来进行生产，并且懂得处处都把内在的尺度运用于对象；因此，人也按照美的规律来构造。"这说明，人的需要不是动物式的直接需要、片面的需要和肉体需要，人的需要是多层次、全面的、立体化的需要体系。除了直接需要，还有间接需要；除了肉体的需要，还有其他的物质需要、交往的需要和精神需要；除了必要需要，还有奢侈需要。这些需要的满足依赖于自然界，但是很少直接来源于自然界。人类需要的特点决定了人类超越性的存在方式，决定了人们必须进行物质生产、交往和精神生产，才能满足自己的需要，解决匮乏的问题，实现超越。需要是人们发挥能动性的源泉，是人们创造活动的根据。正是在这个意义上，我们说需要是创业活动的原始动力。

在研究创业活动动力的过程中，我们必须坚持历史唯物主义的原则。马克思关于历史唯物主义的第一个规定就是："我们首先应当确定一切人类生存的第一个前提，也就是一切历史的第一个前提，这个前提是：人们为了能够'创造历史'，必须能够生活。但是为了生活，首先就需要吃喝住穿以及其他一些东西。因此第一个历史活动就是生产满足这些需要的资料，即生产物质生活本身。"人类的需要正是在这个基本需要的基础上发展起来的，包括创业活动在内的各种实践活动也是在满足人类第一个需要的生产实践的基础上丰富起来的。

需要作为创业活动的原始动力主要表现在两个方面：一方面，人的需要是最贴近主观能动的客观现实，它在起点触发了人的整个创造性的活动过程。需要是人的内部客观存在的一种缺乏和不平衡状态。它一方面体现了人的存在和发展对于客观世界的依赖，另一方面表达了人的超越性的生存方式。需要和人的主观世界关系密切，一旦产生就会激发人的欲望。"欲望以需要为基础，是需要在观念上、心理上的反映。例如，与人的物质需要相对应的是物欲，与性生活需要相对应的是性欲，与精神需要相对应的是求知欲、美欲，与交往需要相对应的是爱欲、情欲。既然欲望是需要在观念上、心理上的反映，所以只能是需要引起欲望，而不是反过来欲望引起需要。同时，又应看到，欲望对需要不是消极被动的，它对需要具有反作用。需要一旦被观念、心理所反映，形成欲望，就会使需要变得更加自觉、更加明显、更加强烈，从而使需要主体采取积极有效的行动去满足这种需要。因此，需要与欲望的关系不仅是需要引起欲望，而且欲望也会反过来强化需要。"这说明需要是客观存在的，但是它最贴近人的意识世界，充满了主观能动的色彩。需要作为客观现实，一旦产生，就会在第一时间转化为主体的欲望。欲望是主体能动性的催化剂，它在主体意识世界的萌动，会调动一切理性和非理性的精神因素，使需要变成主体自觉的价值目标。这个价值目标作为对现实的超越又必然地和客观世界产生矛盾，即客观世界不能直接满足人的需要。为了解决这个矛盾，使客体满足主体的需要，就需要发挥人的主观能动性，认识和利用客观规律，变纯粹的客观世界为人化的客观世界。这个过程的实现在现代社会很多情况下是依靠创业活动来完成的。创业活动为人类提供新的物质工具和生产方法，使原来人们利用过的资源能够更好地满足人们的需要，使原来人们无法利用的资源成为人们可以控制的物质产品；创业活动通过协调组织内部人与人之间的关系，提高人们的生产效率，为人类提供更多的产品。

另一方面，人的需要和人的本质的一致，决定了需要是人类创业活动内在的必然的推动力量。马克思在《詹姆斯·穆勒〈政治经济学原理〉一书摘要》中曾说："人的本质是人的真正的社会联系，所以人在积极实现自己本质的过程中创造、生产人的社会联系、社会本质，而社会本质不是一种同单个人相对立的抽象的一般的力量，而是每一个单个人的本质，是他自己的活动，他自己的生活，他自己的享受，他自己的财富。因此，……真正的社会联系并不是由反思产生的，它是由于有了个人的需要和利己主义才出现的，也就是个人积极实现其存在时的直接产物。""这些个人是怎样的，这种社会联系本身就是怎样的。"这说明，人的本质，如马克思在《关于费尔巴哈的提纲》中提到的，在其现实性上是一切社会关系的总和，人们之间的社会关系又是人们在生产、交往、精神生产等各种现实的实践活动中形成的，而人的各种实践活动不过是为了满足人的需要，它们是每个人需要的展开、交融和结合。因此，.人的需要和人的本质具有一致性，人们在实践中满足自己需要的过程，就是人的本质实现的过程。人的本质的生成、人的新的需要的满足和创业活动是同一个过程，需要作为人类创业活动的动力具有内在必然性。

需要作为创业活动的原始动力，它的特点决定了创业活动的基本面貌。首先，需要鲜明的主观能动性决定了创业活动浓重的主观色彩。创业活动是人类实现超越的方式，它是现实的，也是观念的，观念的超越先于现实的超越。人的意识不是对客观世界的镜面反映，尽管它的信息来源于客观世界，但是它在被需要激发开始自身活动的时候起，就已经开始在头脑中利用一切精神因素，构建一个超越的蓝图。人们随后对这张蓝图的运用，就是人的本质力量的实现，处处体现主观能动性的作用。技术和制度资源的选择、调整、建设等，都是在需要和需要所激发的主观能动性的引导下完成的。

其次，需要的无限超越性决定了人类创业活动的无限发展需要的社会性推动一般制度创业活动和制度革命。马克思在《论犹太人》一文中说："把人和社会联结起来的唯一纽带是天然必然性，是需要和私人利益，是对他们财产和利己主义个人的保护。"人为了满足自己的需要就要生产，而无论是物质生产还是精神生产，都不是孤立的个人的生产，而是社会性的生产。也就是说，一切生产都是一定生产关系中的生产，需要也不是抽象的需要，而是一定社会关系中的需要，它联结着人与人、人与社会。

人的需要是一个历史范畴，需要总是一定历史阶段、一定社会关系中的需要。需要具有无限超越的性质，当人的最初的需要得到实现之后，就会产生一个新的需要。新的需要不会在自然中得到直接的满足，又呼唤再次实现。然后又产生新的需要、新的活动。可以说，整个人类历史，就是人们不断地实践、不断地满足需要、不断地通过创业等一系列实践活动满足人的新的需要的过程。在工业社会，资本追求剩余价值的本性促使资本家在创业活动中不断开发人的需要潜力，被激发的新的需要又促使人类开始新一轮的实践活动。马克思说："以资本为基础的生产，……创造出一个普遍利用自然属性和人的属性的体系，创造出一个普遍有用性的体系，甚至科学也同人的一切物质的和精神的属性一样，表现为这个普遍有用性体系的体现者，而且再也没有什么东西在这个社会生产和交换的范围之外表现为自在的更高的东西，表现为自为的合理的东西。"人类在物的控制下，为了满足自身的需要，创业者利用可以利用的一切，不仅包括以机器为核心的技术，而且包括分工和协作；不仅包括微观的企业制度，而且包括国家体制；不仅包括制度前提，而且包括科学和一切精神产品。即将到来的知识经济社会，是人类的当代需要在更高的层次上与客观世界的碰撞。原有的工业生产方式对自然资源的掠夺已经造成常规资源的短缺，人类的生存环境受到威胁，不但无法满足人类发展的需要，而且与人类已有的需要背道而驰。人类创业活动的方式必须发生改变。在这个时代问题面前，人类的回答是，只有依靠知识的强大创造力，才能解决这个矛盾，满足人类新的需要。我国当前处于社会主义初级阶段，具有多元经济的特点，即不仅包括农业经济、工业经济，而且融合了知识经济的特点，但是总的来说其主要矛盾是人们日益增长的物质文化需要和落后的社会生产之间的矛盾，根据我国社会的特点，解决这一矛盾的方式最主要的是要依靠知识的力量，实现万众创新、大众创业。

最后，需要的全面性决定创业活动的全面展开和人的全面发展的价值目标的确立。人类的需要不仅是无限发展的，而且是全面的，这包含两层意思：一是指需要涉及的领域是全面的，不仅有物质需要，而且有精神需要和交往需要；二是指需要在各个领域内的展开也是全面的。需要的不断全面化，必然要求实现需要的手段的不断全面化。它推动着创业活动在物质生产领域、交往领域和精神生产领域的全面展开。

需要的全面性也催发了人的全面发展的价值目标的确立。马克思在《1844 年经济学哲学手稿》中曾说：全面发展的人"同时就是需要有完整的人的生命表现的人，在这样的人的身上，他自己的实现表现为内在的必然性、表现为需要"。这说明，人的自由而全面的发展不是外在给予的，而是人自身发展的必然性，这一内在的必然性表现为需要。需要是人发展的标志，需要内容的不断丰富、水平的不断提高，标志着人越来越接近全面而自由的发展目标。只有在人的全面的需要得到确立和满足的时候，人的全面发展的价值目标才能实现。

需要是人的本质的体现，是人的内部的一种不平衡状态，也是人对外部环境的依靠和追求，它总是处于主观欲望和客观现实的矛盾之中。矛盾在未得到解决之前，表现为匮乏；在解决之后，表现为超越。需要就是在匮乏和超越之间的一种不平衡状态。人的一切创业活动都以需要作为原因和根据，需要是创业活动的原始动力。

三、创业的直接动力：利益

需要和利益是经常同时出现的两个概念，具有密切的关系。它们都体现了主体与客观世界的对立统一关系，具有相似的结构，都是人类创造活动的原因。但二者之间存在差别。"需要和利益的差别主要表现为两个方面……第一个方面，需要反映人对客观需求对象的直接欲求，利益则体现了人对客观需求对象更高层次的从理性上的关心、兴趣和认识。第二个方面，需要反映的是人对客观需要对象的直接依赖关系，而利益则反映的是人与人之间的社会关系即人与人之间对需求对象的一种分配关系。"也就是说，在人与客观世界的对立统一关系中，需要和利益都是客观存在的，具有对应关系，但是需要是一个起点，它表现为人对客观需求对象的直接欲求和依赖关系，表现为一种间接可能性；而利益是一个结果，它是建立在人的实践理性和实践活动及其成果基础上的需要的满足，表现为人们对于物质生活条件和精神财富的分配关系，具有直接的现实性。因此我们说需要是创业活动的原始动力，利益是创业活动的直接动力。

诚然，人们会因为理想和爱好而从事创业活动，但是由于创业活动的艰辛性和风险性，大多数的创业活动是在利益的驱使下完成的，利益是"人民生活中最敏感的神经"，追求利益是人类一切社会活动的直接动因。那么什么是利益呢？赵家祥把利益的构成归结为三个方面：需要是形成利益的自然前提；社会关系是构成利益的社会基础；社会实践活动及其成果是构成利益的手段和资源。并在此基础上，归纳了利益的实质。"利益的实质是需要主体以一定的社会关系为中介，以社会实践为手段，占有和消费需要对象，从而使需要主体和需要对象的矛盾状态得到克服，即需要的满足。这时，需要主体就转化为利益主体，即利益的承受者。从利益的抽象意义看，它的实质就是需要的满足。但从利益的现实性和具体实现来看，其实质必然是一定的社会关系的体现。"王伟光也认为："所谓利益，就是一定的客观需要对象在满足主体需要时，在需要主体之间进行分配时所形成的一定性质的社会关系的形式。"这说明，所谓利益，是指需要的满足和需要的社会化，它既以客观现实为依托，具有现实性，又随着人类社会的发展而变化发展，具有历史性，它是现实性和历史性的统一。作为一个现实范畴，利益的基本含义很广，包括生产力和物质生活条件、交往和交往关系、精神生产和精神财富；作为一个历史范畴，利益总是在一定水平的生产力之上，一定性质的社会关系之中的利益，所有利益的现实性都归结于一定历史阶段的现实性。利益对于创业活动的推动作用就体现在现实性与历史性的统一之中，这是一个辩证发展的过程，不同历史阶段的利益内容、格局和特点直接决定了创业活动的面貌和特点。

在资本主义社会，随着机器生产力的发展，人们追求利益的方式发生了转变，人们在基于物的平等关系下，通过财富最大化的方式，展开了对于经济利益的直接追求。马克思对此描述说："利益被提升为人的统治者。利益霸占了新创造出来的各种工业力量并利用它们来为自己服务；由于私有制作祟，这些本应属于全人类的力量便为少数富有的资本家所独占，成为他们奴役群众的工具。商业吞并了工业，因而变得无所不能，变成了人类的纽带；人与人之间的一切关系（个人的或国家的），都被归结为商业关系，或者换句话说，财产、物成了世界的统治者。""正如古代国家的自然基础是奴隶制一样，现代国家的自然基础是市民社会以及市民社会中的人，即仅仅通过私人意义和无意识的自然的必要性这一纽带同别人发生关系的独立的人，即自己营业的奴隶，自己以及别人的私欲的奴隶。""实际需要、利己主义就是市民社会的原则；只要政治国家从市民社会内部彻底产生出来，这个原则就赤裸裸地显现出来。实际需要和自私自利的神就是钱。"资本主义已经扯下古代社会温情脉脉的面纱，在自己的宪法中清晰地写下了"私有财产神圣不可侵犯"。物与物的关系掩盖了人与人之间的关系，人们的一切行为都是在私欲和利益的驱使下的活动，人们成了自己利益的奴隶。资本的饕餮本性不断要求剩余价值的最大化。创业活动成为资本扩张的力量。

马克思在《资本论》及其手稿中有很多关于资本逻辑的论述。他指出，资本利用所有手段的目的，也是唯一的目的，就是为了满足资本的本性，为了创造剩余价值。"如果说以资本为基础的生产，一方面创造出一个普通的劳动体系，——即剩余劳动，创造价值的劳动，——那么，另一方面又创造出一个普遍利用自然属性和人的属性的体系，创造出了一个普遍有用性的体系，甚至科学也同人的一切物质的和精神的属性一样，表现为这个普遍有用性体系的体现者，而且再也没有什么东西在这个社会生产和交换的范围之外表现为自在的更高的东西，表现为自为的合理的东西。"也就是说，资本为了自身利益的需要利用一切东西，同样，资本为了生产剩余价值的需要也利用科学，利用新知识、新技术和新制度。资本主义对于利益的直接追求和无限扩张的特点，客观上成为创业活动的直接动力。

我国正处于社会主义初级阶段，虽然可以通过国家制度实现全体公民在法律面前人人平等；但是，资本等要素参与社会分配还将在相当长的历史时期存在，利益作为创业活动的直接动力也是客观规律。即便在公益创业活动中，创业者不追求私利，但其所追求的公共利益仍然是利益的表现形式。

不仅各种利益本身，而且利益矛盾和利益冲突也是推动创业活动的直接原因。利益分为个人利益和共同利益。个人利益是每个主体特殊的利益，它在人类历史上不断丰富和发展；共同利益是个体利益重合的部分，它大致可以分为两个层次：一是整个社会的共同利益，二是社会中某一团体的共同利益。另外在全球化的今天，还存在人类的共同利益。共同利益在历史上由于其实质内容的不同，还可以分为真实的共同利益和虚假的共同利益。个人利益在生产力的一定发展阶段，由于自然需要和个人在社会经济、政治关系中的地位、分工的不同，而存在差异。在生产力不够发达和资源短缺的情况下，存在差异的个人利益之间必然存在矛盾甚至冲突，这一点在阶级社会表现得尤为明显。不同团体、不同国家的利益也是独立的，它们之间也存在利益矛盾和冲突。利益的矛盾和冲突必然表现为人与人之间关系的对立、恶化和危机，在阶级社会会出现阶级斗争和战争。在解决利益矛盾和冲突、推动社会发展方面，创业活动是强有力的杠杆。

综上所述，利益建立在一定的生产力和物质生活条件、一定的交往和社会关系、一定的精神生产和精神产品之上，利益是创业活动的直接动力。利益在不同的历史阶段具有不同特点，利益的这些特点决定了不同时期创业活动的特点。利益的分化、丰富和发展必然推动创业活动在知识、技术和制度领域的全面发展。同时，现实社会的人存在利益矛盾和冲突。在解决矛盾和冲突、维护和促进社会稳定和发展的过程中，创业活动也扮演着其应有的角色。

第三章 我国高校大学生创新创业教育发展分析

第一节 我国高校创新创业教育的形成及发展现状

一、高校创业教育的兴起

创新创业教育，也可称为"创业精神教育"或"企业家精神教育"，最早始于美国。1991年在东京召开的创业教育国际会议上，对创业教育做了科学的解释，就是培养具有冒险精神、创新精神，发扬人的个性，充分把人的潜力挖掘出来的一种新型教育形式。

随后，高等学校创业教育活动拉开帷幕，创新创业教育的启动也对高等教育传统的教学模式提出了新的要求，包括课程的设置，教学计划和教学内容的更改。对原有的教学理念提出了新的挑战，教学目标和任务发生了很大的变化。教学目标就是要培养大学生创业意识和创业品质，培养学生坚强的性格，最主要的是一种创业的精神。通过创业教育，让大学生重新认识自己，充分了解社会，了解就业形势，转变就业观念，充分发挥自己的优势，树立自强自主的创业精神。所以，各高校按照创业教育的要求积极做准备，包括对师生的宣传、师生的理念转变，高校创业教育的启动，至此高校创业教育逐步形成。

1989年11月"面向21世纪教育国际研讨会"在北京召开，会议上提出的"提高青少年创业能力的教育联合革新项目"(JointInnovativeProjectonEdueationforPromotingtheEnterpriseCompetenciesofChi1drenandYouth)，作为创业教育的一个改革和研究项目，受到与会者的普遍关注。1990年下半年，中国作为项目国家，由国家教育委员会基础司牵头，以北京、江苏、湖北、四川、河北、辽宁等省市为项目单位成立了该项目的国家协调组，进行创业教育的调查和研究。

从1990年下半年到1991年底，各项目单位精心准备，认真研究和探讨，成果显著，创新性强。本阶段研究工作从成人教育领域入手，把实证研究与理论研究密切结合，取得了意想不到的成果。接着，课题组成员集中团队智慧，产出不少成果并发表在《教育研究》等刊物上，由毛家瑞等人撰写的《创业教育的目标、课程及评价》论文，标志着我国创业教育开始起步。另外，由毛家瑞、彭钢等人撰写的《继续教育领域实施创业教育项目研究报告》在《上海教育与科研》刊登，意味着创业教育要在成人教育中试行。随后，《创业教育系列丛书出版》为我国高等学校开展创业教育提出了宝贵经验，意义非常深刻。以上的实践和研究为我国高等创业教育的启动奠定了良好的理论与实践基础，并有力地推动了我国创业教育的开展。

二、高校创新创业教育的发展

20 世纪 90 年代，我国高等教育在实施素质教育时，把创业教育渗透到其教育之中，紧跟世界高等教育思想变革的发展趋势。但是，很多高校对开展创业教育课程的现实意义缺乏正确认识，认为创业教育是处于"正规教育"之外的可有可无的"业余教育"；另一方面，高校所开展的创业教育课程没有形成体系，课程设置缺乏系统性。并有人认为，把创业教育纳入教学环节，不能靠开设几门课来解决问题，它将涉及教学的系统改革，学校教学的各个环节都需做出相应的配套、调整和支持。

1998 年 12 月 24 日，由国务院向教育部批转的《面向 21 世纪教育振兴行动计划》文件中，要求各高等学校一定要在大学生中实施创业教育，鼓励大学生自主创业。随后在全国教育工作会议上，对创业教育又做了加强，高校中一定要把培养创新精神和创新人才作为发展的目标，要求高校一定要转变观念，转变教育模式。一些国家领导人相继对加强创业教育做了相关指示，并要求政府部门在落实创业教育过程中对大学生的创业给予大力支持。通过政府设立小额贷款扶持、鼓励、帮助大学生的创业，认真践行创业政策。

教育部 2000 年 1 月 11 日在全国高校技术创新大会上，对大学生创业做了重新规定，如大学生、硕士生、博士生，可以采取休学保留学籍的方式来创办企业。参加此次会议的多所大学校长表示非常赞同大学生创业，只需在规定的时间内（原则上为两年）完成学业。接着，许多高校相继出台了一些帮助和鼓励大学生创业的政策和举措。在国家政策对创业教育的引领下，高校大学生的创业教育有了实质性的发展。

据李时椿、常建坤等人关于创业教育方面的研究，在我国高等学校中可以分两个阶段开展创业教育和创业活动。

第一阶段号召各高校根据自己的办学特色自主探索创业教育 (1997 年初 -2002 年 4 月)。在这一阶段，一些层次比较高的学校及时制定了创业教育计划实施方案。"清华大学大学生创业计划大赛"作为首届创业活动，在全国高校中影响特别大。接着由团中央和全国学联发起号召，在全国举办"挑战杯"创业大赛，据此全国创业大赛，创业活动拉开帷幕。一些高校也把创业课程安排到教学计划当中去。如"科技创业"、"创业教育"等课程作为高校必上课程，在此基础上，一些科技园相继建立，为大学生创业提供了便利并给予政策支持等。同时还为大学生创业给予经费支持，缓解大学生筹资难的问题。随着创业教育的开展，人们对创业的认识越来越认可，社会的支持和高校的重视程度越来越大，给大学生创业也带来了越来越多的便利。

第二阶段是由政府给予政策支持等多元化发展的阶段 (2002 年 4 月至今)。为了能使创业活动有特色、有代表性，教育部确定 9 所高校作为创业教育试点院校，清华大学把科技论坛、大学生科协、专家报告会、创业学术沙龙等作为创业教育的亮点；中国人民大学在课程管理和设置上规范科学，针对大学生创业特点，开设《企业家精神》，针对创业中的管理方法，开设《创业管理》，同时还开设一些选修课。北航为大学生搭建创业平台，除开设了一些课程外，注重实践，尤其是创业园的建立，让大学生在实践中提升创业能力，真正把创业教育理念渗透到大学生的课程和学习生活中。

三、我国高校创新创业教育取得的成绩

1. 我国高校创新创业教育模式初步形成

在 2002 年教育部选择 9 所高校作为开展创新创业教育的试点后，我国高校创新创业教育取得了较大进步。目前主要形成了三种创业教育模式：

第一种是"一二课堂结合模式"：这种模式的实践以中国人民大学为代表，在开展创业教育中将第一课堂与第二课堂结合起来。这种模式除培养学生创业所需的基本知识、理论与技能外，还注重培养学生创业意识。第一课堂：侧重学生创业理论培训。主要开设了创业管理等相关课程。通过这些课程的学习，培养学生创新思维，拓宽学生自主选择与促进个性发展的空间。第二课堂：侧重学生创业实践培训。通过开展创业教育讲座、开展各种创新、创业竞赛等多种方式，鼓励学生将第一堂课所学的创业知识运用于社会实践活动中。形成了以专业为依托，以项目和社团为组织形式的"创业教育"实践群体。

第二种是"健全教学机构模式"：这种模式的实践以黑龙江大学为代表，通过组建职能全面的创业教育教学机构来推进创业教育。黑龙江大学成立了 6 个校级创业教育试点单位，全面推进创业教育。这六个单位分别是创业教育领导小组、创业教育学院、创业教育中心、创业教育协调委员会、创业教育专家组。学校通过教学改革，充分发挥教育试点单位功能，在专业教学领域和创业实践领域分别推进创业教育。首先，在创业知识教授领域，开设多门课程，为学生提供多选择的创业教学资源。其次，在创业社会实践领域，通过资金资助和奖励等办法，鼓励学生参与到创业实践中。此外，还可通过创业宣传，引导广大学生参与创业教育的学习和实践，全面提升学生的就业竞争力和创业素质，实现学生灵活就业和自主创业。

第三种是"创新为核心的三教育模式"：这种模式的实践以上海交通大学为代表，在创业教育中以素质教育为基础、终身教育为理念、创新教育为核心。除向学生讲授创业知识以外，还向创业者提供必要的资金和技术咨询等。该模式特别注重对学生创业实践的培训，并建立创新活动评价体系。最终实现专才向通才、教学向教育、传授向学习三转变。

2. 大学生创新创业教育政策正式出台

在我国，各级政府及相关部门已经逐渐意识到创业和创业教育的重要性，并出台了相应政策和措施支持高校创业教育。

2005 年共青团中央、全国青联与国际劳工组织合作，引进和实施 KAB、SIYB 创业教育项目。2007 年党的十七大明确提出了"以创业带动就业"的方略，为创业教育的开展提供了纲领性文件。在 2008 年 1 月 1 日正式实施的《中华人民共和国就业促进法》中提出了国家实行有利于促进就业的税收政策，鼓励劳动者自主创业，扶持失业人员再就业。2008 年 10 月 29 日，人力资源和社会保障部等 11 个部门出台《关于促进以创业带动就业工作的指导意见》，《意见》中对高校毕业生创业进行指导，并给予一定程度的税收、

贷款等优惠。2009 年 1 月，国务院会议出台了促进大学生就业的 7 项措施。2010 年教育部出台《关于大力推进高等学校创新创业教育和大学生自主创业工作的意见》，2012 年教育部出台《关于做好"本科教学工程"国家级大学生创新创业训练计划实施工作的通知》，2013 年 5 月，党中央陆续出台关于创新创业的文件。2015 年 3 月国务院出台《国务院办公厅关于发展众创空间推进大众创新创业的指导意见》，2015 年 6 月国务院正式公布《国务院关于大力推进大众创业万众创新若干政策措施的意见》，这些措施极大地鼓励和支持大学生自主创业。

第二节　我国高校创新创业教育模式案例

一、磁石模式

1. 清华大学创新创业教育

教育目的：清华大学主要以培养学生的创新精神为主，增强大学生以自主创新为核心的创业理念。

课程设置：在全校范围内采用第一课堂和第二课堂相结合的形式，并在第二课堂的基础上，开展清华创业大赛，营造创业精神氛围，清华科技园与清华大学的行政部门和院系合作构建了相对完善的大学生创新创业教育体系，形成了创新启蒙—创业辅导—创业大赛—创业实践的教育模式。面向全校学生开设一系列的创新创业课程，坚定学生自主创新创业的信念，通过案例教学，将教学从教室搬到了孵化企业，将理论与实践紧密结合，让学生体会创新给创业带来的巨大机会和价值，激发大学生以创新为核心的创业信念和热情，如创业机会识别与商业计划、未来企业家之路等，用创新的课程安排反映创业的特点和创新的价值，提升学生的综合素质和创新创业能力，截至目前，已连续 4 年开设创业课程，有 40 余位导师和 800 多名本科生和研究生参与，此外，在经济管理学院成立了创业研究中心，为创业教育提供课程、创业理论，并在管理学院招收创业管理方面的博士研究生。

2. 天津工业大学创新创业教育

天津工业大学 2004 年开始探索创业教育，在部分学院开设"创业专题实训"课程。2006 年成为首批 KAB 创业教育基地，引入"大学生 KAB 创业基础课"，并纳入学校教学计划，2008 年在借鉴国内外创业教育理论与实践的研究成果的基础上，结合学校创业教育实践经验，制订并实施"大学生创业教育"培养方案，在全校.范围内开展创业教育，并构建全校性多层次模块化创业教育课程体系。

组织管理：天津工业大学创业教育的实施主要由创业教育中心和管理学院两个单位负责。创业教育中心成立于 2007 年，主要是以培养具有创新能力和企业家思维的复合型经济管理人才为目标，它的任务是进行创业教育师资队伍建设、课程设置、理论研究、创业咨询、大学生创业园的管理、开展大学生创业活动等，并开展面向在校学生和社会各界人士的创业教育培训。此外，在管理学院成立创业教育中心教学科研部办公室和创业教育部。

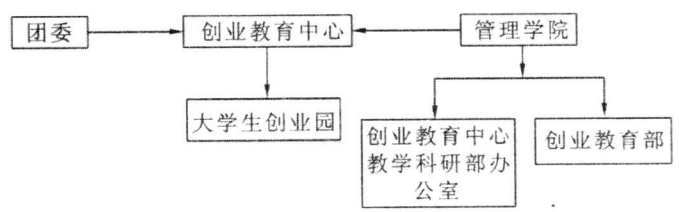

图 3-1 天津工业大学创业教育组织管理体系

课程设置：天津工业大学在一些学院开展创业教育试点工作，增加创业教育必修课试点课程，逐步形成了面向全校学生实施模块式创业教育课程体系。该课程体系可以分为三个层次三种课程模块，第一层次是创业教育通识课程模块。在全校范围内以选修课的形式开设，以"创业概论"和"大学生 KAB 创业教育基础"为主干课程，以"企业与个人信用管理""职业生涯设计""团队管理"等为辅助课程的课程模块，培养大学生的创业意识和创业品质，加深学生对企业家素质的理解。第二层次是创业教育技能课程模块。包括主干课程"大学生创业专题实训"，辅助课程"市场营销""公共关系""人力资源管理"等 10 余门课程，满足学生创业技巧和能力提高的个性化要求。第三层次是创业教育实践课程模块，充分开发利用校内外资源，打造多种形式多方位创业教育实践平台，开展创业实践教学。通过开展实验室理财、网络营销等仿真模拟体验；开展包括创业大讲堂、创业俱乐部、社团活动、创业竞赛等第二课堂活动，在实践中培养创业兴趣和志向；制定一系列激励措施，鼓励学生参加社会实践活动，如到实践基地挂职锻炼，在大学生创业园创办公司等，为学生未来创业提供历练。

天津工业大学进一步深入创业教育的实施，以必修课和选修课的形式，把创业教育课程与专业课程相结合。主要通过两种途径来进行，一是培养学生创业意识，使学生了解创业的基本知识。通过必修课与限选课形式在教学计划中嵌入创业教育通识课程模块，与专业基础课同时开设，采取课内讲授与课外专题讲座相结合的形式。二是以提高专业技能创业的实践能力为目的。通过选修课形式在教学计划中嵌入创业教育技能误程模块与实践课程模块，开课时间安排在专业主干课之后或同时进行，理论授课结合专业案例教学与学生实践。

实践平台：天津工业大学实践平台主要包括校内实践和校外实践两个部分。在校内成立创业协会、创新思维实验室、KAB 俱乐部，U 字形创业教育专用实验室，举办校级年度创新创业计划书大赛等多种形式的实践。在校外设立创业实习基地和大学生创业园。天津工业大学与河东区科技园等多家企业建立合作关系，为在校学生提供创业培训及模拟实训。同时，设立创业中心，与天津市人力社会保障局、天津市教委等有关部门合作，对毕业生进行就业创业培训。

二、辐射模式

1. 北京航空航天大学创新创业教育

教育目的：北京航空航天大学的创业教育模式以提高学生创业知识、创业技能为侧重点，并为学生创业提供资金资助以及咨询服务。

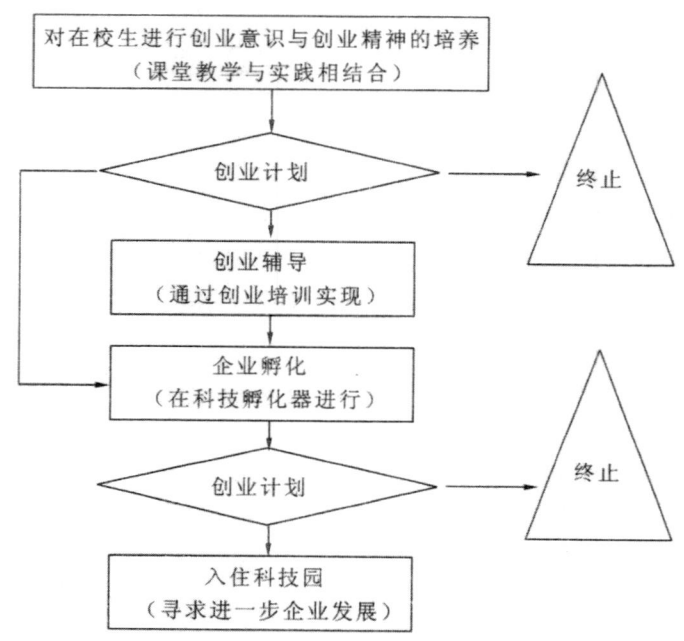

图 3-2 北航创业教育模式流程图

课程设置：在多部门多单位的相互支持和配合下，形成了由北航创业管理学院北航天汇科技孵化器和北航科技园构成的创业教育与实践体系。一方面面向全校学生，以选修课的形式开设创业教育课程，目的在于启蒙学生的创新和创业意识。面向全校学生开设的创业教育课程有《科技创业》《创业管理》《大学生 KAB 创业基础》《创业概论》等课程。为了进一步使学生了解创业，走进创业者，增强创新精神与创业意识，北航创业管理培训学院面向全校学生开设了创业新讲堂，北航科技园开办了创业星期六，让学生近距离地与创业者企业家进行对话，对于具有强烈创业意向和可行创业计划的学生，北航还专门聘请了创业导师进行创业辅导和孵化。

北航依托大学生创业计划大赛的形式，在全校范围内形成一种创业氛围。至此，形成了具有很强实践性的创业教育模式。

北航创业教育可以分为四个阶段（如图 3-2）：一是创业意识与创业精神培养阶段；二是创业辅导阶段；三是企业孵化阶段；四是企业入住科技园进一步发展阶段。这四个阶段层层递进，培养出一批批学生创业者。针对这四个阶段，北航也形成了各司其职、相互支持的多单位负责的管理体系。

2．黑龙江大学创新创业教育

黑龙江大学自1998年实施"创新工程"以来，开始探求以培养学生创新意识为目的的创业教育，并将其视为深化教育教学内容改革、探索适应时代需求的本科人才培养新模式的重要尝试。2002年又被教育部定位创业教育试点高校，2008年教育部批准黑龙江大学为创业教育人才培养模式创新实验区，2009年黑龙江大学创业教育成果荣获第六届高等教育国家级教学成果二等奖。黑龙江大学确立了"以创新意识培养为目的，面向全体、基于专业、分类教学、强化实践"的创业教育工作方针，并逐渐形成了"辐射式"的创业教育模式。黑龙江大学"辐射式"创业教育模式的构建，坚持一个宗旨："实施创业教育，深化专业教育教学改革，提高人才培养质量"。立足两个基点："一是面向全体学生开展普遍性创业教育，提高学生创新意识创业精神与实践能力；二是面向有创业愿望的学生开展特殊性创业教育，提升学生创业实战技能。"

组织管理：黑龙江大学成立负责创业教育的领导小组、创业教育学院，创业教育协调委员会，创业教育专家组，大学生创业顾问团等专门机构。各个机构和部分各司其职，全面开展创业教育，创业教育学院作为一个独立设置的机构，负责全校创业教育的教学管理。

课程设置：黑龙江大学基于创业教育的理念，针对全校学生开展"三创"（创造、创新、创业）课程体系，同时根据科学特色把创业教育"融入"到专业课程中去，"三创"课程群由创业教育模块、就业教育模块和证书教育模块组成，旨在培养学生的创新精神和创业意识，提升人才培养质量，促进学生就业。创业教育模块课程以选修课、辅修专业和创业培训课程（如SYB，STARTYOURBUSINESS的简称）的形式开展。

黑龙江大学创新创业教育的课程设置从显性课程和隐性课程的角度组织了不同的课程。显性课程主要体现在三个层面上（见图3-3），一是创业教育通识类课程，二是专业核心课程，三是复合型创新人才培养项目。隐性课程的设置主要以实践课程为主，通过三大平台实施：一是创新创业研究平台，二是基地实践平台，三是竞赛实训平台。

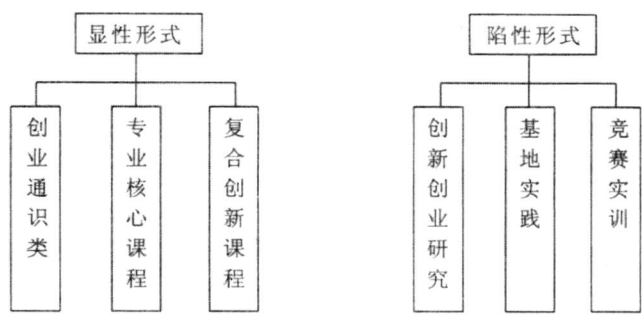

图3-3 黑龙江大学创业教育课程设置途径

实践平台：黑龙江大学通过"辐射式"创业教育模式，把创业教育与专业教学紧密结合，让学生在三个实践教学平台上受到创业精神、创新意识的熏陶。此外，针对一部分具有创业意愿和创业条件的学生，也提供了更加深入的实践方式。黑龙江现有包括"大学生科技文化创业园"在内的校内外创新创业基地200多个，学生创新实验室13个。

在专业教学相结合的基础上，黑龙江大学把创业教育与学生就业结合起来，探索的"创业实验班——初级孵化器——高级孵化器"三个基点联动，成为更有针对性的创业教育实践体系。

3. 上海理工大学创新创业教育

上海理工大学创业教育开始于2002年，作为上海市首批创业教育试点院校之一和上海市推进创业教育体系建设的两所试点高校之一，经过多年的探索，上海理工大学把"创业教育与素质教育相结合、创业教育与专业人才培养相结合、创业教育与卓越工程教育相结合、创业教育与国际化教育相结合"的四个结合的理念，逐渐形成了以培养学生创业素养为目标，"课堂教学—创新实验—项目训练—企业孵化"的创新创业教育体系。

组织管理：上海理工大学创业教育采取辐射形式，学校统一协调，把创业教育与各个学院的专业特点相结合。

课程设置：上海理工大学根据创业教育目标，构建"基于专业大平台的个性化培养"课程体系，设计了三个层次的创业教育课程，把创新创业教育的全程化和有自主创业意向学生的全课程模块化选择有机地结合起来。三个层次的课程计划包括：创业教育通识教育、创业辅修专业和创业专业教育。2009年上海理工大学设立了创业学专业，并依托工商管理开设了创业班。创业班着力培养具有创新能力的创业企业家和职业经理人。创业班学生在选拔时通过体能测试、毅力测试、开业能力测试、面试四轮选拔机制，保障了创业班学员的良好的创业素质。在课程体系上，设置包括理论模块、实务模块、实训模块、实践模块四大模块，培养包括创业精神、创业知识、创业能力、创业心理品质和创业生理条件在内的创业综合素质。

实践平台：上海理工大学校长许晓明认为"实践是创新之根"，上海理工大学2007年获批国家级创新创业人才培养模式创新实验区，同年被列为上海首批大学生创新活动计划项目实施学校，2008年被列为第二批"国家大学生创新性实验计划项目"实施学校。目前已拥有"经济管理""现代出版印刷""能源动力"3个国家级实验教学示范中心，"机械工程""光学电子"等5个市级实验教学示范中心，以及18个校级的实验教学示范中心基地，"沪江创新创业"国家级人才培养模式创新实验区，每年设立300个创新实践项目，参与科研训练的学生人数每年达到1000余人。国家大学科技园新建"学生创新创业中心"，设立6六个具有鲜明特色的为创业项目服务的平台：虚拟制造技术平台、数控制造技术平台、电气自动化技术平台、医疗器械与食品安全技术平台、公共商务服务平台、女子职业教练营，为科技创业学生提供便捷、完整、有效的服务。还开展了十余次各种创业知识培训，参加的创业学生数有近300人。此外，科技园还划出专门的学生创业公司经营场地，为创业学生注册公司提供免费一站式服务，促进了创业活动顺利、成功地开展。

4. 温州职业学院创新创业教育

温州科技职业学院于 2011 年获得"大学生 KAB 创业教育基地"称号。作为一所以"农"为特色的院校，温州科技学院在创业教育培养目标和模式上具有自己的特点。在培养目标上，温州科技职业学院立足"三农"，培养学生的创新和创业精神，把创业教育和专业教育密切结合，对有创业意向和条件的学生，提供专业的创业指导。此外，聘请校外企业家做创业项目指导。

组织管理：温州科技职业学院把创业教育理念融合在全院人才培养设计方案之中，搭建专业创业平台，使创业教育与专业教育相结合。

课程设置：针对学校专业特色，三大专业群开展不同内容的创业教育课程，更有针对性的增强学生的综合创业素质。针对信息类的学生，主要关注商业化的过程，开设《市场营销》《风险资本》等课程，有助于学生避免在了解市场前景之前进行产品开发的错误导向；针对农业类学生，开展现代农业创业机遇的分析，开设《创意农业》《农产品经营》等课程，树立农业类学生创业意识与信心；对经贸类学生，由于拥有了系统的市场营销、管理等相关的商业知识，针对他们的创业教育，主要关注初创企业以及中小企业的管理与成长。创业课程学分分为必修学分和创业实践认证学分两部分。

实训平台：温州科技职业学院 5 个系都有与专业教育相对接的学生专业创业园。信息系，有大学生网商创业园；园林系，有创意农业园；动科系，有宠物医院。学生学习专业后，可以马上进行创业实践。农生系的现代农业创业园，已成功开发出 10 多个农业项目，现代农业创业园，已经孵化出农业小企业 6 家，成立农业创业工作室 10 多个。

温州科技职业学院提出建设创业型校园，建设一组创业示范店、一条现代农业创业街、一幢创业楼、一片网商创业园。该学院根据自身专业特色把导师、项目、团队、基地、农户等资源有效整合起来推进学生创业教育，进行创业实践活动。现在已经有 38 个团队在导师的指导下进行创业，有迷你菜园、水培植物、无土栽培、水果玉米、盆景果蔬等项目。

三、混合模式

教育目的：上海交大创新创业教育采用无形的创业学院的模式，面向全校学生，面上覆盖点上突破，以培养拔尖创新人才和产业巨子为目标。一方面，面向在校全体学生，进行全覆盖的创新创业教育，重在渗透和培养学生终生受用的创新精神、创造理念和创业意识；另一方面，面向有意愿有条件的部分同学，开设有针对性的创业学课程和培训，提供创业苗圃预孵化和资金支持，使他们成为交大学生创业的"种子选手"。

组织管理：上海交大创业学院院长由管理学生工作的副校长担任，根据创业教育的特点，形成了有战略专家咨询委员会、教学指导委员会和理事会组成的管理结构。

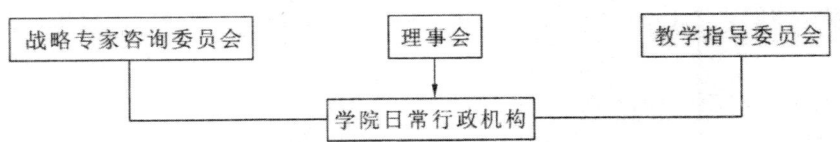

图 3-4 上海交大创业教育管理机构

课程设置：通过选修课和必修课的形式开设创业教育课程，教务处、团委、经济管理学院等一些学院相互配合，作为创业课程的提供者，主要分为面向全校学生的创业教育通识类课程和面向创业学院学生的创业课程模块。共分为两个阶段：第一个阶段三门课程为必修课；第二个阶段为三个实践模块。

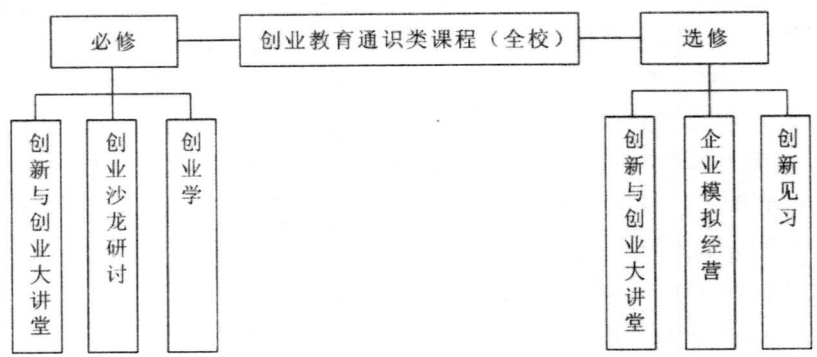

图 3-5 上海交大创业教育课程体系

表 3-1 上海交通大学创业教育课程体系

	课程名称	负责部门	备注
第一课堂	1.全校现有创业相关课程	教务处	《创新与创业》
	2.创新与创业大讲堂	经管学院牵头	选修学生在课程结束后，申请PRP项目，以完成创新创意类项目作为课程实践评分环节
	3.10门左右创业通选课程	经管学院教务处牵头	

创业教育讲座也是面向学生培养创新创业精神的主要形式。上海交通大学创业教育最早开展的时候主要依托的就是创新与创业大讲堂，请了许多知名学者企业家做报告。

在全校创业教育通识课的基础上，对一些有强烈愿望创业和有条件的同学进行选拔，进入创业学院学习。进入创业学院的学生作为创业教育的另一个培养目标，更加有针对性的培养未来的创业者。

第三节　我国高校创新创业教育存在的问题

一、创新创业教育认识存在偏差

创新创业教育的根本目的在于：第一，使大学生树立崇高的理想和终极价值目标；第二，培养大学生的创造和开拓精神；第三，使大学生掌握从事创业的思维方法。过去大学只重视知识的传授而忽视思维方法的训练，这严重影响创业活动的开展和创业思维的形成，这些必须要纠正。因此，在创业教育中，要向大学生传授思维方法的技巧，特别是创造灵感思维方法、创造抽象思维方法、创造求异思维方法、创造简约思维方法等等；第四，使大学生掌握从事创业所必需的专业知识与技能；此外，还应懂得金融、财务、法律、市场运作等方面的基本常识，还要有敢于冒险的精神和坚定必胜的信心。

当代大学生缺乏创造和开拓精神，所以要在大学生中进行创业教育。我们应有意识地培养大学生的冒险和对待失败的从容态度。帮助学生开阔视野，培养他们的创业精神和创业能力，使创业文化活动发挥促进整个社会的作用。

很多高校的领导对创业教育理念存在偏差，把创业教育混同于普通教育，并单纯地认为创业教育就是培养学生创办企业的能力，有的还认为大学毕业生有业可就就没有必要开展创业教育。甚至有些教师认为创业教育是对传统的否定，学生不能丢掉专业学习。这些领导和教师认识上的偏差，导致高校对创业教育缺乏政策导向和经费支持，从而对我国创业教育发展起到阻挠作用。表现在以下几个方面：

第一，我国高校创新创业教育意识淡薄。

我国高校受经济条件的制约，再加上高等教育起步较晚，正处在发展提高阶段，对创业意识的认识还不够深刻，还需积极地探索和实践。要加大对社会的宣传，引起政府部门的重视，要让政府官员转变思想观念，支持创业教育，另外在政策上和经费上进行倾斜。同时还要提升高校领导层的认识水平，让他们理解创业教育，支持创业教育。在大学生中积极动员，对他们进行创新精神的熏陶，克服对创业教育意识的淡薄，让全社会都重视创业教育。

第二，我国高校创新创业教育观念滞后。

大学生对开展创业教育实质认识不足，接近半数的大学生认为想办法"赚钱"是开展创业活动最主要的目的。还有一少部分同学认为创业就是几个人凑在一起做一些简单的生意，甚至误将帮助教师查资料、整理文件等勤工助学等同于创业。多数学生没有从观念上认识，而只是简单认为有了资金就能创业，忽视了创业应具备的知识、能力、技巧、方法、环境等的影响。之所以产生这种认识上的偏差，与高校的教育引导和观念认识密不可分。许多高校在大学生创业的问题上还存在认识不清，对学生创业教育引导还缺乏从思想上疏导和启迪。创业教育观念落后，不能把正确的创业观念灌输给学生，这也是造成大学生对创业教育认识不清的原因之一。

第三，我国高校创新创业教育体系认识欠缺。

尽管政府对创业有政策的支持和帮扶，同时，也有媒体的大力宣传，各高校也根据各自的经费、场地等实际对创业教育划拨了专门的资金支持。但由于各高校的认识层面不同，对创业教育重视不够，每个高校对创业教育的开展就不同，很多高校仅开设一两门课程，如《创业学概论》《创业管理》等。这样对创业教育的意识不清、效果不好，不能很好地设计课程，使教学内容简单，教学手段不实，教学方法陈旧。他们偶尔也会邀请本地知名企业家做讲座、搞一些创业计划活动，但大多都没有形成系统的、制度化的创新人才培养体系。国内高校仍然将传统传授知识作为主要目标，设计的创业活动缺少与实际的联系，这就说明对创业教育的认识还是不够深刻，创业教育师资经验不足，所授课程和研究不能很好和创业实践对接，把一些具有创业经验的企业家阻止门外，导致认识上的欠缺。

第四，经济条件制约创新创业教育的发展。

创业教育的实施需要以一定的经济条件作为基础，但目前，我国的经济发展水平在一定程度上制约了我国创业教育的发展，主要体现在：我国高校财政资金来源渠道不足，缺乏多元化的创业融资渠道。目前我国高校财政资金大部分来自政府资助和科研基金这两条主要渠道，缺乏像国外"第三收入"来源渠道，比如从工厂、企业、慈善基金、地方政府、校友捐助等渠道获取经费。这一方面是由于我国投资政策的局限，另一方面也反映了创业精神的培养不能停留在宣传上，要主抓大学生的创新能力和责任意识培养。加强大学生的个人独立能力培养，不能全依靠家长、高校、社会的支持和帮助，学生要形成对自己负责、对家庭负责、对社会负责的责任意识。另外，我国高校还缺乏创业及创业教育外延拓展，高校创业教育实践环节严重缺乏，高校的创业教育资金不足和这些有很大的关系。

第五，制度因素制约对创新创业教育的认识。

创业教育需要政府的倡导，经济的支持，社会的氛围。包括资金支持、技术的支持、政策的支持、机会的给予、资源共享等，我国尚缺乏个人创业的社会氛围。由于历史原因，计划经济的传统思想还束缚着人们的行动，还在根深蒂固地影响着人们的创新。这样的文化环境很难一下子把人们从传统的观念中解放出来，也很难有勇气自主创业。据全球创业观察报告，我国的创业资本在创业活动中投资的很少，从全球观察报告中显示是最低的，创业资金主要来源于自筹，包括亲戚或朋友资助，缺乏社会创业资金来源。只有少数试点高校有政府部门设专项资金支持，其他高校只有靠自己想办法了，制度政策不能向所有高校倾斜，导致创业教育活动在高校中不能普及。

二、创新创业教育专业师资力量薄弱

纵观发达国家创新创业教育，其师资队伍主要由资深专家、成功人士、政府官员组成，其经验丰富，对创业的流程清楚，还熟悉企业的发展变化和运营规律。在我国，创业教育队伍参差不齐，也有一些学术专家，但他们中一些人从未涉及创业，还有一部分是就业指导课的教师和辅导员老师，这样给学生上课既不生动贴切，也没有说服力。导致我国创业教育师资力量薄弱的原因有以下几个方面：

第一，传统教育导致创业教育人才储备不足。创业教育是一个新型发展，适合市场变化的创新性教育。由于原有培养人才的模式比较陈旧，在一些大学的课程设置中缺乏这样的内容，导致创业教育这方面的人才缺乏，没有传、帮、带的资源，所学专业和创业教育脱节。因为创业教育针对性很强，对人的创造性、创新能力和创业能力要求都比较规范，尤其是技巧、技能方面和现实联系紧密。传统的教育未能培养出创业教育的接班人，导致创业教育这方面的师资非常缺乏，这就要改革我们的教学体系，变革人才培养模式，为下一步创业教育顺利开展打下坚实基础。

第二，传统的观念制约了创业师资的发展。创业教育是一门很强的实践性课程，对教师的专业素养要求很高，我国传统式教学方式，使大多数教师缺乏交流，思想比较禁锢，传统观念占据了整个教育思想，缺乏开放的、具有国际视野的教师资源。由于教师的认识偏差，大部分高校创业教育效果不佳，创业教育的师资无论是数量还是质量仍然达不到需求。从思想意识角度讲，还得改变传统观念，把培养创新型教师作为解决创业教育的难题来抓，投入一定的资金，培训创业教师，提升创业教育质量。

第三，我国创业教育的发展还不成熟。我国创业教育的起步较晚，基本上处于探索阶段，相关研究还比较少，实践经验还是不足，又没有形成合理的评价机制。在大多数高校中，评价教师的优劣主要参照科研成果，重论文、轻教学。尤其在教师评级评职中，科研作为硬性指标，这就导致全体教师向着这个方面奋斗，教育实践就开展得比较少，和学生交流的机会就更少。这在一定程度上影响了创业教育向更深层次发展，制约了创业教育在高校中正常运行。高校要改变这种状况，必须改革教师评价机制，把积极参与学生创业的教师作为先进典型树立起来，这方面工作做得好的教师在评职评级时优先考虑，充分调动教师的积极性，扩大创业教育队伍的发展。

三、创新创业教育的课程设置不合理

创业教育实现的好坏很大程度取决于创业课程的安排。但是，目前我国开设创业教育课程的高校数量少，并且缺乏实践经验，导致创业教育课程设置方面也存在许多不合理的地方，突出表现在课程安排缺乏针对性和操作性。创业教育是一项复杂的综合的工程，它涉及多类学科领域。部分院校开设的创业教育课程只针对管理学院、工商学院等与经济较为紧密的学院的学生，很难向全校学生开放。创业教育教材是创业教育的基础，没有完善的理论和具有实践指导意义的教材，教育就无法正常系统地开展，更难以取得相应的效果。目前全国范围内使用的教材大都来自欧美，这些教材虽然填补了我国创业课程教材开发的空白。但这些教材也存在缺陷，一方面教材内容与我国实际国情不相符；另一方面国外的教材缺乏针对性的案例分析，不能实现理论与实践的结合。因此，未来我们应该加大对本土教材的研发力度，争取早日实现国内学生用国内教材的目标。

四、创新创业教育的教学形式较单一

我国现行的创业教育通常采取统一的教学计划，通过公共选修课外加创业计划大赛的方法，对不同学科专业的学生予以统一的培养，忽视学生的专业差异和个性特点；在教学内容上，教材内容单一、枯燥；教学方法方面，仍保留教师单方面讲授、学生听课、记笔记为主，不能充分发挥大学生的主观能动性，忽视了学生参与的重要性；在考试方面，仍沿用强调知识的单调记忆的做法，而没去考查学生解决实际创业问题的能力和素质。这种封闭单一、重知识传输而轻能力培养的创业教育模式往往扼杀学生的创新思维，不利于创业素质和能力的培养，严重阻碍了创新创业应用型人才的培养。

五、创新创业教育文化氛围缺失

我国传统文化教育人们，学生服从教师，教师服从学校，中规中矩，缺乏教师和学生的互动，缺乏探讨。在这种长期的教育模式下，抑制了人们的主动性和创造性。要想改变这样的传统，就必须加大宣传力度，在公开媒体上多宣传、多报道，弘扬人的个性，改变教育模式，弘扬创业教育，把大学的创业教育通过官方的多种渠道，传递给社会，并营造良好的创业文化氛围。又由于我国市场经济的发展历程较短，相关政策法规不很完备，政府支持力度不大，基础设施不健全，教育与培训跟不上，社会对创业概念的曲解，创业氛围较为薄弱，各种社会媒体也没有系统的有效宣传。创业教育发展受到了各种阻碍和限制，使创业教育进入了发展的瓶颈阶段，创业文化氛围不强，要想创业文化氛围浓郁，宣传效果好，必须做好以下几个方面：

第一，严格创业实践，注重能力提升。

在创业实践中，通过开展创业计划书撰写、模拟实践活动让大学生充分了解创业的意义、创新型人才的要求，在教师的指导下，帮助学生了解市场变化规律，分析其风险。教育学生掌握丰富的知识，学会应对复杂多变的环境。努力培养学生的思维创造能力，学会观察问题、分析问题、解决问题。注重在实践中增长才干，增强他们的创业思维和实践能力，在提高大学生的能力时，为创造良好的文化氛围增添光彩。

第二，克服传统观念，弘扬创新理念。在创业教育的过程中，传统的观念制约着创业活动的实施和开展。由于旧的教育方式不能及时改变，创业过程无章可循，都是自己去摸索，闭门造车，脱离实际，在创业教育的概念、内涵和管理模式上产生误区，活动很难取得实效。所以，要在创业教育的实践中，创新思维，把新的理念贯穿于创业的全过程，形成与社会的联动机制，加强与企业的合作，建立创业实践基地，通过新媒体推广宣传创业教育的优点，争取更多的社会资源支持和帮助大学生创业。

所以，要在全社会形成良好的创业舆论宣传，从正面引导，通过官方网站、微信、微博等现代技术手段弘扬创业教育。鼓励大学生练好自身本领，树立典型，以榜样的作用传递正能量，引起全社会的关注，大力营造创业教育文化氛围，使创业教育活动在我国高等学校中顺利开展，并取得显著成效。

第四章 高校大学生创新创业教育的组织模式

高校创新创业教育的开展是一项系统工程，为跟上社会转型步伐，满足高校学生的需求，应明确其组织管理形式与运行原则，构成相应的教育体系。不同院校应根据不同的文化特征和发展目标，采取不同的组织模式开展创新创业教育。

第一节 高校创新创业教育组织模式的国内外对比分析

一、高校创业教育组织模式的国际经验

根据组织管理部门的不同，国外高校创业教育的组织模式可划分为商学院／管理学院模式、创业学院模式、团队学园模式、跨学科项目模式和模拟公司模式等。

（一）商学院／管理学院模式

商学院／管理学院模式作为较为传统的创业教育模式，注重运用专有的商业管理方式，主要将创业教育融入现有的管理学课程，采取传统"教与学"的模式，通过创业中心实践教授创业过程。商学院／管理学院负责创业教育的日常管理、经费筹措、师资培养、课程设置、学生招生等环节。为实现创业教育培养目标，商学院／管理学院依托创业课程和创业教育项目，系统地进行创业方面的教学与管理，课程内容呈现高度专业化特点。根据创业教育的目标对象，在商学院／管理学院模式下又分为两类，一类是学生来源严格限定为商学院／管理学院学生，也就是"聚焦模式"，其毕业生真正进行创业的比例非常高；另一类是面向全校招收学生，由商学院／管理学院负责管理，即"磁石模式"，吸引来自各个学院的学生在一个学院内接受创业教育。

1. 聚焦型

在聚焦模式中，学生经过严格筛选，课程内容呈现高度系统化和专业化特点，创业教育所需的师资、经费、课程等都由商学院和管理学院负责，学生来源严格限定在商学院和管理学院。这种纯粹性决定了系统、有效的创业教学，其毕业生真正进行创业的比例非常高。哈佛大学商学院是采取聚焦模式创业教育的典型代表，目前大约有 40% 的哈佛大学 MBA 毕业生追寻创业型职业生涯，如创业者、风险资本家或者创业咨询者。

作为世界上最早开设创业教育课程的机构，哈佛大学商学院 (Har-vardBusinessSchoo1) 强调申请者的创业特质，通过实施相关课程与活动提升学生的创业技能。1947 年，为满足第二次世界大战后商学院毕业生的创业需求，迈尔斯·梅斯教授在哈佛大学商学院开设了第一门 MBA 课程"新企业管理 (ManagementofNewEnterprise)"，自此启动了美国乃至全世界创业教育的步伐。从 1981 年开始，哈佛大学商学院开发了一套关于未来创业教育和研究的框架，将创业的指向从创办企业向外延伸，并可作为管理的有效方式，将创业精神定义为"不顾及现有资源限制追逐机会的精神"。

2003 年，哈佛大学商学院接受阿瑟·罗克 (ArthurRock) 的捐助，成立"阿瑟·罗克创业中心"。哈佛大学商学院的创业项目在提供课程方面已有半个多世纪的经验，培养了近65000 名毕业生，其中有些毕业生已成为全球最成功的创业者之一。从 1999 年起，哈佛大学商学院创业部门已经开发 600 多种教材，还将 20 多位杰出校友的创业经历制作成录像，在学院网站上共享，慷慨奉献校友们对创业的理解与观点。案例教学 (thecasemethod) 是哈佛大学商学院最著名的教学方式，指利用由语言和各种视听工具描述的特定管理情景，便于学生从当事人的角度出发，对相关管理问题进行分析和讨论并提出相应的解决方案。通过在创业教育案例中引入各类、各年龄的创业者，让学生在创业教育过程中获得认同感，提升学生的实际管理能力。近年来，哈佛大学商学院与欧洲创业研究基金会合作，组建了"以参与者为中心的欧洲创业教育培训项目"，培训来自欧洲 25 个国家的创业教育师资，提升了哈佛大学商学院创业教育项目的国际影响力。

2004 年，哈佛大学 MBA 项目被美国小企业和创业协会评为"2004 年度全国创业项目模型"。哈佛大学商学院的突出表现与其独特的组织模式紧密相关：一、拥有一批经验丰富、具有敬业精神的创业教育师资，包括 31 名创业管理教师和 30 位其他领域的教育家专注于创业教育教学和研究；二、精心设计的教育过程，培养学生的领导潜力、智力以及内在驱动力；三、注重创业项目的广度和深度，哈佛大学商学院要求 900 多名一年级新生学习"创业型管理者"课程，并为二年级学生提供 20 多门创业选修课。

2. 磁石型

磁石型创业教育模式的建立，是基于一种"非商学院的学生也能从创业教育中获益，具有创造性的创业努力并不仅仅来自商学院学生"的理念。麻省理工学院 (MassachusettsInstituteofTechno1ogy，MIT) 作为磁石模式的代表，其创业中心以"激发、训练以及指导来自麻省理工学院所有不同专业的新一代创业者"为使命。该模式下的创业教育往往先在商学院和管理学院成立创业教育中心，通过整合资源和技术，吸引全校范围内有着不同专业背景的学生。其开设的大部分创业教育课程，如创业计划、新创企业等，适应各种专业背景的学生，对创业感兴趣的学生既可以研修创业课程，也可以根据自身情况和兴趣辅修创业。整个项目的发展依托商学院／管理学院的资金、师资、校友等资源，由创业教育中心负责规划和运行。这种模式为商学院／管理学院以外的学生提供创业教育，而不涉及经费、师资管理等方面的变革。

麻省理工学院主要依托斯隆管理学院，向全校各个学科的学生提供创业教育，20 世纪 90 年代，斯隆管理学院成立的创业中心是学生创业教育的主要场所。通过依托斯隆管理学院中 17 位有着终身教职的教授以及 15 位资深讲师和实践者，创业中心为来自不同学科的学生提供 30 多门创业课程。根据 MIT 创业中心年度报告统计，不同学科的学生都参与了创业课程，其中有 77% 的学生来自商科，17% 的学生来自工程学，其余的学生分别来自艺术、法律、科学等学科，工程学院的学生成为除商学院学生之外参与创业教育项目的主要群体。MIT 创业中心结合系统的创业课程、卓越的师资队伍以及紧密的产学关系，以"十万美金创业计划大赛"为平台，挖掘最佳创意，关注跨学科团队建设，吸引风险资本。MIT的创业教育以培养未来高科技创业者为目标，在2009年，其毕业生创办的公司中，共有2.58万家高科技公司顺利运作，雇用约330万名员工，年销售额达到2万亿美元，如果将这些公司组成一个独立的国家，这些公司的收益将与世界上排名第十一位的经济体总产值相当。

这种磁石型商学院／管理学院模式在保证其开放性的同时，也保证了运行的便利性。所有创业教育和活动统一由创业教育中心负责协调和规划，师资和经费也由创业教育中心统一调配管理。这样的运行模式有利于整合有限资源，打造优质的创业教育项目，吸引新教师参与，促进校友募捐顺利进行。同时，创业教育的开展增加了商学院／管理学院与其他学院的联系，提升了商学院／管理学院在全校的地位。然而该模式也面临不少挑战，例如：如何在其他专业获得创业教育课程的市场和价值，如何针对不同专业的学生设置课程等。

（二）创业学院模式

创业学院模式是设立独立、专门的创业学院，负责管理、统筹创业教育的组织模式。在创业学院模式下，创业学科得以更好地发展，创业教育能够系统化、专业化地实施。该模式也分为两种主要形式：第一种是实体学院，即成立的创业学院具有专门的领导、师资队伍，设立创业课程，进行创业研究，招收本科、硕士学生主修或辅修创业学，并授予创业学学位。如：美国的俄克拉荷马州立大学创业学院。第二种是非实体学院，即成立创业学院作为实施创业教育的平台，有专门的机构代码和运作团队，但招收的学生不涉及学籍问题，面向全校学生开放创业通识课程。如中国上海交通大学创业学院，"无形学院，有形运作"是其主要组织模式。

1.实体学院

美国俄克拉荷马州立大学（Ok1ahomaStateUniversity）创业学院是全美最早的创业学院之一，其围绕"想象—相信—创造"之主旨，基于"每一个学生都具有巨大的创业潜力"之基本信念，承诺通过科研、课堂教学和实践活动来实现作为生活哲学的创业教育。

基于挖掘学生创业潜力，提升创业技能的教学目标，俄克拉荷马州立大学创业学院开设了35门创新课程，为全校所有专业、所有年级的学生提供相应的创业教育项目，如为商学院学生提供创业主修、辅修项目，为其他学院学生提供创业辅修，为MBA学生提供创业学方向，加上创业学硕士以及创业学的博士项目，构建了从本科到博士的体系化创业教育项目，发展创业学学科。

俄克拉荷马州立大学创业学院的创业课程设计过程中，主要将两大核心理念——背景（contexts）和推动力（faci1itators），作为其理论逻辑基础。第一，该课程可适用于多元的创业组织背景，即创业教育的适用范围不仅仅局限于创立新企业，还可应用于成长型小企业、家族企业、大公司的创新实践、公共部门的创业和社会创业。第二，课程的设立可反映创业过程中的主要推动力，包括在任何背景下启动创业的必要投入，如市场、创造力、财政等。

此外，为使创业渗透到全校的各个学科中，创业学院与不同学院合作，创造性地开发了 13 个全校性创业教育项目，包括"创业与艺术""绿色创业""创业与军事科学""工程与科学创业""健康科学创业""创业与心理学""创业型建筑师""创业与教育学""创业与兽医学""创业与地质学""媒体创业""审计与创业""瑞塔创业师资项目"。除了提供创业课程、与其他学院合作开发跨学科创业教育项目外，创业学院还负责统筹协调全校的创业计划大赛等实践活动。

在俄克拉荷马州立大学，除了创业学院 (AcademicSchoolOfEntrepreneurship)，还有瑞塔创业中心 (RiataCenterforEntrepreneurship)，旨在通过外沿的创新项目与创业学院协作研发、开办创业课程，通过实验环节为课程增添实践操作性，指导、帮助教员与学生开始创业。该中心为学生提供瑞塔创业实习、开办瑞塔商业计划大赛、科技创业活动、残疾人创业项目 (theVeteranswithDisabilitiesEntrepreneurshipProgram，VEP)、南非创业授权项目 (EntrepreneurshipEmpowermentinSouthAfrica，EESA)、女创业家激励研讨会 (theWomen EntrepreneursINSPIRESymposium) 等，并为其提供瑞塔创业导师，以增加学生在创业学院学习以外的实践机会。

2. 非实体学院

上海交通大学作为中国创业教育的先行探索者之一，于 2002 年和 2009 年先后被中国教育部和上海市确立为创业教育的试点高校，连续举办十余届创业计划大赛，建设创新创业基地，开设全校创业通识课程，打造创业沙龙、创业交流营等第二课堂创业活动。2010 年 6 月 12 日，上海交通大学正式成立创业学院，探索"一体两翼"的研究型大学创业教育模式。

"一体两翼"模式中的"体"，即创业学院，是深入推进创业教育的组织载体。创业学院以"无形学院、有形运作"的模式运行，试图克服高校创业教育在组织模式上普遍面临的三个问题：第一，仅有领导小组，无实质性组织机构，创业教育难以落地；第二，新建独立二级学院或依附商学院建设，其他学院参与积极性不高；第三，新设职能部处或依托学工、就业部门建设，却难以整合团委、教学、大学科技园等部门的丰富资源。而所谓的"无形学院"，指的是创业学院不占楼，不占编，招收的学员不涉及学籍和院系调整；"有形运作"，即创业学院在学校有机构代码，有运作团队，且学院班子超强配备：分管学工的校党委副书记亲自担任院长，分管教学的副校长任教学指导委员会主任，学工、团委、教务处、研究生院、经管学院、大学科技园等负责人兼任副院长，落实责任主体，明确考核目标。

上海交通大学创业学院的办学使命是面向全校学生，通过创业通识课程及各类活动和项目，培育全体学生的创业意识和创新精神，激发学生的创业激情，播撒创业种子；同时，面向部分有强烈创业意愿的学生，通过全方位的创业能力培养，为他们的未来发展打下基础，由此形成创业教育的"两翼"："面上覆盖"和"点上突破"。

"面上覆盖"，即在专业教育中注重渗透创新、创业、创意、创造的精神和理念，通过开设一系列创业教育通识课，持续开展大学生创新计划（"PRP 计划"），坚持举办创业计划大赛、创业沙龙等内容丰富、形式多样的活动，使全校学生接受创新创业氛围的熏陶、感染和洗礼，收获终身受用的创新精神、创造理念和创业意识。如"创新创业大讲堂"已成为最受欢迎的通识课之一，累计选修人数已逾万。

"点上突破"，即在提供独具特色的创业学课程基础上，通过创业导师团的悉心指导，辅以创业苗圃预孵化措施和部分资金支持，培养部分有强烈创业意愿的学生成为大学生创业的"种子选手"和创业引领者。上海交大的学生在"挑战杯"中国大学生创业计划大赛、美国全球企业家创业项目等赛事中多次获奖，第二届上海市十大青年创业先锋中，就有三位来自上海交大。

在"一体两翼"的模式和框架下，上海交大创业学院秉持"三个理念"：一是坚持以学生为中心，注重探究式、分享式、启发式、模拟式和体验式学习。在教学实践中，重在激发学生的主动性，使自主探究和自我成长成为学生的内在诉求，同时，以创业目标为指引，启迪其创造性思维发展。二是坚持开门办院，充分整合校内外、境内外资源。创业学院的师资队伍由教师、讲师和导师"三师"构成。同时，上海交大与美国 MIT、斯坦福等著名大学在创业教育师资培训、教材和实验室建设等方面进行接洽和合作，旨在促进校内外、海内外、专兼职及学界和产业界的有机结合。三是坚持"鼓励创新、宽容失败"的价值观。创业学院并不以创办企业是否获得风险投资，开展的项目能否持续经营等作为毕业认定的唯一标准。学生从实际创业经历中真切体悟的成败与得失、收获与教训，都可以提交给导师团和院教学委员会评审，作为毕业的参考依据。

（三）团队学园模式

团队学园（TeamAcademy）是以团队为创业实践共同体，以项目的形式进行创业教育的组织管理模式。

芬兰韦斯屈莱应用科技大学（Jyvasky1aUniversityofApp1iedScience）商学院即以团队学园作为一个专注于培养学生创业能力的课程项目。团队学园于 1993 年由该校商学院的市场营销高级讲师帕特纳（TimoPartanen）建立。学园每年招收 40 名学生进行为期三年半的学习，完成学业后可获得工商管理学士学位，至 2006 年共有 190 名学生在 20 个团队中学习，至今已有 300 多名学生毕业，毕业生创业率为 30%(同期芬兰大学毕业生的创业率为 4%)，已创办了 17 家企业，产生了 1750 个基于真实生活的团队项目。2000 年，团队学园项目被芬兰教育部提名为杰出教育中心（aCentreofExce11enceinEducation），2008 年获得芬兰贸易与工业部杰出创业教育中心（aCentreofExce11enceinEntrepreneurship）称号。

团队学园位于一座 1000 平方米翻新过的废弃工厂里，每位学生都有钥匙，随时可以自由进出。就教学组织形式而言，没有固定的教室和课桌，墙面可自由移动，空间也可自由组合，并且配备了办公室、电脑和座位，学习氛围轻松。学园秉承"自由与责任"的自我管理原则，在四位教练和一位总教练（帕特纳本人）的管理下，学生在享受自由的同时也对自己的学习负责，通过学生自主制定"学习合同"，明确各个阶段学生与教师的角色。学园里没有课堂，只有开放的办公区；没有教师，只有教练；没有班级，只有对话会议(dialoguesession)；没有案例学习，只有实际项目；没有讲授，只有自主学习。

学园采用芬兰高等教育评估委员会所认定的质量体系来确保创业教育质量，评价方法是个人自评、教练评价、团队成员评价相结合，教练根据这些评价结果决定最后的成绩，学生和团体的意见占了很大比重。评价标准是团队练习表现、文献学习和研读、实践环节表现各占三分之一。

芬兰韦斯屈莱应用科技大学的团队学园模式，在组织模式上，强调学生的自主管理与自我负责；在教学模式上，强调学习的自主性，以及从做中学的实践原则。三要可归纳为以下两大特点：

第一，团队学习，对话教学。学园最主要的特点就是以团队形式开展教学，新学员根据兴趣点组成不同团队，每个团队也可被视为一个学习共同体。每个团队在一起学习，明确自己的学习目标，自我管理小组学习，通过举行团队训练会议，学生间进行深度会谈；也会通过生存训练，与真实消费者进行面对面交流；团队不是固定不变的，学生可根据项目组成临时小组，共同完成任务。创业项目既是为大学生提供创业环境的工具，又是团队公司开展商业活动的途径。

除了团队教学，学园不采用传统的授课、讲座教学形式和考试制度，而是将"对话"作为学习的主要方式。创业教练将自己的创业经验告诉学员，学生也可以发表自己的想法和认识，加深对创业的理解，培养创新精神。每个团队平均每周进行两次对话式学习，通常在舒适自由的环境进行，分享学到的知识、学习的方法、心得体会等，使每一个学生都能清楚地意识到自己学习的过程。

第二，实践与理论结合，从做中学。学园非常重视创业教育的实践环节，强调学生在真实的生活环境中学会创业。在对创业、营销、管理等方面知识系统学习的基础上，结合实际操作，如通过组织学生参观企业，探究公司需求，来培养学生对市场的敏感性，学会如何寻找市场。学生根据对企业的考察，结合团队知识和经验，开发自己的商业项目，寻找与公司合作的机会。由于是团队式学习，每名学生各司其职，各取所长。学园从制度上明确规定了实践环节的比重，例如在该校2009年3月13日的课程说明中，"创业(一)"课程为7个ECTS(欧洲学分转换制)学分，其中团队训练和团队会议63学时，创业实践63学时，理论学习63学时，共计约190学时。

此外，开办团队公司也是团队学园创业教育的一部分。团队公司是学生集体创办的企业，典型的团队公司由10到20名创业学生组成，学园没有实质控制权，团队公司由学生自主运行，作为创业教育的一部分学园仅通过提供教练为公司发展提供建议，承担顾问的角色。为实际体会公司运行的压力，团队公司需要承担所有商务开支，每人每月要向学园上交10-30欧元的办公场地租金。团队公司需自行寻找和管理项目，学园允许公司免费使用创业学园的商标。团队公司是学生从事创业的主要载体，通过组建团队公司学生学会如何合作、如何管理。依靠集体的力量，经验和资金不足的学生能开办实际运行的公司并生存下去，不少企业都是由团队企业发展而来的。

（四）跨学科项目模式

跨学科项目模式指的是将创业教育作为一个必修模块，在全校各个学院内跨学科推行。在爱尔兰唐道克理工学院（Dunda1kInstituteofTech-no1ogy，DKIT)，通过校园创业加速项目（Acce1eratingCampusEntrepreneurship，ACE)，在全校 5 个院系的 12 个学科中，无论是培训项目、进修项目，还是学位课程，都包含创业教育模块。这些学科包括：商科、财务金融、公共服务、文化资源管理、音乐、食品科技、体育、领导学以及一些高新技术学科等，在不同学科中创业教育的内容略有调整，但其核心内容不变。在本科生阶段，创业教育要持续两个学期：第一个学期主要是理论知识，第二学期则注重基于团队的有关《商业计划书》和产品及服务开发方面的实际操作。

校园创业加速项目（ACE)于 2008 年 4 月首次提出，起初目标至 2011 年 6 月完成，后延长到 2011 年 12 月，由爱尔兰唐道克理工学院主要负责，布兰查理工学院（Instituteof Techno1ogyB1anchardstown)、科克理工学院（CorkInstituteofTechno1ogy)、斯莱戈理工学院（S1igoInstituteofTech-no1ogy)以及爱尔兰高威国立大学（Nationa1UniversityofIre1andGa1way)共同合作的创业项目。ACE 项目的资金来源于爱尔兰教育局（HEA)的创新战略基金（SIF)，并由其他战略伙伴机构联合支持。ACE 项目的主要目标在于以合作的形式，培养具有创业能力的毕业生。

ACE 项目以创新的途径开展创业教育，不仅将创业教育融入那些非商科专业中，让不同专业的学生获得经营企业的真实体验，促进其创业，以拓宽学生的就业方向，还尝试影响教育机构内部结构改革，以及不同学院、产业孵化和技术转让部门之间合作关系的转变。为了使创业教育在不同学科的本科、研究生教育中开展，ACE 项目提出了四大方面的目标：第一，教学法、教学与课程发展；第二，跨部门多学科实施；第三，借助技术孵化／转让办公室的课外活动，将科技创业融入工程教育；第四，朝着外部创业、内部创业的方向，改革教育组织和教育文化。ACE 项目希望在跨学科部门以及与企业合作的基础上，确保学生的创业能力建设，并在学术界（学院、系所）和校园孵化中心、技术转让、企业联系等功能部门间建立有形的链接。

在爱尔兰，ACE 已经几乎成为创业教育的代名词，其特点主要有以下几个方面：一、自上而下、自下而上全方位的创业教育；二、在终身教育理念下，发展学生潜在的创业能力；三、跨学科、跨学院进行创业教育，包含所有专业；四、在课程设计和教授上，注重跨学科、跨部门间的合作，以增进效率；五、在日常创业教育中，充分调动企业的积极参与，发挥经验分享功能。

在 ACE 项目下，一系列学术和非学术的创新尝试在不同学院机构中开展。就学术活动而言，开设了包括以创业为中心的全日制学分项目在内的一系列学分、学位项目，包括在工程、园艺、计算机专业中设置的工程创业、技术创业科学学士项目，创业、创业市场的商业硕士学位，工程创业的科学硕士学位，创业和创新的企业管理硕士。针对六至九年级学生设置系统模块，保证每一个学生获得创业学习的机会，其模块包括：创业模块，商业模块，创新、创造与创业模块，跨学科新产品开发模块，技术提升模块，社会创新与创造模块，以及创新创业模块。其中，案例教学被运用于每一阶段的创业教育中。此外，有一个教练训练项目(trainandtrainersprogramme)，定期对教师进行创业知识和创业教育教学方式的培训和支持。

就非学术活动而言，为增加学生的创业学习经历，在孵化中心等机构的合作下，建立了学生企业实习项目、学生创业交流网络，定期举行创业研讨会和商业大赛，举办"创业与创新周"等活动，在校园营造创业氛围，支持创业教育的有效开展。

爱尔兰的跨学科 ACE 创业教育项目能够弥补传统创业教育方式的不足。第一，大多数传统创业教育课程体系都是基于"商业计划"制定的，然而事实证明创业家的成功更多地取决于自身能力和适应市场的灵活性，正式商业计划所起的作用较小。第二，传统的创业教育结构体系和项目无法全面包容创业所需的支持。第三，真正的创业学习依靠的是"做(doing)""解决问题(problemsolving)""互相学习(learningfromothers)""发现错误(makingmistakes)""寻求机会(pursuingopportunities)"等强调"如何实现(howto)"的过程，创业教育不能缺少实际经验和基于问题的学习。第四，传统的创业教育较少涉及"角色认知(knowwho)"培养，比如，如何处理公司内外的人事关系，如何扮演创业家的角色等。

（五）模拟公司模式

基于模拟公司(practicefirm，orvirtualenterprise)实践教学技术平台进行创业实训是创业教育的独特模式之一。创业实训"模拟公司"技术起源于 20 世纪 50 年代德国经济起飞初期。80 年代后期，模拟公司在世界范围内得到迅猛发展。为促进各国模拟公司之间的交流，1993 年 11 月，欧共体和德国政府资助建立了模拟公司网络，于 1997 年发展成为国际性组织"欧洲模拟公司协会(EUROPEN)"。2007 年，随着模拟公司实训技术在全世界 42 个国家和地区的推广和应用，更名为"全球模拟公司联合体(PEN-INTERNATIONAL)"。

创业实训"模拟公司"是一套专业的系统的数字软件，从公司注册到企业经营均与现实完全相同，只有产品交易和货币支付是虚拟的。通过模拟公司，学生能够在基于真实经济环境下的工作岗位上学习，通过组建公司、确定公司架构、分析经营环境、尝试经营业务和完成各项岗位工作任务等来提升社交能力、办公能力和业务能力，体验真实商业环境和商业行为。针对不同类型的学生，模拟公司为其提供必需的创业或工作技能和知识指导，培养创业意识。通常，针对每一个模拟公司，都会有至少一家相对应的实体企业为其提供指导和支持，提供技术和管理信息。

芬兰梅里克斯基职业培训中心(MerikoskiVocationalTrainingCentre)是以模拟公司的形式为学生提供创业教育的平台。模拟公司模式的创业教育，往往倾向于依照商科学生的课程方法来调试、创造模拟公司，也就是在课程设计完成之后，再添加模拟公司作为辅助教学工具，因而最终形成的模拟公司模式显得更为有目的性、有组织性并受课程内容所牵制（如图 5-1 所示）。

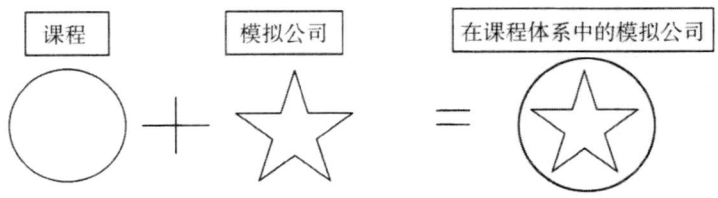

图 5-1 过去基于课程的模拟公司创业教育模式

梅里克斯基培训中心对传统的模拟公司创业教育模式进行了改革，形成了一套基于商业计划的创业教育课程体系。鉴于模拟公司遵循实体企业、经济环境和实际生活方式的规则，梅里克斯基培训中心根据模拟公司的商业计划，为商科学生制定了相应的创业教育课程体系（如图 5-2 所示）。

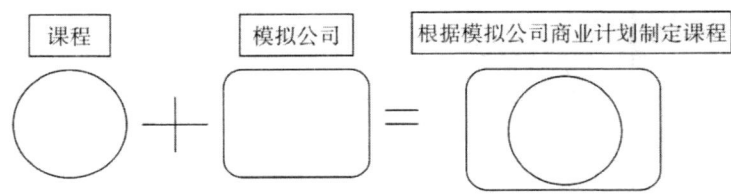

图 5-2 改革后的基于商业计划的模拟公司创业教育模式

在梅里克斯基培训中心，基于模拟公司的创业教育持续三年。在第一年，学生将注册一个模拟公司，同时开始创业学习，直至毕业，其间不会更换模拟公司。在学生制订商业计划的同时，根据现实社会的情况，自发地开始学习创业相关理论知识，并在合作实体公司的指导下获取相关信息。在第一年结束时，形成商业计划。，第二年，随着商业计划的修订，学生从商业专家处、实际操作中，获取更深入的创业知识以及精准的经济数据，同时有助于理论在深度和广度上的扩展，在第二年年末形成最终完整的商业计划。第三年，模拟公司将正式成立，学生根据其专业知识背景运营相应的模拟公司，并且雇用市场、财务、销售等专业人员，同时与其他模拟公司进行交流互动，形成定期报告和财务报告以便评估。

梅里克斯基培训中心的模拟公司创业教育模式，将创业理论与实践紧密结合，让学生真正做到"在做中学"。通过基于问题的教学方法和企业创办的实训演练，让学生获得专业的、技术的、社会的技能，对企业和创业形成综合性的知识理解。对于学校来说，理论与实践的整合，更有效地得以传递创业意识，提升教师专业技能，并通过与当地企业合作形成创新的有吸引力的学习环境。同时对于企业而言，与学校的合作能够挖掘和吸引优质劳动力，实现企业创新和改革。

（六）特征分析

基于各有侧重的创业教育目标，综观国际各高校的实际经验，不同高校通过不同的组织管理模式，形成了各自的创业教育特色（见表5-1）。

模式		案例	组织管理	对象	优势	问题
商学院/管理学院模式	聚焦	哈佛大学商学院	商学院	商学院学生	专业性强毕业生创业比例高	局限于商学院学生，忽视其他专业创业教育的必要性
	磁石	麻省理工学院管理学院	管理学院	全校学生	开放性增加管理学院与其他学院的联系	如何针对商科以外专业学生设置课程如何调动其他学院积极性
创业学院模式	实体	俄克拉荷马州立大学创业学院	创业学院	全校学生	促进创业学科发展全面、系统化的体系(从本科到博士，主修到辅修)	创业学院经费、师资等资源开发、整合学院运行的可持续发展
	非实体	上海交通大学创业学院	创业学院	全校学生	"无形学院，有形运作"：有效利用、整合各类资源	组织领导者分散于学校各部门，多为兼任
团队创业学园模式		韦斯屈莱应用科技大学团队学园	学园教练、学生团队自主管理	全校学生	自主开放锻炼学生主动学习，团队合作能力	系统性弱质量评价和保障较难
跨学科项目模式		唐道克理工学院ACE项目	项目领导小组与各学院	全校学生	以必修模块的形式融入各专业，灵活性、包容性、渗透性强与各学院合作，有针对性设计教学课程	系统性弱不利于创业学专业发展分学院实施，评价标准不一
模拟公司模式		梅里克斯基职业培训中心模拟公司	模拟公司	全校学生	在做中学，全真环境，实践性强虚拟货币，风险低校企合作，发挥企业积极性	理论知识学习少系统性弱

　　总的来说，国外高校的创业教育对象，横向上基本已普及到全校各专业学生，纵向上涉及本科到博士各阶段，满足不同学生的创业教育需求。根据侧重点的不同，以上五种创业教育模式又可以分为三类。

　　第一类，侧重于专业知识的、系统化的创业教育，即商学院／管理学院模式和创业学院模式下的创业教育体系。在这两种模式下，创业教育的管理团队、师资和课程设置都较为专业且成体系，大多以商科为基础，延伸到其他专业，进行创业理论知识的研究和传授。

第二类，侧重于实践训练的创业教育，即团队创业学园和模拟公司模式。该类高校创业教育的实施主要依附于实际的创业团队和模拟公司，将创业专业知识融于实际操作之中，具有较强的实践性，强调学生的主动性，但与第一类相反，创业知识的体系性与专业发展较弱。

第三类，侧重于不同学科特点，有针对性、开放式的创业教育，即跨专业项目模式。该模式以项目的形式，横向覆盖高校各学院。面对不同专业的学生，创业教育的实施主体不限于商科学院，也没有独立的创业学院，而是以项目组的形式与各学院合作实施个性化、有针对性的创业教育，具有较强的灵活性、包容性和渗透性，满足学生的不同需求。但由于未成立独立的创业学科，容易出现知识体系分散的弊端，且各学院的创业教育实施各异，不利于统一评估教学质量。

二、高校创业教育组织模式的国内实践

在高等教育大众化的进程中，社会经济高速发展，人才竞争也日趋激烈。为缓解高校毕业生就业问题，适应社会需求，创业教育逐渐成为热门话题和改革的重点方向。相比国际经验，我国的创业教育起步稍晚，在独特背景下，创业教育的实践也显示出一定的中国特色。

我国是一个幅员辽阔、经济发展不均衡、地域文化多元的国家。教育的发展与社会、经济、文化背景密不可分，创业教育也不例外。综观我国各地区各类型高校的创业教育发展，也呈现出东西部差异以及城乡差异。其中，东部沿海地区，尤其是江浙地区，民营经济发达，创业氛围较为浓厚，高校创业教育的探索也走在全国前列。因此，本研究主要聚焦江浙地区高校的创业教育案例，探究我国高校创业教育组织模式发展现状。

（一）创业学院模式

相比于美国的实体学院模式，我国成立创业学院的高校大多采取的是非实体学院模式，即成立创业学院作为实施创业教育的平台，有专门的机构代码和运作团队，但招收的学生不涉及学籍问题，面向全校学生开放创业通识课程。

1. 浙江大学"蒲公英"青年创业学院

"蒲公英"青年创业学院由浙江大学和杭州市余杭区校地双方筹建，于 2011 年 9 月 23 日正式成立。学院以培养创业精神、提升创业能力、造就创业精英为宗旨，搭建高校与地方的创业教育合作平台，一方面充分利用浙江大学的人才智力优势，另一方面发挥海创园等余杭区创新组团的资源整合优势，为在校大学生以及区域创业型企业负责人、企业高管等提供创业理论和创业实践支持，形成高校、地方政府、社会良性互动的创新创业活动机制，推动区域创新创业工作的深入开展。

"蒲公英"创业学院作为学校与地方合作建立的平台，面向浙江大学在校大学生，以及创业型企业负责人、企业高管等社会人士，定期组织各种培训、讲座、交流和孵化对接。学院旨在构建培训、竞赛以及服务三大体系（见图 5-3）。

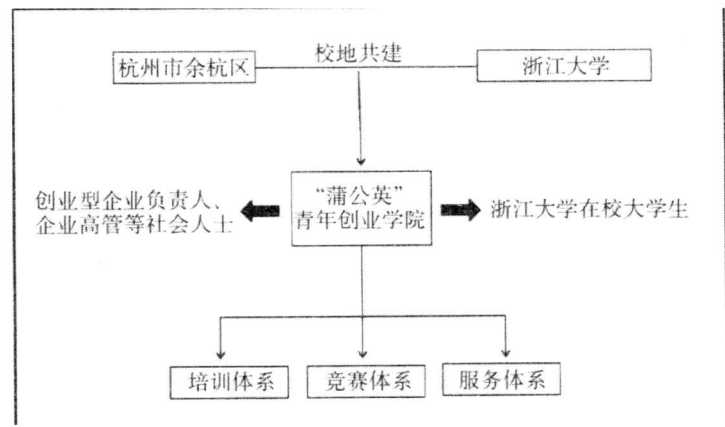

图 5-3 "蒲公英"创业学院运行模式

第一，培训体系。包括建立学院的导师库，首批已聘请了 45 位来自政界、业界、学界的人士担任学院导师；创建"创业讲坛"品牌活动，邀请知名企业家、政府官员、学者、创投经理人开展讲座、培训、沙龙活动；加强推动第一课堂和第二课堂的融合，完善创业实践课程体系。

第二，竞赛体系。围绕"蒲公英"学生创业竞赛，推动创业团队与杭州市余杭区海创园合作，建立校地联合办赛的模式；建立学员成长档案，记录、分享学生接受创新创业教育和参与创新创业实践的心得体会、成长经历；培育推荐优秀的学生和项目团队参与国内外的创新创业类活动。

第三，服务体系。创业学院首期引入了"圆正天使"大学生创业成长扶持基金，进入"蒲公英"创业竞赛复赛的项目团队可以申请最高不超过 5000 元的扶持基金，进入决赛的项目团队可申请最高不超过 10 万元的扶持基金；此外，还与杭州学友投资、赛伯乐、浙大创投、省创投等创投基金紧密协作，为优秀项目的创业实践提供了有力保障。

浙江大学与杭州余杭区合作共建的"蒲公英"青年创业学院，为大学生与社会创业者提供了全面的创业培训和支持平台，充分发挥校地共建的优势：一方面邀请企业家、创投经理人、专家学者等全程指导学生创业竞赛项目，建立完善的导师库进行专业的创业指导；另一方面，嫁接创业孵化平台，提供创业服务支撑，宣传利用地方尤其是杭州市有关于鼓励大学生创业的扶持政策，通过专题立项研究构建杭州市扶持大学生创业的政策体系，同时引入若干个大学生创业成长扶持基金，为创业竞赛以及创业实践提供充裕的资本支持。

2. 温州大学创业人才培养学院

温州大学于 2009 年 6 月成立创业人才培养学院，以实体学院的形式，主要依托创业学院模式进行创业教育和创业人才培育。学院主要负责全校大学生的创业教育教学与管理、创业实践与创业研究工作，具体包括国家级创业教育人才培养模式创新实验区的建设，大学生创业教育方案的制定,创业教育融入专业人才培养方案的体系构建,创业先锋班(辅修专业)、创业管理双学位班(二专业)、经理成长班(校企合作定向培养)、企业接班人班等创业人才培养改革实验班的教学实施与管理。此外,学院也开展创业教育理论与实践的研究,承担创业教育课题的组织申报与管理、各类创业计划竞赛的组织、学校大学生创业园的管理,以及创业教育的对外交流等工作。

温州大学创业学院对学生进行分层分类培养,将学生群体分为三类,包括全校学生、专业学生以及部分创业精英学生(见图5-4)。

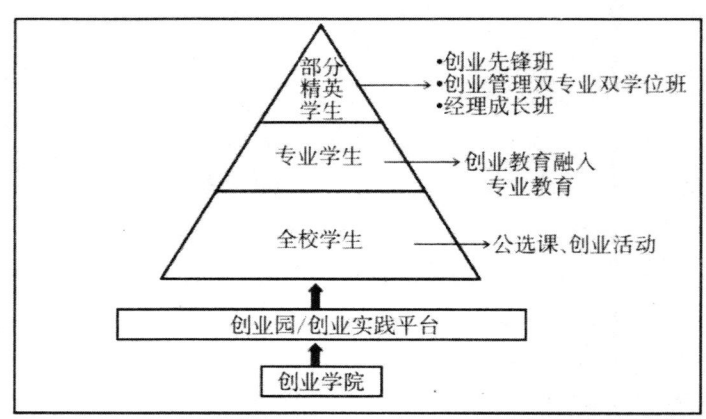

图 5-4 温州大学创业学院分层分类模式

面向全校学生,通过开设创业教育类公选课,将创业教育融入思政理论课,举办各类"企业家论坛""校友创业对话"等活动,着力于培养学生的创业意识、创新精神。同时,全校所有班级设创业委员一职,分年级加入创业委员QQ群,提高创业教育信息宣传的效率和精度。

面向专业学生,对传统的专业人才培养方案进行改革,将创业教育融入公共选修课、专业课以及专业学习,注重提升专业人才的管理知识和能力,培养"专业+管理"复合型人才,提高其就业层次,提升其岗位创业的意识和能力。

面向部分精英学生,开办创业教育改革试点班,如创业先锋班、创业管理双学位班、经理成长班等,培养创业精英人才。其中,试点班以培养拥有一技之长的专业型创业人才为目标,打破学院、专业和年级的限制,组建班级,对具备创业潜质的学生进行系统的创业教育。

温州大学创业学院以分层分类的学生培养模式,针对学生的不同需求,提供各具侧重点的创业教育。此外,创业学院通过建设创业园、构建创业教育实践平台,扶持大学生创业,为其提供服务与指导。其将创业教育融入专业教育的教学改革试点,培养企业急需的"专业+管理"人才,培养学生创业意识,提高学生专业知识运用能力和社会适应力,有利于推动地方高校创业型、应用型人才培养的教育改革。

（二）创业园模式

1. 浙江大学科技园

浙江大学以成立科技园的形式，为学生提供创业实践服务。浙江大学国家大学科技园创建于2000年，是国家首批15个大学科技园试点园区之一。2001年5月，浙江大学科技园被国家科技部、教育部联合批准成为国家级大学科技园，是国家级高新技术创业服务中心，国家级大学生科技创业实习基地。浙大科技园以浙江大学为依托，利用浙江大学在科技、人才、实验设备和文化氛围等方面的综合资源优势，建立从事科学技术创新、科技成果转化与产业化、高新技术企业孵化、创新创业人才培育集聚、高技术产业发展辐射的基地。

浙大科技园引进国外创业教育的"科技园＋孵化器"模式，成为浙江大学学生创业的主要支持基地之一。科技园为入园企业提供一流的软、硬件服务。浙大科技园为入园企业提供工商注册、技术转移、项目申请、政策咨询、经营管理、法律事务（含知识产权保护）、财务税务、投融资、市场营销、培训和国际交流等各方面的优质服务。目前，浙大科技园已有入园新注册企业和迁入企业近1000家，注册资本超过30亿元，其中大学生创业企业达170多家，2008年6月，被团省委、科技厅认定为"浙江青年创业创新示范基地"，2009年8月，被科技部、教育部联合认定为国家级大学生科技创业实习基地等。

浙大科技园依托浙江大学，利用浙大的科技和人才优势，结合浙江省丰富的民营资本优势，促进科技成果转化和高新技术企业的孵化（见图5-5）。科技园积极引入民间资本，为企业孵化创造一流的硬件平台和投融资服务平台。在政府的支持下，整合法律、财税、工商、投融资、专利申请、技术交易等多方面的资源服务。2008年12月，浙大科技园与西湖区政府联合建立杭州市大学生创业园（西湖·浙大科技园），已创办大学生创业企业170多家。在大学生创业园，由浙大科技园管委会提供相应的创业辅导和创业服务，杭州市和西湖区政府提供大学生创业相关优惠政策和措施，共同扶持大学生创业者的成长。

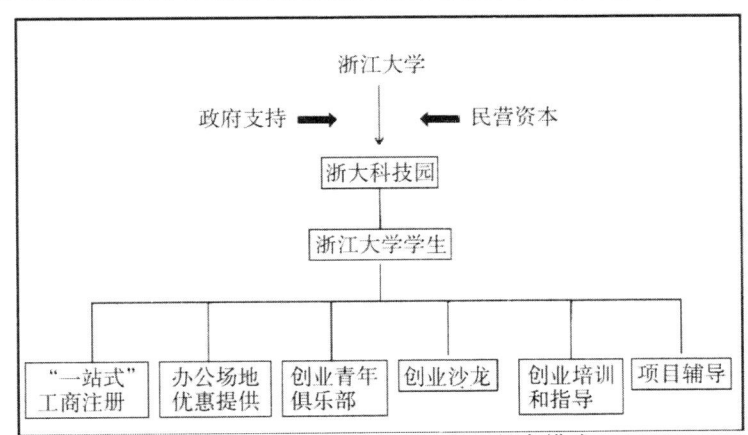

图5-5浙江大学科技园创业教育模式

浙江大学科技园大学生创业服务内容有：大学生创业企业可享受免费的"一站式"

工商注册服务；大学生创业企业可以享受办公场地租金优惠；大学生创业团队可以加入浙江大学创业青年俱乐部，参加形式多样的创业交流活动；大学生创业者可以参加浙大科技园每周三晚上举办的"创业沙龙"活动，共享创业经历的酸甜苦辣，与创业企业共成长；大学生创业企业可以享受浙大科技园提供的各类创业培训和辅导；大学生创业企业可以享受浙大科技园提供的各类项目申报辅导服务。

此外，浙大科技园发挥浙大科研优势，为学生提供实践平台的同时，也积极展开大学生创业教育，与浙大研究生院共同创办"浙江大学未来企业家俱乐部""浙江大学研究生创业素质拓展班"，吸引学校优秀研究生加盟，邀请科技园内外的创业者、专家和企业家对其进行企业管理、市场营销、知识产权等各种知识和技能的培训，提供实习、实践机会。

2. 杭州未来科技城（海创园）

杭州市的浙江杭州未来科技城（海创园），是浙江省、杭州市为深入实施国家人才战略，着力提升科技创新能力，加快经济转型升级而专门打造的海外高层次人才创新创业平台，定位为科技资源充分聚集、体制机制充满活力、公共服务便利优质、创业创新高度活跃的人才特区和科技新城。海创园于 2010 年 7 月挂牌，定位为按全新机制运行的人才改革发展试验区，集聚海内外高层次人才的创业创新基地。

与一般高新技术开发区相比，海创园有三个显著特点：第一，以引进海外高层次人才为优先目标。入园的项目必须以引进海外高层次人才为前提，尤其重视"带项目、带技术、带资金"的创业创新人才及团队的引进。第二，以浙江经济特色和优势为支撑。依托浙江活跃的民营经济、充裕的民间资本、较高的市场化程度，鼓励海外高层次人才自主创业，鼓励民营资本与海外人才合作创业，同时也欢迎国有企业、科研院所入驻建研发平台引进海外高层次人才。第三，以全新的引才用才机制为重要保障。采用"属地政府建园区、企业投资办平台、条块政策作支撑"的模式，集中全省资源推动政策创新和体制机制创新。

2012 年，未来科技城（海创园）重点建设区完成固定资产投资 51.4 亿元，实现服务业营业收入 307 亿元，实现财政总收入 30.5 亿元。海创园推进了人才科技事业蓬勃发展，创新型经济以及创新型城市建设。海创园在美国旧金山等海外地区建立 7 个海外联络站，以拓展引才网络，累计引进海外高层次人才 316 名，其中国家千人计划人才 16 名，省千人计划人才 14 名，3 位国内外院士领衔的项目落户园区。

杭州未来科技城还主动与各科研院校建立战略合作关系。在浙江大学建立"浙大人才驿站海创园工作站"，杭州未来科技城创业的高层次人才，符合条件者可以聘为浙大教授，纳入浙大人事管理序列。浙大留下专门岗位给这些人才，其可以浙大教授的身份人员创业、参与对外交流，并可充分利用浙大实验室、科研、人才等一系列资源。同时，未来科技城还与浙大共建海外联络站，建设国家大学科技园，合作建设医学中心，入园创业的人才可充分共享浙大的优质资源。未来科技城与高校的合作模式，为企业与高校搭建了一个平台，企业可以有效利用高校的科研力量，同时高校也能将其科研成果实践化，达到一个双赢的效果。

（三）创业班模式

创业班模式是指某一学院针对有创业意向和潜力的学生，组成专门的创业培训班，选拔学生进行创业知识、创业技能的培养和实践训练。始于 1999 年的浙江大学竺可桢学院创新与创业管理强化班 (IntensiveTrainingProgramofInnovationandEntrepreneurship)，采用的即是该模式，面向全校成绩优异的本科生开办。强化班借鉴斯坦福大学创新创业教育经验，以管理学和 MBA 基础知识为主，旨在培养具有扎实专业基础和经营管理才能、较高创新意识、创新素质及创新技能的高科技产业经营管理创业型人才。

作为竺可桢学院荣誉培养项目之一，强化班每年从全校理工农医各个专业逾 6000 名二年级本科生中通过筛选和面试，选拔 60 人（从 2010 年起改为 40 名），采取自愿报名、公开竞争、择优录取的原则，甄选施行辅修／双学位并行的培养模式。强化班利用学校学科门类齐全、综合性优势突出的有利条件，让浙大学子通过跨学科课程的学习，进一步拓展学科思维，开阔研究视野，提升综合素质，成为高科技创新创业型人才。选择双学位的同学需在辅修班课程的基础上另外完成 19 个学分的课程学习和创业管理方向的学士学位论文设计 (8 个学分)。

相比普通专业教学，浙大强化班的教学模式具有以下特点：(1) 由高水平教授主讲，辅以成功企业家、职业经理人参与授课、开设讲座与交流；(2) 充分运用互动式教学，调动和发挥学生的潜质；(3) 在课程教学中突破传统的教学方法，大量采用 MBA 模式的案例教学、情景教学；(4) 以团队形式完成综合调研，参与企业实习，补充课堂教学内容；(5) 开展灵活多样的课外活动，如到宁波、苏州、杭州等国家科技园交流学习，利用强化班企业实习平台展开实践。

强化班学生的政治思想和生活管理工作仍由学生所在学院负责，强化班课程的教学管理由竺可桢学院本科教学科负责。除了精心设计和拥有优异师资的课堂教学，强化班的另一特色是学生自主管理、自我开创的精神。强化班的学生自己设计了班徽、班歌、班级主题色、班级刊物 (《创想》)、班级网上讨论区、班级中英文网站、班级宣传介绍册、班级工艺纪念品等，并通过项目组的形式开展班级建设，包括招生纳新、企业参观实习、素质拓展、企业家导师平台建立、班级校友会、国际交流、创业论坛、创业讲座等均主要由学生自主发起和完成。

（四）创业实训基地模式

创业实训基地是指以基地的形式搭建校企合作平台，以真实的创业项目团队为载体，培养学生的创新创业精神和专业技能。宁波城市职业技术学院的电子商务创业实训基地是典型代表 (见图 5-6)。在电子商务创业实训基地，主要通过四个步骤，以校企合作的形式展开学校的创业教育。

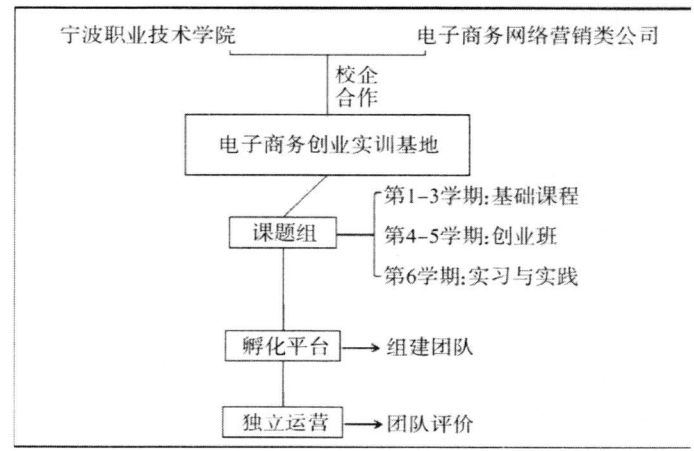

图 5-6 宁波职业技术学院电子商务创业实训基地模式

第一步，优选从事电子商务网络营销类公司。宁波城市职业技术学院与北京一家具有一定知名度多年从事网络营销的电子商务公司，共建共享型的校内网上营销类生产性实训基地，以"业务进校园，专业入企业"为宗旨，以学生专业学习、创业教学、职业素质养成为中心，以企业进行市场拓展和技术创新服务的真实网店服务外包业务为载体，构建具有"业务经营、创业教学"双重功能的公司。

第二步，在培训基地内部成立校企共同参与的课题组，以"321"模式组建电子商务专业学生为主体的创业教学培训班。"321"模式是第 1-3 学期在校学习基础理论课程和专业基础平台课程，第 4-5 学期进入创业班，校企共同制订与学校人才培养方案接轨的《电子商务创业实训基地人才培养衔接计划》，第 6 学期顶岗实习与毕业综合实践。

第三步，宁波城市职业技术学院网上营销类生产性实训基地作为大学生电子商务创业孵化平台，承接传统中小企业网络服务外包业务和组建学生创业项目团队同步进行。组建教学培养单元：3-5 人组成的电子商务创业项目团队。

第四步，进一步实施和推广学生电子商务创业项目，对创业项目团队进行评价，研究创业项目如何独立运营，创业项目出孵化平台的路径。优化和总结基于电子商务服务外包的大学生创业就业教学培养模式，进行理论提炼和人才培养模式改革的推广，服务浙江地方社会经济发展。

宁波城市职业技术学院的电子商务创业实训基地，针对网络创业的特点，与企业合作制定了核心技能课程，把网络创业的服务外包生产操作过程和步骤设计作为教学活动方案，编写了融专业知识、网络创业综合技能、职业素养于一体的创业教材。在实训基地中，以真实的电子商务创业项目团队为载体，让学生在亲身实践中学习创业知识。对于教学团队方面，宁波城市职业技术学院的"双师"结构，实现了校企的人员双向交流，一方面，教师到校企合作公司挂职实践，全程参与公司业务运营和学生的教学与管理；另一方面，聘请企业经验丰富的实践专家来学院兼课任教、当好实训实习指导教师、参与教学过程和教学质量监控。在该实训基地模式下，以校企合作的形式达到了学校与外部市场的紧密联系，也为学生提供了创业的实践机会，在实际操作中学习创业知识。

（五）研究咨询中心模式

研究咨询中心模式，即以研究咨询中心为创业教育组织机构，以学生和家长为主体，专家（包括教授、企业家、学者）为主导，研究适合浙江特色的家族企业成长、发展规律及其管理诊断咨询。宁波大学科学技术学院成立的家族企业接力研究咨询中心是该类机构的代表，其研究中心主要从事家族企业与现代管理、文化与家族企业、家族制度和家族企业继任、家族企业融资与公司结构治理、家族企业国际化以及战略方向、人力资源配备、生产管理、信息管理、财务管理、认证、第二次创业等项目的研究，尤其注重企业领导人思路拓展和家族内部成员之间的关系协调和矛盾处理等方面，指导家族企业的管理实践。

研究咨询中心通过搭建高校和企业之间的学习、交流和商务支持的平台，整合高校和地方资源，为学生的企业管理理论学习、实践技能培养创造条件。通过企业管理专家指导、企业家参与、学生观摩管理诊断咨询活动，不仅为从事企业管理的家长提供企业管理经验交流、疑难诊断与咨询的平台，同时为学生提供直观展现企业管理的实际案例、企业诊断实训的窗口，让学生在校就能将管理理论与实践对接，提高其适应力和就业竞争力，塑造企业家人格。

宁波大学科技学院研究咨询中心下设咨询专家小组、企业家俱乐部和未来企业家俱乐部，定期开展咨询诊断、管理经验交流或管理疑难讨论，管理经验或咨询意见学习模拟等活动。咨询专家小组有从事咨询的专家、教师6名，企业家俱乐部有从事家族企业管理家长20余名，未来企业家俱乐部已有近300名学生参与。

宁波大学科技学院家族企业接力研究咨询中心以"咨询诊断"的模式，切实满足学生需求，利用高校和地方资源，有针对性地实施个性化创业教育，有效地实现了理论知识与实际问题的对接，与浙江省的创业特色紧密结合。

（六）项目团队模式

项目团队模式，即学生以团队形式，在导师的专业指导下，以科研项目为载体，开展创业学习与实践活动。其中，导师是指对学生创业团体活动进行指导的教师和科研人员；项目是指学生团队开展的各类创新、创业、实践等活动项目；团队是指由一定数量在校学生组成的项目化团队。温州科技职业学院针对学校农业类、经贸类、信息类三大类学生群体，依托浙江省中小企业创业基地、温州市大学生农业创业园、温州市大学生网商创业园三大创业实践平台，以项目团队的模式实施创业教育。

温州科技职业学院前身是温州市农科院，依靠农科的科研优势，将科研优势和专业知识转化为创业资源，其创业项目均来自导师当前较为先进的科研成果，增加了创业项目的可行性和市场竞争力。从导师管理上看，注重创业教育过程中的动态服务管理，包括教学指导和育人指导，如专业学习、职业生涯规划指导、创业分析指导、职业素养培养和创业创新精神培养。

温州科技职业学院基于项目团队的创业教育模式，其运行机制主要表现在四个方面：第一，渗透机制。科研与教学相互渗透，教书与育人相互渗透，就业与创业相互渗透。第二，互动机制。导师与学生互动，学生与学生互动，团队与团队互动。第三，互补机制。同一团队成员之间的知识、专业、能力互为补充。第四，竞争机制。合理激励、科学考评、有序竞争相互结合。

温州科技职业学院的项目团队模式，有别于传统的创业教育，相对于系统的课程理论指导，更倾向于实践经验。从专业出发，依托教师的科研项目，在专业导师的指导下开展创业活动，具有更强的灵活性和主动性，与学生的自身能力和职业规划相联系。

（七）特征分析

不同的类型和创业教育目标，结合我国地区特点，我国高校形成了多样化的创业教育模式。总体看来，我国高校创业教育模式与国外其他高校的创业教育模式具有类似的经验，但也在一定程度上体现了中国特色。相比于国外高校的创业教育模式，我国高校的创业教育具有以下特征。

面向对象更广。就创业教育的实施对象而言，相比于其他国家，我国高校面对的对象更广，突破了商科专业，乃至全校学生的范围限制，向区域内有志于创业的青年、企业家开放，具有更大的包容性，也为不同人群提供了互相交流、互相学习的平台。此外，海创园更是针对高水平海归人才提供创业的支持，向高层次科技领域晋升，带动区域的经济发展，是具有独创性的尝试。

强调创业实践。就创业教育实施的侧重点而言，国外高校五大模式可分为侧重创业学专业知识发展、侧重实践培训活动、跨专业融入各学科教学三类。相比之下，我国高校的创业教育模式对实践的关注较多，如创业园模式、创业实训基地模式和项目团队模式，都是以"在做中学"的宗旨，为学生提供实战机会，以校企合作的形式整合校内外资源，提供全面的创业教育指导。创业教育与其他专业教育不同，实践是其必不可少的部分，因此我国高校采取侧重实践的创业教育模式具有其合理性和必要性。

高校与区域政府、企业合作紧密。无论是校地共建的青年创业学院，还是地方政府建立的科技创业园，抑或是创业实训基地，在我国高校的创业教育实施过程中，不难发现政府、地方民营企业的支持与合作。政府、企业在高校创业教育中的参与，不仅丰富了创业教育的资源与机会，也使得创业教育紧跟市场步伐，为地区发展做贡献。

突显地区特色。宁波大学科学技术学院家族企业接力研究咨询中心的"咨询诊断"模式，呈现了我国浙江省民营家族企业活跃的地区经济发展特点，也体现了家族企业发展切实存在的瓶颈和问题。该模式紧密联系学校、学生、家长、企业四方，结合真实案例和实际问题，提供有关创业的指导和支持，具有针对性。

创业学科发展较弱。相比国外的实体创业学院模式，国内部分高校虽有成立创业学院，但大多是以无形学院——以构建平台的形式存在。构建创业学院平台在一定程度上能促进资源整合和有效的组织管理，但在创业学作为学科的发展方面有所欠缺，较少有高校成立专业的创业学研究团队并提供本科到博士多层次的创业教育，在系统性上有待加强。

全真实训平台风险较高。相比芬兰的模拟公司模式，国内高校大多采取的实训基地、创业园模式虽然提供了全真的实践平台，也有不少政策、资金等方面的支持，但对于学生而言，仍然存在较高的风险。成立模拟公司，以虚拟货币、虚拟交易的形式在真实的市场环境中模拟创业过程，未尝不是国内高校可借鉴的创业教育模式之一。

第二节 高校创新创业教育模式的构建策略

高校对创业教育的开展，不仅是对国家政策导向的响应，更满足了高校学生的创业需求，形成了各具特色的模式。结合国外高校创业教育模式的经验，根据我国实际情况，下文将提出高校创业教育模式构建策略（如图 5-7 所示）。

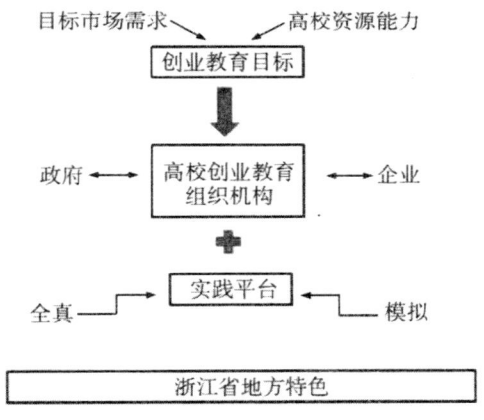

图 5-7 我国高校创业教育组织模式

一、走特色发展之路

创业教育模式是指在创业教育理论和创业教育实践活动的中介，有依据、有目的的创业教育活动各部分构成和组合范式。也就是说，创业教育活动的开展必须基于特定的创业教育理念或目标。从我国高校的创业教育实施现状来看，需要进一步明确创业教育理念和目标定位。

创业教育可被理解为学校提供的一种产品，而提供什么样的产品主要基于两个因素：一是目标市场的需要和学校的定位；二是学校本身的资源、能力。而就高校的目标市场而言，主要对象是学生和外部经济市场，因此，在制定高校的创业教育理念和目标时，应充分考虑这两者的需求。就学生而言，创业教育不仅是简单的开办公司，创业的本质是创新精神的体现，创新是创业的前提和灵魂，因此创业教育的内涵应加以深化，注重对学生创新意识、创新能力的培养。创业教育中的"创业"，应更倾向于"创建新事业的过程"，所谓新事业，既包括创办新的企业，也包括个人职业生涯中的事业拓展和创新。就外部市场需求而言，培养具有独立创业者人格的毕业生，是现代社会特别是知识经济社会对高等教育提出的重要而迫切的课题，应当成为大学的自觉理念并在教育活动中始终予以贯彻和体现。开展何种理念的创业教育的另一个影响因素是定位。在美国，提到百森商学院，人们会感觉她的学生应具有"创新精神"；提到斯坦福，人们就觉得她的学生应具有"创立高科技企业的能力"；提到哈佛，人们就觉得她的学生会成为未来的企业家。外界的这些认识，应归功于美国大学对创业教育的明确定位。日益进入竞争环境的国内高等院校，无论是把创业教育定义为"素质教育"还是"技能培训"，符合特定目标市场的需要，确定自身的鲜明形象，是构建创业教育模式的基础。

就国内发展现状而言，部分高校提出了明确的定位和创业教育理念，如：义乌工商职业技术学院，基于义乌小商品城的货源优势，就如何在淘宝网上开店实现就业和创业进行了实践和探索，提出了"创新培养模式批量生产创业人才"的理念和思路。浙江万里学院基于创业过程理论的筛选矩阵模型，秉承"全面开放，逐层筛选"的创业教育理念，搭建"金字塔式"创业实训平台。不同高校由于学生对象、办学理念的不同，其对创业教育也具有不同的定位，形成各异的创业教育理念和目标，进而产生相适应的创业教育模式。

二、形成三元合作复合体

高校创业教育的实施仅仅依靠高校的资源与力量具有较大的局限性，应联系政府、企业，整合社会多方资源，同时发挥学生的主动性，各界力量的集结在一定程度上能加速创业教育的发展。

地校合作，即政府与高校合作进行创业教育的组织和实施，不仅能让高校的创业教育发展和人才培养与政策导向保持一致，还能在政策保障、基金扶持上提供一定的支持，提供科研孵化平台；同时，学校的师资与科研成果也能推动地区经济发展，为更多人提供创业服务，实现双赢。

校企合作，即企业与高校协力进行创业教育的组织和实施。创业教育无论是师资还是课程都少不了企业的力量。在师资方面，高校可邀请地方的成功企业家做学校的兼职创业导师，为学生提供实用的创业指导，在优秀企业家、管理学者、高校教师与高校学生之间搭建互动平台。在课程方面，企业可为学生提供创业实训的平台，让学生在真实环境中，将理论与实践有机结合，吸取经验教训。

此外，让学生参与到高校创业教育的组织管理中，发挥学生主动性，能够更好地锻炼学生的团队合作能力和问题解决能力，同时亦能促进其积极参与、主动学习，提升创业教育的效果和效率。

三、搭建全真与模拟二元平台

创业教育的实施要求将理论与实践相结合，搭建联系二者的实践平台是促进创业教育顺利进行的影响因素之一。基于创业教育的目标和理念，高校除了制定创业教育课程，还需重视对学生创业能力、创业意识和创业品格的培养。通过整合第一课堂的专业课程教学和第二课堂的创业实践活动，启发、引导、挖掘大学生的创业潜能。

一方面，高校通过建立创业孵化基地、创业园等组织机构，为学生提供全真的创业实践机会，帮助学生增加创业体验，在实际操作中发现问题，解决问题，不断提升学生的创业能力，并在学生创业过程中予以针对性的指导和帮助，全面、系统地跟踪学生创业进程，提供各阶段相应的教育和培训。

另一方面，高校依靠网络，搭建模拟实践平台。全真实体的创业园区能够为学生提供真实的创业经验，从实践中学习解决管理、财务等问题，更为规范化。依靠网络形成的模拟平台则在发挥相同作用的同时，降低了项目运行的风险，为更多学生提供创业实践的机会和体验。高校可通过全真和模拟实践平台的结合，针对不同发展阶段的创业项目予以分层次的实训机会，降低学生创业风险，增加成功机会。

四、联动地域文化特色

立足地域文化，加强地方政府、企业与高校的联动性，能更好地帮助高校形成创业教育优势与特色。高校是其所在地区创新体系建设、经济改革与发展的生力军，同时，高校的创业教育也要融入地区特色，与社会经济背景相结合。

高校紧密结合地方经济发展特色，设置人才培养方向，设立带有区域特色的创业课程与实践活动，实现高校的创业教育"本土化"。如：宁波大学的"宁波帮"创业文化节，充分利用校友资源，通过营造富有地区特色的创业文化，在潜移默化中培养学生的创业意识，学习创业知识；温州职业技术学院，针对温州独特的经济环境，专门开设的"温州经济专题"等创业课程和编写的教材，让学生的创业教育扎根当地经济背景，紧扣市场环境；宁波大学科学技术学院的"诊断咨询"模式，针对宁波地区特有的家族企业现象和问题，以真实案例为素材，以实践活动为载体，加强对校外资源的利用，培养学生的创业素养，解决创业实际问题。

创业教育要与地区特色相结合，紧密联系宏观社会、经济背景的动态，使学生在校期间就能将管理理论与实务对接，提高对社会的适应能力和创业能力。

第五章 高校大学生创新创业教育具体方法分析

高校创新创业教育工作是一项系统工程，要提升创新创业教育质量，就要全方位地做好工作。高校开展创业教育工作的终极目标是提高大学生的创业素质，要实现这一目标需要众多的教育工作者的共同努力。因此，提高创业者的素质十分重要。笔者认为，创业者需要具备的典型素质包括马克思主义哲学素养、政治理论水平、创业观念、创业工作方法、创新能力和创业决策能力。由于马克思主义哲学素养和政治理论水平是高校学生思想政治理论必修课所涉及的内容，因此，本章将从创新创业教育内容选择的角度分析创业观念、创业决策能力，探讨创业方法论，分析创业者创新能力提升对策。

第一节 创业者创新创业观念教育

创业者创业观念教育是一个十分重要但却容易被人们忽视的话题，因为表面看起来这项工作与具体的创业活动无关。然而，如果一个创业者理想不坚定、创业意识混沌、创业三观不正，即便在经济指标上取得成功，也不一定会回馈社会，这样，就很难说是创业教育的成功。因此，创业理想、创业意识、创业观念教育不容忽视。一个有社会责任感的创业教育工作者，在教学活动开始前要认真研究创业理想、创业意识、创业观念的本质及其相关问题。

一、创业理想

在创业教育工作中，最重要、也最容易被忽视的是对大学生进行理想的教育培养。如果说，鼓励等主要手段表现为创业教育者对大学生的外在"激励"，那么，理想教育就是将外在"激励"转化为内在的自我"激励"。只有这样，大学生的创业品德和素质才可能得到普遍提高，团体精神也才可能得到培育发扬，创业教育工作的理想目标也才可能得到实现。

理想作为人类特有的精神现象，是人们对社会发展趋势的一种超前反映和对未来世界的设计、向往和追求。人不同于动物的重要区别之一在于：动物没有理性，更无理想，因而它们永远生活在现存的物质世界之中。而人是理性动物，人既生活在现实中，又企图超越现实；既生活在物质世界当中，同时又以理想的精神方式享受生活。自有人类以来，理想就是人们的一种生活方式，是构成人类精神生活的一个重要方面。如果做人而无理想，就意味着人格的变质和人性的退化。

但是必须看到，理想并非古今一体、千人一面，而是形形色色、多种多样的。从理想的指向上分，有所谓社会理想、群体理想和个人理想；从理想同现实的距离分，有所谓长远理想、中期理想和近期理想；从理想形成的途径分，有个人或群体在生活中自发形成的理想和通过理性思考及系统学习形成的自觉理想；从个人理想、群体理想同社会理想的关系分，理想又存在境界高下的区别。此外，假想、空想、幻想也是理想的不同表现形式，甚至宗教也充满虔诚的理想色彩，它们与科学的理想构成了两类不同的理想类型。由此可见，人人虽有理想，但理想各有不同。以为理想只有一种或认为理想一定高尚伟大，是对理想的狭隘理解。只要是生理健康、有理智的人，都有各自不同的理想信念，而且都以不同方式追求着自己的理想目标。

创业教育工作和理想是紧密不可分割的。创业教育工作不能脱离理想。虽然创业教育工作目标的确立立足于现实，是通过分析现实中的种种可能作出规划和计划，创业教育工作计划的表现为一个环环相扣的目标链，但是创业教育工作最终要达到的目标之一，就是帮助大学生树立正确的理想，成为一个有理想、有责任感的创业者。因此，支撑创业最终目标和工作计划顺利实现的关键因素之一就是学生工作中的理想和境界。

正是由于创业教育工作和理想有着上述不可分割的内在联系，大学生创业者理想的培育必然成为创业教育工作第一重要的任务。在创业教育工作中，理想培育对于大学生创业者具有如下两方面的激励功能。

一方面，通过理想培育，可以将大学生不自觉、不系统的创业者理想上升为自觉、明晰和稳定的信念，收到持续激励大学生主动性的心理效应。创业教育者在创业教育工作中，应当把对大学生进行创业者理想教育作为首要工作，使学生自发的理想变成自觉的创业者，使空谈、幻想变成切合实际的、科学的创业理想，使一时的冲动变成稳定的信念，将种种心理故障转化为理智支配的执着追求。当然，这个工作相当艰巨，它是一个比一般激励手段更复杂的工作，需要的是耐心、持久和科学的方法。只要不懈努力、方法得当，就能帮助当代大学生树立正确的理想，学生的主观能动性就会被挖掘出来，被自觉理想所支配的大学生就能激励自己，而且历久不衰、愈挫愈奋。这是其他精神激励无法与之相比的。

另一方面，创业教育工作理想培育的核心、实质和终极目标是社会理想教育，离开社会理想及其教育，理想培育就失去教育的价值坐标和理想的社会意义。社会理想包括内容和形式两个方面。从内容上说，社会理想就是超越现实社会的理想社会。农民的社会理想，是超越封建土地所有制而对"耕者有其田"的小私有社会的向往；无产阶级的社会理想，是消灭私有制和剥削、人人占有生产资料的共产主义公有制社会。在形式上，社会理想是某一社会大多数人对未来社会设想的共识，表现为各种理想的共同面和彼此之间的共通点。由于受个人视野和团体利益的局限，个人在形成自己的理想或者组织对其成员进行理想教育时，往往会因为局限于个人和群体的将来而容易忽视整个社会的前途命运，这样就造成个人理想、群体理想同社会理想的偏离，产生诸如个人奋斗和各种狭隘的集团意识，显然这是与社会理想冲突的。创业教育者在进行理想教育时，一定要超越团体界限，放眼社会未来，将社会同群体、环境和组织联系起来通盘考虑，帮助大学生树立社会理想。只有当大学生不仅热爱团体、也热爱国家，既关心自己团体的前途、更关注民族命运的时候，才可能投身公益创业、社会创业或在商业创业成功后热心公益、回馈社会；个人和团体的理想才能逐步融入社会理想。也只有这样的理想教育，才能有效地克服团体的狭隘和短视，使理想成为激发大学生内在心灵的活力，实现创业教育工作的最高目标。

二、创业意识

创业意识是社会意识的一种，一切创业活动无一不是在创业意识的指导下进行的。创业意识正确与否、直接影响到创业的效率，关系到创业活动的成败。因此，研究创业意识是我们深入考察创业发生的关键，也是对历史唯物主义社会意识论必要的补充。

1．意识和创业意识

意识是人脑对客观事物的主观反映。它在社会发展中又逐渐分化为诸如道德、艺术、宗教、政法思想、哲学、科学等各类社会意识形态，共同织造了历史唯物主义所描绘的社会意识理论。

但是，有没有创业意识呢？如果没有，如何解释创业活动中的意识现象？如果有，又应如何规定其内涵、区别它与其他意识形态的不同之点？

当下的马克思主义哲学原理著作没有将创业意识作为一种社会意识形态提出来加以研究。创业的相关著作虽然经常涉及创业中的各类意识现象和创业观念，也未明确地以创业意识相称并对之进行系统考察。

意识作为与物质相对应的哲学概念，，涵盖了社会领域的一切精神现象。既然创业活动是一种有目的、有计划的特殊实践活动，就意味着有一种源于创业实践又反过来指导创业活动的社会意识形态。

那么，能不能认为源于创业实践又反过来影响、指导创业实践的意识就等于创业意识呢？答案是不能。这是因为，第一，创业实践同人类大多数一般实践虽然在逻辑上可以区分开来，但在事实上却难以分开。所以，从根源上看，各种社会意识形态包括创业意识同出一源，这个源就是社会实践，它既包括改造自然、改造社会的实践，也包括以具体组织目标体现的创业实践。从起源来区分创业意识和别的社会意识形态，显然机械地割裂了创业同实践的有机联系，并不科学；第二，同样的道理，也不能笼统认为凡是影响、指导创业实践的社会意识都是创业意识。固然，创业意识对创业实践有反作用，但哪种社会意识形态又不对创业实践发生影响或反作用呢？作为世界观理论体系的哲学不对创业发生作用吗？离开了科学技术能进行创业吗？法律、道德不是作为人们的行为规范对人们创业进行约束和规范吗？就是艺术，有时也可能参与到创业实践中去。可见，凡是社会意识都对创业实践发生不同方向和不同程度的反作用，都以其特定的方式影响创业实践。以是否影响、指导创业实践来区别创业意识和非创业意识也是不科学的，这样做势必会抹杀整个社会意识对创业实践的能动作用。

那么，究竟什么是创业意识呢？创业意识同别的社会意识应有哪些区别呢？要回答这些问题，必须从创业意识的形成、作用、特点三方面加以分析。

首先，创业意识作为社会意识的一种，固然离不开一般的社会实践，追本溯源，它也是人们在改造自然、改造社会的实践中产生的。但是，培植创业意识的最切近的基础不是一般的社会实践而是人们的创业实践，创业意识只能在创业实践中形成而不能在一般性的改造自然、改造社会的实践中形成。这即是说，虽然创业实践离不开社会一般实践，创业意识同其他社会意识保持着紧密的联系，但创业实践毕竟有别于一般实践，创业意识也不同于其他社会意识。因此，创业意识是对创业实践的直接反映。脱离创业实践的人，是无法形成创业意识的。

其次，在创业实践中，各种社会意识都发挥作用。离开了人类在各类实践中积累起来的社会意识形态，无论是改造自然、改造社会的实践，还是创业实践，都无法进行。但是不同形式的社会意识，其指向又各有侧重和区别。比如，自然科学、主要被用于指导改造自然的生产实践；政治法律思想则主要被用于指导人们改造社会的社会实践；宗教、哲学主要指向人们的思想，直接改造的是人的思想观念。创业意识不同，它不是直接指向上述各类社会实践活动，而是指向创业实践活动，用于指导、组织、调整各类创业实践活动。

再次，创业实践是创业主体对创业客体的对象性活动，是创业者的能动性活动。因此，创业意识主要是创业者的意识，不是或主要不是雇员的意识。人们只有作为一个创业者的角色进入现实的创业领域，才可能产生创业的冲动、形成各类创业意识。对于处在参与地位的大多数人来说，也可能形成自己若干关于如何创业的观念或想法，但因置身于创业实践核心活动之外，这种创业意识是模糊不清、片面零散的。所以说创业意识主要不是作为一般社会实践参与者的其他社会意识，而主要是创业实践者所拥有的创业意识。

综上所述，我们可以把创业者在创业实践中直接形成并反过来直接影响、指导创业实践活动的创业心理、创业观念、创业理论、创业方法统称为创业意识。

创业意识作为一种相对独立的社会意识形态，具有不同于别的社会意识的若干特点，主要表现为以下几个方面。

第一，普遍性。社会意识的各类形式都具有一定的普遍性。而创业意识则与人类创业活动紧密相连，普遍存在于社会各类实践领域，具有普遍性。创业意识随着有组织的人类创业活动的出现而产生，随着它的发展而发展，与社会相始终。从各种社会意识形态所反映的空间来看，哲学、道德、创业意识普遍作用于社会生活的各个领域；宗教、艺术、政治思想则只对某一特殊社会实践起作用。科学是个总概念，不同学科的科学技术也只适用于特定的实践活动，这四者都不如创业意识普遍。所以说，创业意识具有普遍性。

第二，综合性。社会意识作为对社会存在的抽象把握和主观反映，都有一定的综合概括性，但各自的综合概括程度又有差别。其中，哲学是对各种知识的最高概括，具有最高的综合性。宗教虽也是一种世界观，但它是用信仰代替理性，谈不上科学的理性抽象和科学综合。道德作为人们行为关系的总规范，对涉及人与人利益关系的方面作出规定，但显然只是从社会特定方面进行某种综合。政治法律也是人们的行为规范，所综合规定的方面比道德还窄。艺术通过形象情感语言来传达表现作者的愿望，与概念综合离得较远，综合只是典型的塑造或人物性格的"综合"。各门科学对某一特定领域的特殊规律进行抽象反映，是一个方面的综合。创业意识则不然，它要对各类实践活动进行计划、组织和控制，就必须综合运用多学科知识。以生产型企业创业为例，创业者不仅要了解企业生产经营的一般过程，需要掌握有关的科学知识；还要了解人，需要了解一系列涉及人的生理、心理、伦理、信仰、价值观念、行为规律的知识。不仅要审时度势、发现问题、及时做出战略决策，需要运用哲学、政治学、法律学；为保证决策能顺利实施，还需要运用诸如数学、统计学、会计学、审计学等知识来制定计划和对计划实行控制。可见，创业需要综合运用尽可能多的各门知识，创业意识是各门知识的综合运用。在社会诸意识当中，如果说哲学是对各门科学知识最高的综合概括，创业意识则是对各门知识广泛的综合吸收和综合运用。

第三、应用性。各种社会意识既是对社会存在某一侧面的主观反映，表现为特定的知识体系；又反过来影响和指导人们的某类实践，具有不同程度的应用性。一般来说，综合概括性越高的意识形态，距离现实越远，其间的中介越多，应用性越弱。反之，综合概括性越低的意识形态，离现实越近，其中介越少，应用性越强。比如，哲学和宗教二者距现实最远，其应用性最不直接，而科学特别是技术科学距现实最近，最易转化为生产力。创业意识作为一种特殊的社会意识，既具有较高的综合性，又具有直接的应用性。这是因为，创业意识是在创业实践中产生并直接服务于创业实践的意识形态，创业活动需要的不是远离现实的抽象理论，而是经过创业者加工过滤过的可以直接进入创业过程的具体意识。也就是说，创业过程一方面必须广泛吸收诸如哲学、科学、政治思想、道德以至艺术和宗教等意识形态；另一方面，这些意识又不能直接适用于创业，而必须通过创业者的过滤加工，选择综合，转换成可以直接用于指导创业活动的创业意识，从而使创业意识具有鲜明的应用性。可以说，创业意识是由抽象层面的社会意识走向具体层面的社会意识的思想通道，在这里意识的抽象性和具体性得以对接。如果看不到这种特点，以为任何社会意识都可以直接运用于创业，其结果必然是目标模糊、计划抽象，使创业者无所作为。同理，如果指令不清、控制随意，雇员也无所适从。

2. 创业意识的形式

对创业意识作纵向即从其发生形态分类，可以划分为创业心理、创业观念、创业理论和创业决策四种相互联系又彼此区别的表现形态。创业决策是创业意识中实际操作性最强的表现形式，本书将在后文结合 KAB 课程教学进行分析；创业理论与创业的教学内容密切相关，在此不再次展开；下面重点分析前两种意识表现形式。

在创业实践中最初形成的创业意识是创业心理，它大致包括需要、动机、意向、情绪、情感、意志、信仰、习惯等形式。创业需要是由创业者的本能和职责引发的创业欲望，它同人的其他需要相类似，既具有强烈的内在冲动，但又缺少明晰单一的目的指向。处在创业需要的心理阶段，创业者主要受较长期思考形成的潜化意识的支配，本能地生发出多种创业欲望。事实上，这种心理活动不能用生物学来加以解释，它与人们由生理本能产生的生存需要和安全需要不同。大量的创业经验也证明，长期参与商业活动、积累了大量创业实践经验的创业者，创业行为在不知不觉中已成为他的潜化意识，成为一种职业的习惯或"本能"的需要。可以说，这类人只要处在创业者地位（有时甚至不处在创业者地位）自然而然地就会有这种冲动。

创业需要的定向化是创业动机和创业意向。创业行为需要作为一种自发的内在冲动，是意向不明、不断转移的心理活动。如果没有外部环境起作用，那么创业者将永远停留在这种躁动不安的心理境地。但事实上这是不可能的，因为创业者不可能将自己封闭起来，而是要受到外部环境各类信息的刺激干扰。一旦某一信息反复刺激创业者而使他将注意力逐渐集中到解释这一信息的时候，便出现人们常说的"问题"或心理学上所说的"情结"。问题是指现实和需要的差异，情结是指反映问题的矛盾心情。这时，为解决问题或解开情结，原有的变动不定的需要心理开始平静下来，交错出现的不明晰的目的指向逐渐转移到问题上，从而形成有明确指向的动机和变成解决某问题的意向。当然，作为创业心理的动机和意向也具有不稳定性。尽管如此，动机和意向又是创业意识形成的一个不可缺少的环节。没有它，不可能产生出创业的其他意识。动机和意向引导创业者如何看问题，准备选择解决何种问题。如果在动机和意向上出了偏差，比如他所期望的目的根本不可能实现，创业者就会走偏方向而使创业实践成为不可能。

创业者作为人，还有情感和情绪。情感是在人与人的交往过程中形成的心理定式，它表现为对某些人的偏爱、信任.同情、感激以至于崇拜信仰。

在创业实践活动中，无论是创业者或雇员，绝不可能没有情感；任何一类创业活动，也不可能完全摈弃情感。诚然，创业者如果仅凭情感而不用理性来处理创业活动中的人和事，或者将私人情感带到公共事务中，对创业将是十分有害的。但是还应看到，情感对创业也有助益。在创业者之间，多一些情感就少一分摩擦，情感在这里是创业团队的黏合剂，具有无可取代的凝聚力。在创业者和雇员之间，情感是沟通上下级之间的心理通道，是创业者了解下情、激励雇员必不可少的武器。大量创业实践也证明，凡是情感丰富并善于控制情感的创业者，不仅能团结其他的创业人员，形成一个关系融洽、无话不谈的有战斗力的创业团队，还能在雇员中树立良好的形象，使他们乐于听从他的指挥。相反，一个缺乏情感的创业者必定是一个孤芳自赏的人，他既不可能赢得创业合作者的信任，更不会得到雇员的理解和支持。可见，情感是创业者不可或缺的心理，创业不在于有无情感，而在于如何培养情感和正确投入情感。

同情感相比较，情绪是另一类心理活动。情感是一种外显的心理倾向，是指人们在长期交往中形成的亲和力；情绪则是一种内隐的心理定式，是由内外环境刺激产生的某种心境或心绪，主要表现为喜、怒、哀、乐。在创业中，不论是创业者还是雇员，常常会受环境的刺激而引起情绪的变化。情绪不同于情感，它对创业弊大于利，特别是对于创业者，千万不能为情绪所左右，不宜带上浓重的情绪来进行创业。这是因为：情绪作为一种心理活动，是一种受环境左右的变动不定的无意识现象，它与理性不相容。尽管喜怒哀乐可能激起一时的激情，在创业中发挥出冷静时无法发挥的积极作用，但因它缺乏理智的支配而不可能持久并具有随意性，任其发展不加控制就会将创业者变成情绪的奴隶，使创业归于失败。可见，创业者不可无情，但这个情是指情感而非情绪，情绪型的人是不宜充当创业者的。作为一个创业者，应当尽量避免将个人情绪卷入创业工作，做到范仲淹说的"不以物喜、不以己悲"，学习林则徐的"制怒"。碰到困难不要消极气馁，取得成绩不可妄自尊大、目空一切。要做到这一层很不容易，需要在创业实践中经历长期的修养磨炼，学会一整套现代心理自我调节方法。

属于创业心理的还有意志、信仰和习惯。所谓意志，是指向明确的行为目的的心理机制。所谓信仰，是对某人某事或某种最高存在的绝对信任和无条件服从。所谓习惯，最初是指人们思想行为的常规或定势，这里专指思维定式或习惯思维。

创业作为一种组织目的性活动，决定参与创业的人必然形成实现创业目的的创业意志。创业意志主要有三个特点：一是明确的目的性；二是判断是非的果敢性；三是迎战挫败的坚韧性。在创业实践中，创业意志的积极作用是非常明显的。这是因为，创业是一个步步逼近目标又常常遭受挫折的风险过程，为使创业能按预定目标继续下去而不致中断，创业者必须具有坚强的创业意志。如果意志薄弱，在挫折面前就可能观望退让、对事业丧失信心。只有具备坚强的意志，认准了的目标决不改变，才有希望达到胜利的彼岸。当然，由于意志是一种缺乏理性自觉的心理机制，单凭意志并不能保证目的正确。如果意志很坚定而拒绝理性的介入，那么即使当实践证明目的不对也会顽固地坚持下去。可见，意志在创业中虽很重要，不过应使它理性化。创业仅靠个人的坚强意志而不注意根据情况随时加以调整，那么顽强则变为顽固、果敢将流于武断。

信仰在本义上是相对于理性而言的宗教感情，是宗教徒对神的崇奉膜拜心理。宗教的最高境界是信仰，信仰意味着对神祇无条件的信任、服从和追随。在现代社会，当然不能提倡宗教信仰，而应提倡科学和唯物论。不过，又不可没有信仰。这里的信仰不应解释为迷信和盲从，而应解释为对未来目标执著地追求和坚定的信念。从这种意义上看，大至一个民族，小至一个群众团体或企业组织，都应当有自己的信仰。没有信仰这种牢固的心理惯性来约束人们多变的思想，就是离心离德、没有希望的组织。

习惯是在多次实践基础上形成的行为定势和思维惯性，它以固定的经验为根据。当人们主要凭借经验而不是凭借理性来行动的时候，就停留在习惯的心理水平上。所以，经验和习惯是难以区分的。创业者通过多次创业实践，不知不觉中就会形成一套自己的创业经验或创业习惯，其中所包含的难以理喻但又实际发生作用的意识形态为习惯心理。习惯心理在创业中的出现既具有必然性又具有诸多积极作用：首先，它作为一种感性经验，与创业实践最接近，反映创业实践的问题最快捷。创业中许多常规问题主要是通过创业者的经验习惯及时加以处理的。如果创业者缺乏经验而未形成创业的惯性思维，就不可能对纷至沓来的问题做出快速反应，必然事事请示或拖而不决。其次，习惯是理性的基础。大量事实表明，一切创业理论的产生，都不能脱离对创业经验的总结。创业者的创业经验越丰富，对他学习、接受创业理论就越有利。一个没有创业经验的人，尽管他也可以从书本上学到创业理论，但不能真正理解这些理论，更不可能切实运用这些理论。所以，经验习惯对于创业者是十分必要的财富。不过，创业习惯毕竟是非理性的创业心理，它也有局限性：第一，习惯心理是一种心理惯性，它对创业者的创造性思维有一种天然的抑制作用。如果固守经验，由习惯来支配创业，创业方式只能简单重复，组织也很难得到迅速发展。第二，经验习惯只是对过去创业实践的总结和重复，缺乏对创业发展新趋势的预见功能。如果因循经验习惯，就只能往后看而不会向前看，结果必然因目光短浅驾驭不了多变的创业环境。

上述各类创业心理的积淀就是创业观念。观念在广义上本来泛指意识。这里所说的观念是狭义的，它是指在感性经验基础上形成的融入了若干理性因素的固定看法或根本观点。洛克认为，观念来自感觉和反省。莱布尼兹主张观念是人的一种倾向、禀赋、习性或潜能。在心理学上，观念即是表象。马克思主义所说的观念，是指反映实践并为指导实践所创造的体现目的计划的社会意识形态。创业观念作为创业意识的一种，是介于创业心理和创业理论之间的一系列关于创业的根本观点，主要包括创业价值观、创业决策观、创业人性观、创业组织观（团体意识）、创业效益观等。同上述各类创业心理相比较，创业观念不表现为纯感性而有一定的理性渗入，包含着对事物的深层理解；不是对客观对象的直接反映而是间接反映，表现为对过去的反思和对将来的向往；不是由刺激而引起的偶发的、不稳定的心理活动，而是对根本问题的持久稳定的心态或倾向。因此，创业观念在创业活动中的地位特别突出，它潜存于创业者和雇员的意识深层，从根本上左右或影响着他们的行为。

创业意识的第三类形态是创业理论，这是创业意识的理性表现或逻辑系列。同创业心理诸形式和创业观念相比较，创业理论具有如下特点：第一，它反映的不再是创业活动的表象而是它的本质和规律，具有本质的深刻性；第二，它不像创业心理那样多变易逝，具有相对的稳定性和持久性；第三，它是对创业实践的抽象概括，具有抽象性和普遍性。可见，创业理论是更高级的创业意识。创业者如果仅凭创业心理或创业观念去指导创业活动，终生勤劳也不过是一个经验主义者，不可能达到高度的自觉并作出新的贡献。只有学习科学的创业理论，自觉地以有关的理论来武装自己的头脑、指导自己的创业行为，才有可能成为一名合格的现代创业者。当然，正像一切理论一样，创业理论也有它的局限性，这主要表现为任何创业理论只能是对创业实践一个方面的本质或事物某一本质层次的抽象，只能近似正确地反映对象。另外，由于创业理论是以纯概念的逻辑方式来反映创业实践的，二者之间横隔着层层中介，要运用它来指导创业实践，还必须将其转化为创业方法。

所谓创业方法，是各类创业意识的具体化、程序化，特别是应用创业理论的方式或模式。而按照方法的特性来区别，又可以划分为数学方法、系统方法、经济方法、行政方法、伦理方法、心理方法等。

综上所述，创业意识按其发生、发展的时间作阶段划分，可以区别为最初的创业心理，其后的创业观念和再后的创业理论，最后是创业方法。

三、创业观念

要深入研究创业意识在创业中的主导作用，有必要对创业中的人性观念、价值观念和效益观念进行专门考察。这三种观念虽不是创业观念的全部，但却从根本上影响着创业者的基本观念。

1. 创业人性观

如前所述，创业的核心问题是人不是物。创业者着手创业时碰到的第一个问题便是：什么是人？由于对人的理解或对人性的看法各有不同，于是就形成形形色色的人性观念。而人性观念上的种种差异，又带来创业目的、创业方法和创业模式的区别。

中国古代学者就对人性问题进行了相当深入的专门研讨，形成了"性善论"和"性恶论"两大对立的派别。以孟子为代表的性善论者认为，人之异于禽兽，不在于"食、色"等生物本能，而在于先天具有与人为善的道德理念。培育弘扬人性中已有的各种"善端"，则扩充为"仁、义、礼、智、信"这五种道德。以荀子为代表的"性恶论"则认为，人的本性并不是善的，恰恰相反，饮食男女、趋利避害、嫉妒强者、残害同类等恶劣兽性才是人的本能。

与中国古代笃信人性本善、主张以仁义道德治国有所不同，中世纪的欧洲和古代阿拉伯国家却蔑视人而高扬神，神性论是其进行社会创业的基本观念。神性论的本旨在于向人们说明上帝或真主是世界的最高存在和万物的主宰，它具有超人的"全知"和"全能"。

随着西欧资产阶级的崛起，近代思想史上涌动着反对封建伦理和宗教神学的人性论思潮。早期的资产阶级人性论认为，人是理性的动物，生而平等自由，完全不应依赖上帝的恩赐。相反，人要自己主宰自己，使人成其为人，就必须冲决神学罗网，从传统的迷信、屈从、驯服、愚昧和无所作为中摆脱出来，建立平等、自由、博爱的人道社会。大致从21世纪初叶开始，随着劳资关系的激化，迫使一批学者重新考察人和认识人。由于对人性的理解不同，相应地出现了不同的创业理论。

泰罗、法约尔等古典创业学家认为，人是经济运动和物质利益的主体。这即是说，将若干不同成员联系起来的纽带不是强权也不是激情，不是宗教也不是伦理，而只是共同的经济目标和各人从中所获得的一部分经济报酬。按照上述理论，创业活动中的人是经济化了的"经济人"，人人都为金钱而奔波，"金钱是刺激职工生产的唯一因素"，创业就在于如何通过合理的组织计划活动或最经济省时的操作程序谋求最大的经济效益。

所谓社会人的思想，历史本很久远，但形成理论，则始于美国梅奥等人的"霍桑实验"。霍桑是美国芝加哥西方电气公司的一个工厂，美国科学院组织一批研究人员围绕工作条件与生产效率的关系进行了长达 8 年 (1924-1932) 的实验，即"霍桑实验"。实验的结果表明，在正式组织中存在着以情感为纽带的非正式组织；决定工人积极性和提高生产率的主要因素不是金钱物质和生产条件，而是工人的意愿、情绪、受尊重信任和民主参与意识等社会心理因素。这个实验的意义在于用事实否定了传统"经济人"观点的片面性，开始将人理解为有多种欲望、有理想有追求、需要交往的社会动物。

行为学派对人性的看法，首先表现为麻省理工学院教授麦格雷戈 (1906-1964) 的人性假说——"X-Y 理论"。麦格雷戈认为：如果按 X 理论，人的本性被设想为天性、愚蠢、不诚实、不爱承担责任、缺乏远大抱负、仅把自身安全放在第一位。如果按 Y 理论，人的本性刚好相反，他们并不厌恶工作而是乐于负责，不愿接受别人控制而愿进行自我控制。这样，有效的管理就不应当是强迫命令而应是激励他们的献身精神和创造才能的工具。传统的管理实际上是按 X 理论设定人性的，因而注定不能发挥人的潜能。只有按 Y 理论来进行管理，才能摆脱人性偏见，走出传统人性观的误区。

对"X-Y 理论"进行修正的是美国洛斯奇和摩尔斯在 20 世纪 70 年代提出的所谓"超 Y 理论"。这种理论指出，对人性不能进行假设而必须通过实验；对人性也不能作绝对恶或绝对善的分类，人性的善恶是依他们所处的环境为转移的。他们在工厂和研究所分别所做的实验证明，X 理论对工厂工人有效而 Y 理论对研究所有效，这说明工人同研究人员有不同的人性。另外，同一个人的责任感也并非永远如一、一成不变，当他们的目标达到之后也会由勤变懒。行为学派中成就最大、人数最多的是前文提到的以马斯洛五层次理论为代表的需要层次论。

通过以上当代管理学者对人性的研究可以看出，作为雇员的人绝不是仅仅为生存而奔波的"经济人"，而是具有多种需要、多种个性、存在于复杂人际关系当中并富有主动创造性和反抗性的"社会人"。因此，要搞好创业，关键在于管好人。而要管好人，又必须深入了解人的心理活动和行为规律，激励他们的自觉性和创造性。

2. 创业价值观

在哲学中，价值是一个含义广泛的关系范畴，凡是涉及客体对主体的意义关系，就包含人们常说的价值。具体地说，凡是对主体有用的东西，就叫有价值；无用或有害的东西，就叫无价值或负价值。

价值按其客体满足主体的属性，可划分为功用价值、道德价值和审美价值三类。功用价值相当于马克思所说的物的使用价值；道德价值是指人的德行对于他人的精神感召和对社会的积极影响；审美价值是指主体所创造的对象反过来给予创造者的愉悦感，是人对人类自由本质的确证和审视。无论哪类价值，都反映了主体需要和客体功能的肯定关系，都是主体对他所创造的客体的认同或评价。

所谓价值观念，即人们在实践中形成的对客观对象意义的看法或观点。在实践中，人们对客观对象的看法可分为两类：一类是关于客观对象的本质和规律的看法或观点，这在国外又称"事实真理"或"事实判断"。另一类即关于对客观事物有无意义、有无用处的看法或观点，这即是所谓"价值真理"或"价值判断"。价值观念同事实观念相比，后者侧重于对事物真理的客观性探讨，回答对象是"什么"以及"为什么"一类真理问题；前者侧重于对事物意义的主观评价，回答对象对我"好不好"以及"好在何处"之类的功用问题。人在实践中所形成的各种观念(包括世界观和自然观、历史观、人生观、创业观等各类观念)，无一不是由这两类观念组成，如人们通常所说的哲学世界观，它既包括人们对世界本质和发展规律的客观探讨，表现为一个知识体系或说明体系；又包括人们对现存世界的主观体认和评价，对理想的未来世界的设计和追求。人生观亦如此：它既包括对人生本质规律的理性探索，又饱含对现世的主观感受和对理想人生的追求。这就告诉我们，人们的观念既不可能是对客观事物的机械反映，其中必然渗透着人的意向目的、定向选择和主观评价；又不可能是纯粹主观任意的，它必以客观事物为对象，以事实为基础。因此，事实观念和价值观念是互为条件的辩证关系。人们为了研究问题的方便，可以而且必须将二者分开来看，但在事实上，二者是分不开的，任何具体的观念系统都是由二者有机组成的。

究竟什么是创业价值观？创业价值观同一般价值观又有什么区别、大致包括哪些内容和具有哪些基本功能？笔者认为，所谓创业价值观是创业者关于价值取向和价值评价的观点的总称，它是在创业实践中形成的创业主体对创业环境、创业目标、创业客体、创业现状、创业结果以及创业未来的体认、选择、态度、倾向、评价和期待等各种观念的总和。说它是创业主体的价值观，并不意味着创业系统中作为创业客体的人没有价值观，因为创业是创业主体作用于创业客体的特殊实践或主体性活动，因而创业价值观是指导创业主体的观念而有别于创业客体的价值观念。当然，在研究创业的价值观念时，不能也不应回避雇员的价值观念，因为凡是人都有自己特定的价值原则和价值判断。不过，创业过程实际上是用创业者的价值观同化雇员价值观的复杂思想过程，或者说是主体价值观和客体价值观之间的求同过程，因此，又可以将创业价值观规定为创业中占主导地位的创业主体的价值观念。

创业系统存在于一定的社会环境中，创业要正常进行以维持并发展组织系统，就必须了解、适应环境，同环境进行物质、能量、信息、人员的交换。而在了解、适应环境的过程中，创业者一方面必须搜集整理环境的信息，力求使自己的认识符合外在环境的本来面目；另一方面又要根据自身的目的和需要去筛选信息，并按自己的价值方式去整理信息和评价信息，从而对环境做出好或坏的价值判断。创业者通过多次创业实践逐步形成对环境好坏的辨识能力和判断标准，而这种辨识能力和判断标准即是创业价值观的一种表现。任何时代的创业或现代任何一类创业，创业者首先要考虑的对象不是自身的组织系统而是系统所面临的组织环境。只有对环境有尽可能详尽的了解并对之进行了一番"审时度势"的价值判断之后，才可能进行别的思考。比如海外创业投资，第一步要了解、研究的就是该国的投资环境，通过各种渠道掌握有关该国政治制度、法律制度、经济资源、人力状况、市场环境的情况，并根据自身利益进行分析和选择。这种对投资环境的分析和选择，就渗透着外国资本家的价值观念。如果觉得投资无利可图或利润不大，或者有利可图但要冒很大的风险，或者虽一时有利可图但对该国政局稳定等因素无信心，都可能会放弃投资计划。

创业价值观还表现在组织目标的选择确立方面。当对环境有所了解并确认了它对组织有无意义之后，接下来创业者便要根据组织的需要和环境的可能确立组织行为的目标。任何一类组织目标的确立既不是任意选定的，也不是自发产生的，而必须依赖可能和需要两个条件。一是目的要有实现的可能性。如某种目的尽管很有意义但在现实中缺乏根据、无论如何都不可能实现，那么这种目的就是空洞无边的幻想，注定不能实现；二是目的要符合创业者或组织系统的需要。如果不适合需要，尽管在现实中有实现的根据，创业者因其对自身需要无关甚至有害，也是不会将其确立为目标的。可见，在确立创业目的的过程中，也有两种观念在同时起作用：分析目的有无可能、能否转化为现实，要依据事实观念；而确认目的有无意义、哪种目的符合组织的主观需要，要依据价值观念。总之，组织目的既然不是环境强加给组织系统的，而是组织的创业者在分析环境的多种可能性之后进行价值选择的结果；那么，在同一环境中，不同的组织因有不同的价值观念从而产生不同的组织目的，就是很自然的现象。

创业价值观不仅表现为对环境的体认和创业目的的选择，还表现为对组织内部创业客体的态度和创业现状的倾向。具体说来，这种态度或倾向又包括人才观、时间观、道义观等。

所谓人才观，是指创业者按照一定的人才价值标准来选择、使用人才。高明而有作为的创业者，唯贤是举，择才而用，千方百计罗织英才并且用其所长、不求其全。创业者这样做的原因，不仅是他们深深懂得人才对创业成败的关键作用，而且他们本人就是人才，有一种惺惺相惜的人才价值观在自发起作用。

所谓时间观，是创业者对时间功用价值的估价。现代创业者不仅要认识到时间的机会价值，还要认识到单位时间的效率价值，从而表现出对时间的爱惜和对时机的准确把握。

所谓道义观，亦称道德观，是创业者对道德的总看法。

在创业活动中，不同的创业者有其不同的道德观点，存在着不同的道德评价标准。根据一定的道德观念和道德标准，创业者不仅从观念上对别的组织成员进行着道德评价和引导，而且常常将这些标准转化为一定的道德规范或组织条例，强制人们遵守。道德价值观在创业中的作用主要表现为三点；一是对组织行为进行善恶评价，引导组织成员为实现组织目标自觉地多做贡献；二是转化为组织成员的行为规范，以纪律、制度、奖惩等方式强制人们执行；三是调节组织成员之间的利益关系，沟通他们之间的感情，以形成团体凝聚力。

创业价值观最后表现为对创业结果的评价和对组织未来的期望。创业过程的终结，必形成一定形式的创业结果（如产品、服务效果等）。结果是否符合预定的组织目的，创业者必须对之进行评价。一般说来，凡结果符合原先的目的，便做出肯定性评价；而不符合原先的目的，则做出否定性评价。不过在实际创业过程中，参与评价的人存在价值观念上的差异，而创业结果一般又不可能与预期目的完全符合，所以评价创业结果并不像上面说的那样简单，必然充满不同意见和争议。评价创业结果的过程是不同价值观念相互斗争的复杂过程，如何使不同看法统一起来，需要做相当多的工作。当某＿创业过程结束而对未来创业进行设想的时候，因人们价值观念的差异和理想期望不同，人们对创业前景的设想和所期待的东西也必然不一致。这种不一致即人们常说的目光有远近之分、境界有高下之别。创业既然是一个不断深化的循环过程，这种价值观念对于预测未来、掌握创业的主动权比其他观念更具影响力，更需要引起创业者的高度重视。

通过以上分析不难看出，所谓创业价值观，绝不仅限于人们常说的某种观念（比如效益观，或者"企业文化""团体精神"等），而是贯穿在创业各方面和全过程的各类创业意图、创业目的、创业态度、创业倾向、创业评价和创业理想的总和。由于人们的出身经历、文化素质、道德修养、社会阶层地位、职责权限、利益关系、理想情趣各不相同，决定了他们的价值观念是存在差异的。要想使创业有效地进行，就必须设法将这些不同的价值观念大致统一起来。而要做到这一点，仅从个人的价值观念去思考显然是不够的，而应寻找一个组织都可以接受的价值标准，这个标准就是人们常说的效益观念。

3．创业效益观

效益一词是我国学者的一个创造，要揭示这个概念的内涵，有必要比较它同效率、效果的关系。

效益一词源于效率。效率最早是一个物理学概念，它是指功能转换的比率。比如热效率，指的是所消耗的热能和转换成有用的热功的比率，转换的比率越大，就意味着效率越高；反之，比率越小，效率越低。

由效率引申出的概念是经济学中的经济效率或经济效果。经济一词含义丰富，而其中一个含义即投入小、产出多。所以，经济或经济效率的意思与物理当中的效率很相近，指的是生产的使用价值和所耗费的劳力、物资之比率。所耗少而产出多就说明经济效果大，而耗费大产出少则意味着经济效果差。

无论是物理学所说的效率还是经济学上所说的效果，都是人们对物质转换过程中功用价值的客观描述。某台热机的功率是多大，某项生产活动的经济效果如何，是一个客观存在的事实。因此，效率或效果是自然科学或经济科学的概念，与人们对它的主观评价无关，效率的大小或效果的好坏绝不以人们的好恶为转移。

而效益则不同。效益既包括客观存在的效率（如行政工作效率）或经济效果；还包括人们按一定价值观对效率或效果的主观评价。某种效率如果对人有用，即是效益；如果无用或有害，就叫无效益或负效益。可见，效益既不等同于效果，不是一个纯粹的科学概念；但又离不开效果，不是一个纯价值概念。效益概念包括着人们对客观结果的事实判断和价值判断，可谓集"真""善""美"于一身。

创业作为一种特殊的社会实践，其最终目的就是追求创业的效益。而要提高创业效益，就应对效益观进行专门的研究。

正确的创业效益观首先应关注效率问题。创业作为一种特殊实践，其目的之一就是通过合理的计划、恰当的组织、有效的指挥和及时的调控等方式，实现创业目标。

创业有无效益，首先要看所创业的实践活动的客观效用如何、效率怎样，或者说是否"经济""划算"。如果经济划算，投入少、产出多，就叫有效或提高了效率；如果投入多、产出少，就意味着不经济不划算，或叫无效劳动、"赔本买卖"。显然，无效谈不上效益，效益是以效率为前提的。如果脱离效率谈效益，我们的价值判断就失去了事实标准而流于主观。

但是效率又不等于效益，效益是符合组织目的和社会目的的效用。因此，正确的创业效益观还包括对创业效率的肯定性评价，即对这种客观效率进行有益或无益的认定。那么，究竟什么样的效率才称得上效益？因为抽象地说，凡是人们实践创造的结果，对人总是有益的。但具体分析便可以发现，因为人与人有不同的目的需要，存在着不同的价值标准，对同一客观效果必然会出现评价上的差异，在一部分人看来是有益的效率，另一部分人则可能认为无益甚或有害；反之亦然。这样，确立正确的评价标准就显得十分必要。

首先，评价某一创业实践活动效率有益或无益，不能以对个人或少部分人是否有益为标准，而应以对组织中的多数成员是否有益为标准。如果某一创业实践活动效率仅对少数人有利而对多数人有害，这就叫有效率而无效益。反之，只有对多数人有益的效率才可称为有效益。

其次，评价某一创业实践活动的效率是否有益，不能单从经济效益着眼，还应考虑它的社会效益、道德效益和精神效益。所谓经济效益，是指对人们物质生活的有益性，它所满足的是人们的物质欲望。但人们除了这种基本的需要外，还有社会的、伦理的、精神的各种高层需要。如果某项创业使人们物欲横流，道德沦丧、精神生活极度空虚，也不能被认为有社会效益。这即是说，判断一个组织的创业实践活动是否有益，不仅要看它的效果是否有益于人们的生理健康，还要看它是否有利于人们的心理健康；不仅要考察人们的物质财富是否增加，还要看人们的道德水平、文化修养、社会责任感是否提高。

再次，判断创业的效益不能只着眼于眼前利益，还应考虑到未来利益。这是因为，地球上的资源有限而非无限，人们对其开发利用不能只顾眼前而不顾子孙后代。掠夺式地开发和短期行为的创业方式，所得的只是眼前的高效益，而对于将来的社会和人类的发展却是一种犯罪。创业者如果缺乏这种效益观，即使他可能轰轰烈烈于一时，并受到一部分人的拥戴，但随着时光的流逝和交往范围的扩大，必将受到历史的裁判和民众的唾弃。

最后，创业的最终目的是为了人，创业实践活动是否有效益，最终还要看是否有利于人的完善和发展。马克思主义认为，一切实践活动都是发展和完善人类自身的手段，人是一切活动的最终目的。因此，凡有利于人的全面发展的创业实践活动就具有最大的效益。反之，一切压制人、摧残人，不利于人的发展的创业实践活动，尽管它具有别的功用价值或政治效益，却不具有最高的社会价值或人道效益。因此，有责任感的创业者应以人为目的，不允许将人当作谋求某种其他效益的单纯的工具。这就要求创业者必须确立崭新的效益观。

可见，创业效益观是一种极其复杂又至关重要的创业观念，它涉及创业中"真""善""美"的统一问题。因此，创业者必须以人为目的、以人为中心，正确处理人与人的关系，提高人的创造性和积极性。

第二节 创业决策能力教育

创业意识不仅表现为前文讨论的心理、观念和理论，在创业实践过程中还集中表现为创业决策。心理、观念和理论侧重探讨的是创业过程中从客观到主观的认识评价活动，创业决策则侧重表现为从主观到客观的各类创业意识的综合应用活动。创业决策作为一种特殊的创业意识，主要不是创业者对创业实践的主观感受、心理体验、价值判断和理性抽象，而是围绕创业目的展开的预测、决策、计划、控制等一系列更具体的思维过程。显然，要深刻把握创业意识的丰富内涵和功能，仅仅研究心理、观念和理论等问题是远远不够的。只有进一步掌握创业决策过程及其功能，学生才可能真正将抽象的理论和观念转化为可操作的思想工具，使抽象的理论和观念转化为可操作的思想工具。

一、创业预测

决策作为创业的重要职能和创业过程的起点，是由一系列复杂的超前思维活动构成的。它首先又表现为创业预测。只有在预测未来的基础上，创业者才可能确定创业的目的，制定、选择和计划实现某一目的的行动方案，从而使创业成为可能。研究预测是考察决策思维的起点。

所谓预测，是人们运用在以往实践基础上形成的经验、理论、方法对事物发展未来趋势的分析、论证、推测和预料。创业预测则是创业者运用自己过去的工作经验和理论，通过搜集有关信息，推测、预料创业系统在未来将面临哪些问题，其发展前景如何，有哪些可能发生的情况，以及其中哪一种可能最大，从而为决策提供依据。

预测作为人类的一种超前思维，是随同认识活动一起产生的。"凡事预则立，不预则废"。随着人类实践能力和认识水平的提高，预测在近代有了质的飞跃。近代科学之所以有高速的发展，是同科学幻想和科学预测直接有关的。门捷列夫利用元素周期表规律对新元素进行预测，马克思、恩格斯对未来社会主义社会必然出现的理论，列宁关于社会主义可以首先在一国胜利的论断，毛泽东关于抗日战争是持久战的论述，都是科学的预测。

预测作为人类认识世界的一种特殊形式，不仅与其他认识活动一起产生和发展，而且具有与其他认识活动不同的特点。

首先，预测具有可靠性。预测同一般的认识活动的不同之处在于，其他大量认识是人脑对客观事物的现场反映；而预测不是对现存事物的反映，而是对事物未来的种种发展趋势做出推断和猜测，是由已知到未知。任何事物的发展都要经历由可能到现实的过程，现存的事物中都蕴含着未来事物的根据或胚芽。如果人们不是从主观愿望或可能出发而是从现实根据出发，同时又不违背人们在为数众多的实践中所形成的逻辑规则，而按严格逻辑程序对潜在的根据进行科学推导，那么，人们就一定可以从已知推导出未知、从今天预知明天。可见，科学的预测是合乎辩证唯物主义认识论的，具有科学上的可靠性。创业预测是以现实为根据，数据可靠、方法正确的科学预测，其推断的结果大致是可靠的。

其次，预测具有超前性。预测不同于别的认识活动，还表现为它不是事后思维和当下思维，而是超前思维。所谓当下思维，是指人脑对当时刺激自己感官的客观对象的直接反映。所谓事后思维，是对已发生的感觉知觉进行回忆、联想和事后理性加工，包括表象、理性认识以及反思等间接反映。这两类思维都是从客观到主观，都以客观事物作为思维的基础。而预测在形式上刚好相反，它既不是对现存事物的现场直观，也不是对过去事物的回忆、整理和反思，而是根据已有的认识去分析现实中客观存在的"根据"，推断事物将来发展的各种可能，以建构现实中尚未出现的未来事物的轮廓，为人们的认识活动和实践活动提供先导。预测的超前性，充分反映了人类意识的能动性，使人类认识与动物的心理严格区别开来。预见的准确度和预见期的长短，又将人类不同时期的认识能力区别开来。预见的超前性并不违背唯物主义的反映论原则，也不意味着预见者可以脱离实践、仅由主观去预言未来。在创业中，预见必须以现实为出发点，预见者用以预见的理论、逻辑，预见时所必须搜集的信息，都是实践的产物或是对现实的反映。

再次，预测具有试探性。预测既然是对本来多种可能性的分析推测，就不可能做到准确无误、十分具体，而只能是大致的估计，并带有试探性质。因为在创业实践中，创业预测主体不可能对未来的发展做出确凿无疑的认识，只能预测到总的趋向。同时预测的客体处在经常的变化之中，尤其是人参与的社会，其变化的随机性更大，不可能使预测准确无误。因此，创业者为了在创业中居于主动，一方面不能不对未来进行预测，另一方面又受主客观的双重限制，不可能对未来预测得完全准确，只能"摸着石头过河"，依靠预测对未来作试探性的认识。因为创业预测带有试探性就断言预测完全不可靠的观点固然不可取；同理，要求创业预测百分之百地可靠，也是不符合科学的。

最后，预测还具有概率性和不精确性。所谓概率性，是指正确的预测与预测方案总数的比率。所谓不精确性，是指预测正确的程度不可能是百分之百，或者说只能预测事物发展的总趋势或大致的轮廓。而不能正确估计到它发生的准确时间。发生的每一步骤和每一细节，预测的概率和精确度是随着人类认识能力的提高而增大的，但无论如何，既然是预测，就必然具有不精确性，其概率不可能是1。预测这一特点决定了它永远不可能像人类其他认识那样，最终可以用自然科学的精确眼光对之进行定量描述。

预测作为人类认识的一种特殊方式，不仅具有上述各类特点，而且在人们的认识特别是创业活动中发挥着独特的功能。在创业决策过程中，创业预测的作用主要表现为以下几点。

第一，分析创业环境的变化趋势，为创业者确定下一步的创业目标提供背景。创业实践活动是存在于一定的社会环境之中的，社会环境虽有相对稳定的一面，但同时又处在经常的变化当中。这种变化在创业领域更为明显。创业者在制定新的决策以确立下一步工作目标时，不能只从自身的主观需要出发，而应考虑外部环境提供了多大可能。这样，决策的第一步就要了解环境、预测环境变化的各类趋势，使决策能适应变化了的环境条件，以便提出可行的创业目标。每一个创业组织所处的环境都有所不同，如果不调研分析自身环境的变化，决策所需信息的客观性就很难保证。

第二，分析组织系统的结构功能变化趋势，为创业者制定和选择行动方案提供组织依据。创业系统既有稳定的一面，同样也处在经常的变动之中。为了确定工作的目标，决策者既要了解、预测外部环境，还要了解、预测内部动向。例如，在即将开展的项目中，雇员怎样想，有多大的积极性？需要多少资源、人力和资金？组织有无能力达到新的目的？等等。因此，只预测外部环境是不够的，还应预测组织系统的未来状况。如果只有对外部环境的了解而无对系统内部的了解，这种预测是片面的。只有充分了解内外因素，才能进行参照比较，从而进行决策。

第三，无论是对外部环境还是对创业系统内部未来发展趋势的预测，都需要全面占有材料、广泛搜集信息，对事物发展的多种可能性做出详尽的分析。首先根据取得的信息，分析有无实现目标的可能性，如无可能，坚决放弃；其次分析可能实现的目标有几个，并比较其利弊之大小和实现这些目标需要哪些条件，为决策者择优提供资料；再次，对有利的、成功把握大的可能性，还应进一步区分实现目标所需的时间，为决策者制定创业计划提供依据。

创业预测是一项十分艰巨的认识活动，创业预测的方法很多，有凭经验的预测和凭理论的预测，有定性的预测和定量的预测。当内外环境变动不大，预测的目标时间又很短时，凭创业者的经验就可以进行预测。而如果内外环境变化明显，预测目标时间过程较长，就不能仅仅凭个人经验而应集中各方面力量的智慧，严格按科学方法进行。

二、创业决策

预测作为创业决策过程的起点，其功能在于为创业者提供一幅创业系统未来发展的模糊前景，指出种种可以估计到的可能性。在此基础上，创业者根据可能和需要制定和选择对策的活动过程，即狭义的创业决策。创业预测要解决的是创业的前景，向创业者展现创业组织将面临的种种问题。而创业决策则是针对某一与创业有关的问题制定和选择对策方案，并以此制定以后创业活动的方向和行动原则。

决策也是一种超前思维，同预测相比较，它有着如下几个鲜明的特点。

　　首先，决策具有鲜明的目的性。人的认识活动都有目的性，但不同认识的目的性的明晰程度又有区别。预测的目的是猜想未来工作中的可能性，为决策服务。由于未来充满种种可能性，因而预测只能是模糊的、不具体的，决策则不可能是模糊的。创业决策是针对与工作组织系统未来发展关系最紧密、意义最重大的某种可能的对策性思维活动。因此，决策的目的不是模糊的而是具体的，不是多元的而是单一的。所以，创业决策具有鲜明的目的性。如果进入决策阶段，创业者还未确定具体的组织目的，或者说对决策的目的还不清楚，而处在模棱两可的思维状态，决策将是无法正常有效地进行的。

　　其次，决策具有选择性。要使预测可靠，一条重要的原则是必须广泛收集信息、全面占有材料，尽量避免以创业者的个人好恶选取材料。决策必须进行选择。一方面，为了将来开展有成效的活动，创业者首先必须在预测提供的种种可能性中进行目的选择，即选择某一种与组织系统未来发展关系最大的可能性进行深入考察。没有这次选择就提不出问题，也无法确定组织目的。另一方面，为解决某个问题，实现某一目的，创业者还必须通过深入研究，制定各种对策方案，并在此基础上进行择优。没有择优就等于取消了决策，抹杀了创业决策存在的意义。

　　再次，决策具有思维的明晰性和行动的可行性。决策思维不同于预测思维之处，在于前者是一种模糊性的思维状态，不可能是很明晰的。决策与计划相比，它只是为达到某一目的的行动方案，不如计划具体详细，但与预测相比又显得具体明确。预测是对组织环境和系统组织发展未来多种趋势的总体推测和预估，因此只能是大致的，没有必要对每种可能的细节做出十分具体明确的说明。决策是选取某一种可能性并设计如何解决某一问题、实现某一目标，因此停留在预测的模糊思维水平上是不行的，必须进一步使之具体化，尽可能考虑到创业活动的每一步骤和基本方法。决策思维是较预测思维具体的思维，不仅要选择确立某一目标，还要设想、研究如何实现这一目标的多种办法或方案。这样的决策才能用于制定计划、指导创业实践。

　　决策是一个发现问题、分析问题、确立目标、研究对策的复杂思维过程。所谓发现问题，是在预测的基础上，找出哪类或哪个问题与系统组织的未来发展关系密切；所谓分析问题，是对某问题产生的原因和导致的后果进行分析和研究；所谓确定目标，是通过解释问题找到"实然"和"应然"之间的差距，确定创业组织今后向什么方向努力；所谓研究对策，是根据今后的工作目的研制多种实施方案，并在比较论证的基础上进行最佳选择。在发现问题时，需要创业者不被表面现象所迷惑，能准确敏锐地找出与创业目标关系最密切、实现的可能性最大的信息。分析问题则要求追本溯源，预想后果，切忌就事论事。确立目标必须比较利弊得失、分析有无可能和可能性的大小。至于制定各种对策和最后选择最佳方案，则需要以仔细的调查研究为基础。

　　创业决策可分为个人决策和集体决策、经验决策和科学决策、确定性决策和不确定性决策以及风险决策等不同类型。

　　所谓个人决策，并不是只有一个人参加决策活动，而是指决策方案的选择权控制在一人的手中，由一个人做出最后决定。集体决策是由两人以上的集体共同讨论、协商各类备选方案，最后以多数人的一致意见决定某一方案。集体决策是一种民主决策，而个人决策可能不是民主决策。如果决策者个人不广泛吸取专家们的意见、决策方案由个人制定，这就是个人专断，当然谈不上民主决策；而如果是在智囊团独立研究的基础上再由一人做出最后决断，也是一种民主决策。个人决策和集体决策各有优劣。个人决策的优点是决策程序简短快速、机动灵活，适用于环境变化太快或环境相当稳定的两种情况，缺点是受个人的主观局限，稳妥性不够。集体决策的优点刚好是对个人决策短缺的补充，因为人员较多考虑问题自然就会更全面。对创业中重大问题的决策最好采用创业组织核心层集体决策而不是进行个人决策。集体决策的缺陷是决策周期长、环节多、个人责任不明确，容易导致议而不决、互相推诿、延误时机的不良后果。无论个人决策还是集体决策，就选择决定某一工作方案而言，都只由少数人来承担，决策者只能是少数而不可能是多数，否则便无法决策。

经验决策和科学决策是两种比较典型的决策思维模式。经验决策是创业者主要依赖于经验对多种方案进行比较判断和选择，具有直观性和非定量性等特点。科学决策是创业者以创业相关理论为基础，运用逻辑的思维方法，对各种方案进行系统全面的科学论证，严格按科学的程序办事。随着时代的发展，经验决策的主导地位正在逐步下降，科学决策越来越广泛地被采用。科学决策必须以掌握事物发展的客观规律为前提，以严格的思维逻辑为基础，并借助于数学模型进行定量判断。但是，无论科学如何进步，人类总有未知的领域、未发现的规律。即使掌握规律，有时也不能达到定量把握的高度。因此，在创业中不能全凭科学决策，而仍须借助经验决策。特别是对于情况多变的学生工作，科学决策是难以解决全部问题的。这时，充分发挥创业者的经验、直觉、灵感、知识和胆略的作用，对于做好决策意义重大。

根据创业主体掌握决策信息的多少和实现创业目标的难易程度，创业决策还可划分为确定性决策、不确定性决策和风险决策。所谓确定性决策是指信息占有充分、因果关系明朗、对工作目标有十足把握的决策，这种决策很稳妥、无风险。如果信息占有极不充分，因果关系不明朗，对工作目标结果把握不大但又不得不进行决策，就是不确定性决策。这种决策所冒风险极大，在创业中很少使用。介于上述两种决策之间的决策模式就是风险决策。这里的所谓风险，即指决策主体不可能准确地预测到未来各种可能发生的情况。所谓风险决策就是分析各种可能性，拟出各关键变量的概率曲线，了解选择多类行动方案所冒风险的性质和大小，然后根据风险的大小和所冒风险的价值作出最后决策。风险作为一种客观存在，决策者是无法完全回避的。对待风险可以采取以下四种对策：一是风险太大，加以回避，转而选择风险较小的方案；二是风险太大，收益也很大，值得一试，不惜铤而走险；三是转移风险；四是尽量减少风险。当风险既无法避免又无法转移时，决策者应尽量设法寻找减少风险的措施，在选择方案时应考虑某方案有无减少风险的可能。选择何种对策，不仅取决于决策者对风险的概率测算，还取决于决策者的胆略、魄力和权限。比如，如果某个决策方案成功的可能占 60%，有的人敢于冒 40% 失败的风险选择它，而有的人则不愿冒此风险。这往往与不同创业者的性格有关。

通过对各种决策属性的分析不难看出：创业决策过程不仅是决策者认识客观可能性的认知过程，同时也是根据效益原则优选最佳决策方案的价值判断过程。决策思维既要尽量做到主观符合客观，要对各种可能做出准确的事实判断；又要使客观可能符合主观需要，选择投入少、效益大、风险小的创业方案。

三、创业的计划控制

计划作为广义决策的一个环节，是决策方案的具体化和秩序化。通俗地说，计划就是决策者为实施具体决策方案而对组织成员的各种活动所做的统一部署和具体安排。其作用在于使决策落到实处，将决策转化为可实施、可操作的行为依据，并以此对组织成员的行为进行定向控制。在创业实践中，决策和计划是两种基本职能。事实上，决策和计划是两个既有联系又有区别的范畴。一方面，决策中包含计划的因素，制定任何一种决策方案都离不开对如何实现组织未来目标的谋划和安排。如果没有一定程度的计划，决策就只停留在抽象的目标设定上，势必不成其为决策；另一方面，计划本身就是被选定的决策方案，或者说计划是被具体化了的决策方案。当创业处于决策阶段时，需要通过多种决策方案或较抽象的行动计划来表现决策者的想法。而当某一方案被选定并具体化后，就成为计划。决策是计划的根据和前提，或者说是偏重定性的计划；而计划则是决策的结果和升华，或者说是细密周详的定量化决策。

但是，计划与决策相比，又有质的区别。笔者认为计划的思维特征大致可以包括以下几点。

第一，具体性。决策思维与预测思维相比较虽有一定的具体性，但仍显得较抽象。决策方案对未来目标的设定和实现目标的方法步骤只能是大致的轮廓，计划则不同，计划是决策的实施方案，它不允许方案停留在一般的设想层面上，而必须对组织活动的全过程作出明确具体的规定。因此，计划所要求的不仅是关于组织未来目的和任务的说明，重要的还在于编制出实现这一目标所应采用的战略、策略、方法、步骤和时限。如果说被选中的决策方案仅仅勾画出组织未来活动的框架，那么计划则是在此框架内添加材料，使之成为可使用、可操作的行动模型。倘若计划停留在抽象的层面而不具体，就无法指导创业组织成员的行为。

第二，程序性。计划既然是组织成员完成创业目标的指南和依据，它就必须具有可操作的程序性。所谓程序性，是指事物进行过程中各类活动先后发生的顺序。计划的程序是指计划为组织成员和组织系统预先规定的各类工作顺序及其转换、前后衔接的原则。任何组织为实现某一工作目标，必须对组织行为在时间上加以合理分割并使之紧密衔接。如果不做阶段分割或分割不合理，或虽然分割合理但前后衔接不上，就将导致创业实践活动出现混乱局面。计划的一项重要任务，就是编制出合理可行、省工省时的工作程序，对先做什么、后做什么、各项工作花多少时间、投入多少人力物力以及前后阶段的工作如何衔接过渡等细节，尽可能做出明确详尽的规定。

第三，可控性。计划的可控性主要包括目标控制、预算控制、资源控制、时间控制和计划监督五项内容。所谓目标控制，就是根据计划确立的创业总目标层层确立各子系统的具体目标，制定创业组织各部门的分计划，使各部门处于具体计划的控制之下，从而保证总计划的落实和总目标的实现。预算控制是传统的一种常用的计划控制方法，是以数字形式将计划分解为各个部分，并通过制定与计划有关的预算表，限制执行计划中偏离计划的行为。资源既包括各类物质资源，也包括人力资源。资源控制就是按计划配给创业组织各部门必需的资源，防止资源分配不公造成的资源浪费和组织混乱。时间控制即对创业组织各部门的工作时间预先作出规定，并根据跟踪情况加以调整，使各部门协同工作、各阶段紧密衔接，从而保证计划在规定的时期内完成。计划监督是计划控制的重要方面，其主要做法是增大创业具体计划的公开性和透明度，树立计划的权威性，引导整个组织人人按计划执行，人人以计划相互督促，使计划转化为一种自觉的组织意识。

计划作为指导具体创业实践活动的依据，具有定向、指导、控制、调整以至创新等多种功能。所谓定向，是指计划为创业实践确定了明确的工作方向，规定了一定的任务；所谓指导，是指计划为创业活动规定了基本的操作原则和工作程序；所谓控制，是指计划对组织系统各要素的活动幅度、活动节奏以至时机时限起着限制作用；所谓调节，是指通过计划的相应变化或部分修改，对组织各部门的关系、系统的总体结构加以调适，以协同系统和谐有序地运作。

综上所述，创业意识在指导创业实践的过程中，分别表现为预测、决策、计划三种思维形态。预测是对创业实践多种发展趋势的大致估计；决策是通过深入的比较分析，逻辑论证并根据组织需要对多种可能性进行的判断和优选；计划则是将决策方案进一步具体化、程序化，使之成为可操作、可应用的活动规则及工作指令，以便引导组织成员的参与活动，这个过程既是思维由抽象而具体的升华进程，也是自主观而客观、从精神变物质的过程。

第三节　创新创业教育工作方法探索

方法是主体实现目的的手段，或是主体能动作用于对象性客体的各种工具的总称。无论是认识世界或是改造世界，人们都必须借助一定的物质手段或精神工具，离不开相应的方法。没有方法或方法不当，人们就寸步难行、一事无成。创业教育工作作为高校教育工作领域特有的一种对象性活动，自然也依赖一定的方法，这即是工作方法。不过，究竟什么是创业教育所需要的工作方法，不同方法之间有何联系与区别，以及如何正确选择和恰当运用众多的创业教育工作方法，是一个十分复杂的方法论问题，需要进行深入分析与探讨。

时代的进步和科学技术日新月异的发展，一些前人未知的领域和前人没有采用或无法采用的方法逐步被人认识，并运用于创业教育工作实践。正是这些伴随新兴科学技术产生的创业教育工作方法逐步被人类认识和运用，创业教育工作活动才跃升到一个新的水平，并日臻完善和富有时代特征。因此，研究现代条件下创业教育中的技术方法意义重大。本节将在对方法进行概括分析的基础上，进一步分析创业教育者应当熟悉和掌握的工作方法。

一、创业教育工作方法及其系统结构

创业教育工作作为一种特殊的教育实践活动，必然有其经常使用的工作方法。但是在如何认识和界定创业教育所需的工作方法的问题上，需要进行认真的探讨。

首先必须指出，创业教育工作方法不是创业教育工作活动中人们所采用的一切方法，而只是创业教育者在开展创业教育活动中涉及工作的方法，特别是创业教育工作中如何做好教学工作的方法。创业教育工作作为一种实践活动，是创业教育工作主体和创业教育工作客体的互动过程。在工作过程中，创业教育者和大学生都在活动，两者都有自己作用的对象，同时也都借助于一定的方法。那么，是否可以认为创业教育工作活动过程中人们所采用的方法就是创业教育工作方法呢？笔者认为这种观点是不正确的。因为，大学生在创业教育工作过程中虽然也在活动，但他们是在教师的引导下参与创业教育工作的。创业教育者的工作才是创业教育工作的重点，是引导大学生树立"三观"、提高创业能力的特殊实践活动。因此，只有创业教育者的行为方式才具有教育的属性，其方法才是严格意义上的创业教育工作方法。如果将创业教育工作过程中所有成员所使用的方法都看成创业教育工作方法，就会模糊创业教育者同大学生的关系。

创业教育工作方法既然是创业教育者进行创业教育工作所采用的各种工具和手段，说明创业教育工作方法是多种而不是一种。那么，创业教育工作方法究竟包括哪些种类？这些不同的方法彼此之间又有何关系？这就涉及方法的系统问题。因此，需要从哲学角度分析、研究、探讨创业教育工作的方法系统。

创业教育工作方法作为一个系统，是由多层次、多侧面的不同方法按照一定结构有机组成的。从方法的总体特征来分类，创业教育工作方法可以划分为创业教育者的认识方法和实践方法；按创业教育工作方法的普遍性程度，又可划分为哲学方法、技术方法和专业工作方法。关于创业教育工作的认识方法和实践方法，前文已有论述。本章重点介绍创业教育工作的哲学方法、一般方法和技术方法及其关系，揭示创业教育工作方法系统的一般特征。

所谓哲学方法，是指创业教育者运用某种哲学观点来研究、观察和指导创业教育工作活动的方法，它包括创业教育者如何理解创业教育工作的社会本质和一般规律，如何确立创业教育工作的最终目标和进行价值判断，怎样评价教师和大学生的能力以及两者的基本关系，怎样在宏观上把握组织和环境、团体和社会之间的关系，等等。总之，凡是涉及创业教育工作的根本路线、战略决策、基本原则和用人宗旨等重大问题，便需借助哲学方法，有关基本信仰的一系列思想价值的问题，也离不开哲学方法。这种方法具有最大的普遍性也最抽象，初看起来似乎不能直接解决创业教育工作中任何具体问题，因而常常被人们所忽视，似乎哲学与学生工作无关。实际上，创业教育者是摆脱不了哲学的，哲学左右着创业教育者的思维方式和行动路线，自觉或不自觉地影响着各种创业教育工作活动，甚至决定着创业教育工作的成败，为创业教育者提供了必不可少的方法论原则。

与哲学方法相关但又有所不同的另一类创业教育工作方法是一般方法。同哲学方法相比，这类方法没有哲学方法那么广的普遍性和形式上的抽象性，显得比较具体、容易操作，但与更具体的各门技术方法相比，它又具有相当大的普遍性，可以称之为一般方法。比如行政工作法、物质刺激法、行为控制法等方法就属于一般方法。因为各类创业教育工作都离不开行政命令、利益激励和行为控制，这类方法普遍适用于各类创业教育工作。再如进行决策的常规原则、用计划控制监督创业教育工作全过程的目标监管方法等，也因其在一定范围内具有通用性而成为一般方法。

创业教育者特别是基层创业教育者常用的创业教育工作方法是具体的技术方法。这里的"技术"不是指工程技术，不是人们常说的各种技术工具，而是指作为个体的学生工作人员进行创业教育工作的具体方法和技巧。技术方法是最具体、最易操作的方法，也是最直观、最丰富的工作手段。这类方法为创业教育者提供了明确的创业教育工作工具和具体的创业教育工作手段。

创业教育工作方法之所以是一个系统，正是由于创业教育者所采用的不是一种方法或一类方法。一方面，上述方法分属于创业教育工作的不同层次，各有自己的特点和功能，彼此不能取代。另一方面，上述方法又相互制约、相互影响、互为补充，综合运用于创业教育工作。哲学方法属于最高层次的方法，侧重于宏观决策和总体控制，多为高层创业教育者（如学校分管学生工作的领导）所采用；属于中间层的一般方法，因其通用性和一定范围的规范性，被部门创业教育者和中层创业教育者所采用。至于技术方法，因其具体而实用性强，主要是基层创业教育者采用的创业教育工作手段。当然这并不是说，高层创业教育工作人员只需要懂得哲学方法就够了，可以对一般创业教育工作方法和必要的技术方法一无所知；也不是说中层创业教育工作人员可以抛开哲学方法或基层创业教育工作人员无须掌握必要的一般方法和学会哲学方法；而是说不同层次的创业教育工作人员首先应当学会与自身工作关系最密切的主要方法，而且应该掌握其他方法，不能主次不分或平均使用力量，否则一样方法都掌握不好也使用不好。从创业教育工作主体群体来看，因为创业教育工作方法是一个系统，各类方法单独使用都不能发挥最佳的组织创业教育工作效用，只有三种方法兼用、互相配合，才能在大学生创业教育工作中发挥作用。这就要求各级创业教育者树立系统观念，既能熟练掌握某一种创业教育工作方法，又做到互通信息、上下配合；既注意克服方法上的单一化倾向，又杜绝不同方法的混淆和错位。

二、现代技术方法的类别和特征

现代技术方法是在现代创业教育工作中应用的各种现代数学方法、定量化方法和先进技术手段的统一体。广泛应用现代技术方法，是社会发展的客观要求，也是学生工作现代化、科学化、与时俱进的必然趋势。

随着社会发展和科学技术的进步，社会分工日趋精细，各部门之间的联系日益密切，影响学生工作的因素更加复杂多变，因而学生工作相关的信息量和工作量激增，对创业教育工作的要求也就越来越高。在这样的新情况下，除认真总结各种行之有效的传统学生工作方法外，还必须广泛应用适合于现代社会的技术方法，以便能更准确地描述和分析问题，深入研究各种因素多方面的数量关系，及时处理大量的创业教育工作信息，并对拟订的计划方案和政策规定进行科学论证。同时，由于现代数学、信息科学和系统科学等学科的产生以及电子计算机的广泛运用，也为现代技术方法在包括学生工作在内的各领域中广泛运用提供了必要的条件。

现代技术方法是按照现代社会发展规律和适应现代科学技术进步的客观要求，运用现代自然科学和社会科学的最新成果，对各种工作对象进行有效控制的一系列新技术和新方法。它是在继承和发展一般方法的基础上运用现代科学技术成果，经过不断探索、科学试验、精心优选逐渐形成的。同传统方法相比，创业教育工作现代技术方法具有以下三个明显的特征。

首先是系统性和择优性。一般说来，每一种现代技术方法都有内在的系统性，它包括明确的目标、一定的约束条件、达到目标的程序和方法以及信息反馈等，从而为科学地解决问题提供一定的模式或模型，使复杂的工作实现科学化。例如，在创业教育工作实践中，引进并建立数学模型进行求解的过程也是优化的过程。又如在一定的约束条件下，对多元学生工作目标选择最佳的组合方案，或在一定的目标要求下，对各种约束条件进行选择和组合，都存在择优的过程。

其次，现代技术方法使创业教育工作数据化，并能把创业教育工作的定性分析与定量分析密切结合起来。现代技术方法区别于传统工作方法的一个重要标志，就是使学生工作活动从定性分析发展为定量分析，从依靠经验判断转变为数理决策。因为建立数学模型，进行定量分析，可使创业教育工作任务进一步科学化，从而大大提高了创业教育工作系统的运转速度和工作效率。

再次，现代技术方法具有较大的通用性和关联性。现代技术方法应用的范围较广，在解决创业教育工作系统中复杂的实际问题时，各种方法可以相互补充，发挥多方法配套使用的整体功能。

现代技术方法的种类很多，这就要求创业教育者要针对不同的对象准确地选择合适的方法，避免方法的混用或错位。同时，各类技术方法又存在着相互联系、相互制约的关系。如果在创业教育工作中孤立地应用一种或几种方法，虽然也能收到某些成效，但有很大的局限性。为此，创业教育者在工作中，应努力使各种方法和技术相互补充，发挥各种方法的综合功能。在当代学生工作中，尤其是创业教育工作中，使用得比较多的方法包括系统方法、数学方法和预测方法。

三、系统方法

所谓系统方法，就是按照事物本身的系统性把对象放在系统的形式中加以考察和处理的一种方法。这种方法要求从系统的观点出发，始终从整体与部分、系统与环境的相互联系、相互作用、相互制约的关系中综合地、精确地考察对象，以达到最佳地处理问题的目的。其显著特点是整体性、综合性、动态性、开放性、环境适应性、最优化。

所谓整体性是指管理系统要素之间的相互关系以及要素与系统之间的关系都要以系统整体为主体进行协调，局部服从整体，使整体效果最优。在它的指导下，服务管理要从整体着眼，部分着手、统筹考虑、各方协调，达到整体的最优化。整体性是系统方法的基本出发点。它把整体作为研究对象，认为世界上各种对象、事件、过程都不是杂乱无章的偶然的堆积，而是一个合乎规律的由多种要素组成的有机整体。这一整体的性质和规律只存在于组织各要素的相互联系、相互作用之中；而不是各组成部分孤立的特征和活动的代数和。因此，这种方法反对传统工作事先把对象分成不同部分、分别加以研究然后综合起来，而是一开始就把对象作为整体来对待，以便从整体与部分的相互依赖、相互结合、相互制约的关系中揭示系统的特征和运动规律。从系统管理目标上分析，任何系统的局部目标和整体目标之间都存在着复杂的联系和交叉效应。大多数情况下，两者是一致的。有时，系统局部认为有利的事，从整体上来看并不一定有利，甚至有害。因此，当局部目标和整体目标发生矛盾时，局部利益必须服从整体利益，体现系统管理目标的整体性。从系统管理功能上分析，系统的整体功能不等于要素功能的简单相加，而是往往大于各部分功能的总和，即"1+1>2"。这种总体功能的产生是一种质变，它的功能大大超过各个部分功能的总和。因此，系统要素的功能必须服从系统整体的功能，体现系统管理功能的整体性。否则，就要削弱整体功能，从而失去了系统功能的作用。

综合性是系统方法的第二个特点。所谓综合性是指任何一个系统都是由许多要素为特定目的组合而成的综合体，在进行系统管理时，要把系统的所有要素联系起来，综合考察其中的共同性和规律性。它从两个方面对创业教育者提出要求：一是创业教育工作目标的综合，即要求组织系统各个部分必须围绕系统总目标开展工作，或者说要求一个组织的最高领导必须用组织总目标统摄各部分的分目标；二是创业教育工作过程各个部分功能的综合，即要求创业教育者对任何对象的研究，都必须从它的成分、结构、功能、相互联系和历史发展等方面综合地、系统地考察，以保证创业教育工作按组织总目标运行。同时系统综合性原理还提示学生工作关注两个问题：第一是系统可以分解，由于系统都是由许多要素综合起来形成的，因此，任何复杂的系统都是可以分解的。第二是综合可以创造新事物,现有的事物或要素通过特定的综合可能生成新的事物和系统。"量的综合导致质的飞跃"正是基于这一规律。

　　动态性是系统方法的第三个特点。所谓系统动态性,是指系统作为现实生活中的一个有机体,其稳定状态是相对的,运动状态则是绝对的。因此,根据状态属性对系统的划分,静态系统是相对的,也是动态系统的极限状态。系统不仅作为一个功能实体而存在,而且作为一种运动而存在。在动态性的指导下,可以预见创业教育工作系统的发展趋势,树立超前的管理意识,减少偏差,掌握主动,使系统向期望的目标顺利发展。创业教育工作系统动态性主要体现在系统管理要素的动态性和系统管理功能的动态性两种形态。创业教育工作系统要素的动态性表现在两个方面。一方面,创业教育工作系统要素之间存在着纷繁复杂的联系,这种联系就是一种运动。系统要完成功能输出,需要内部要素相互作用、相互影响,形成一定的输出模式,这个过程本身是动态的。另一方面,创业教育工作系统管理要素与环境的相互作用是一种运动。由于现实生活中封闭系统是相对的,开放系统则是多数,因此,系统与环境之间会存在信息、能量或者物质的交换活动,这个相互作用过程也是动态的。创业教育工作系统管理功能的动态性主要表现为:创业教育工作系统的功能是时间的函数,是随系统要素状态的变化、环境状态的变化、各要素之间联系以及要素与环境间联系的变化而变化。

　　开放性是系统方法的第四个特点。所谓系统开放性是指在非理想状态下,不存在一个与外部环境完全没有物质、能量、信息交换的系统。即所有的系统都是开放性的,在创业教育工作中,任何试图把系统封闭起来与外界隔绝的做法,都只会导致失败。系统管理的开放性源于系统本身的耗散结构。任何有机系统都是一个耗散结构系统,只有与外界不断交流物质、能量和信息,才能维持其生命。并且只有当系统从外部获得的能量大于系统内部消耗散失的能量时,系统才能不断发展壮大。所以,对外开放是系统的生命。在系统开放性理念的指导下,学生管理者应当充分估计外部对系统的种种影响,努力通过开放扩大系统从外部吸人的物质、能量和信息,做好创业教育工作。

　　环境适应性是系统方法的第五个特点。所谓系统的环境适应性是指系统不是孤立存在的,它会与环境发生各种联系,只有能够适应环境的系统才是有生命力的。同时,系统对环境的适应并不都是被动的,也有改善环境的能动行为。如构成社会系统的人类具有改造环境的能力,没有条件可以创造条件,没有良好的环境可以改造环境。这种能动地适应和改造环境的可能性,受到一定时期人类掌握科学技术、知识和社会经济发展水平等因素的限制。在系统的环境适应性理念的指导下,创业教育者进行创业教育工作决策时既要清醒地认识系统本身的局限性,又要把握一切能动地改变环境的机会,实事求是地做出科学的判断和决策,设计出有利于学生素质提升的工作方案。

　　最优化是指运用系统方法进行创业教育工作所能达到的最佳效益。根据需要和可能,系统方法可以为系统定量地确定出最优目标,并运用最新技术手段和处理方法把整个系统分成不同等级和不同层次结构,在动态中协调整体与部分的关系,以使部分的功能和目标服从系统总体的最佳目标，达到总体最佳。

从以上六个特点的分析中可以看到，系统方法是一种立足整体、统筹全局、使整体与部分辩证地统一起来的科学方法，它将分析和综合在现代科学技术的基础上有机地结合起来，并运用数学语言定量地、精确地描述对象的运动状态和规律，为运用数理逻辑和计算机软件来解决创业教育工作中的复杂系统问题开辟了道路。

在创业教育工作过程中，运用系统方法应遵循以下几个基本步骤：

首先，确立目标，搜集信息。目标是运用系统方法所要达到的目的，根据具体情况，目标可以是明确的、定量的，也可以是粗略的、定性的。确定目标既要从单项目标入手，注重单项目标的可行性和最优化，又要将各单项目标放在总目标的现象中进行考察，把落脚点立在整体系统的目标上。为了达到系统方法追求的目标，还要按确定的目标搜集信息。收集信息主要包括三项内容：一是进行实地调查，直接掌握情况。二是广泛收集材料，并按目标要求对有关情况进行筛选。三是对筛选过的情况作单项分析，包括定性和定量分析，得出一些性能指标和参数。这些指标和参数，或称信息数据，是系统分析的基本根据。

其次，建立模型，拟制方案。这是系统方法的主要部分。建立模型，就是将搜集得来的有关信息因素按一定关系结构组合成一定的模型，用以反映系统活动所要耗费的人力、物力、时间和系统诸因素在系统活动中的作用方式。模型建立后，再以系统活动的各种效益为指标进行综合性比较、评价，然后选择拟定最佳方案。系统模型可能是定性的，也可能是定量的，也可能是定性与定量相结合的。

最后，对方案进行评估检验。建立模型拟制方案之后，还要对方案进行检验评估，分析方案的可靠程度或风险程度。这是因为任何事物都受到随机性干扰，随机干扰是人们在现有知识水平上尚无法认识或无法确定的事件。例如自由垂直下落的物体在千秒之内所经过的距离 $S=1/2gt^2$（g 为重力加速度），本来是确定性模型。但下落物体要受到空气阻力，而且有随机性的气候（风）干扰，由运动方程计算的下落距离只能有百分之几十的可靠程度。这就要求对方案必须进行评估检验，以确定方案的把握度和风险度（两者之和为 100%）。如果超过了风险标准，就修改目标，重新制定方案，直到实现最优方案。

现代社会活动规模大、因素多、关系复杂，如果照抄过去那种条块分割、分兵进击的传统方法进行学生工作，势必造成人力、物力、财力和时间上的巨大浪费。

系统方法改变了创业教育工作主体的思想方法，给整个创业教育工作方法论带来了深刻的革命性变化。系统方法可以使创业教育者对创业教育工作的研究方式从以个体为中心过渡到以系统为中心，从单值地过渡到多值的，从线性地过渡到非线性的，从单一测度地过渡到多测度的，从主要研究横面关系过渡到综合研究纵横面关系。这些变化，不仅改变了创业教育工作的图景，改变了学生工作的知识体系，同时引起了创业教育工作主体世界观和方法论的深刻质变。

四、数学方法

数学本身不是目的，而是一种工具和手段，这在应用数学方面表现得特别具体而清楚。因为应用数学就是为设法解决各种具体科学课题而产生的数学工具，是为某一具体科学提供适当而有效的数学方法的学科。

数学方法有以下几个主要特点。

第一，抽象性。现实对象是复杂具体的，每一事物无一不是质和量的统一体。这样的现实对象如果不经过科学抽象，人们便无法在思想中对其加以把握。而数学把量及其关系从现实对象中抽取出来，就摆脱了现实对象的各种具体的复杂形态，从而大大简化了研究对象，使我们可以在纯粹量的关系上来研究对象，以揭示对象的数量关系和过程。

第二，精确性。数学具有逻辑的严密性和结论的确定性。数学推导是严格按照一定的规则进行的，只要前提正确，那么，由数学的内在逻辑所推出的结果本身具有毋庸置疑的确定性。爱因斯坦说：数学方法受到科学家的特殊重视，一个理由是它的命题是绝对可靠和无可争辩的。"还有另一个理由，那就是数学给予精密自然科学以某些程度的可靠性，没有数学，这些科学就达不到这种可靠性。"运用数学方法，对客观事物中各种质的量以及量的关系、量的变化进行推导和演算，能够使现象及其过程得到精确的定量描述。所以，数学方法也是决策最优化的可靠工具，利用数学模型对几种可能的方案进行推导和演算，就能从数量上进行精确地比较，帮助人们选择最优的方案。

第三，普遍性。数学对象的普遍性决定了数学方法的普遍性。数量及其关系是各种事物所具有的共同特征。任何事物既存在质的方面，又存在量的方面，没有质的事物固然不存在，没有量的事物也不存在。既然任何事物都是质和量的统一，那么从可能性来说，任何领域都可以应用数学和数学分析，大学生创业教育工作自然也不例外。

数学作为数量结构科学，数学方法的普遍性还反映了异质同构现象的存在。就是说，不同质的事物和系统可以存在着同样的数量关系，而同样的数量关系又可以反映不同的物质存在形态和不同的物质运动过程。

数学方法可以应用于各门科学，这是就原则和理论来说的，要把这种原则和理论上的可能性变为现实，需要人类不断的探索。科学和社会发展的历史表明，进行质的定性分析相对来说比较容易，而进行定量分析就比较困难。近代科学产生以后，数学方法首先在力学和物理学中得到了广泛的应用，尔后是化学。目前，数学方法在社会科学某些领域中也开始得到应用，比如运筹学（优选法、统筹学、规划论、对策论等），数学在一些社会科学（特别是经济学）中正在显示出它的作用。

随着现代科学的不断进步，数学方法也开始应用于大学生创业教育工作。在数学方法的参与下，部分创业教育工作就可以是用数学模式程序来表示计划、组织、控制、决策等合乎逻辑的程序，求出最优的答案，从而达到目标。

此外，计算机还为数学方法应用于大学生创业教育工作开辟了新天地。它不仅可以协助创业教育者对大学生创业教育工作活动的全过程进行宏观的调控，提高大学生创业教育工作跨度，而且适应高速发展的现代社会的需要，使大学生创业教育工作高速化、精确化。当然，随着大学生创业教育工作的发展，人们对现代创业教育工作各个层次的认识越来越深入，反映到创业教育工作的认识手段和方法上，就比以往任何时候更加需要多种方法协同发展。

五、预测方法

所谓预测是指对于客观事物未来发展状况进行分析、估计、设想和推断。预测并不神秘，事实上，人们时时处处都在作出预测判断，例如出门需注意天气的变化，预定乘车路线等。总之，要实施一个有目的的行动，都必然会有一个对未来的考虑过程，这个过程就包含预测。日常生活中的预测一般比较简单，较易执行。但对创业教育工作活动来说，预测的内容就复杂多了。

科学的预测，应通过对客观事物的历史和现状进行科学分析和调查研究，由过去和现在推测未来，由已知推测未知，从而揭示和预见事物未来的发展趋势和变化规律。科学的预测不是随意猜测，而是在正确理论的指导下，对客观事物进行深入分析、并运用现代先进的预测技术，进行系统的研究。

第一种方法，专家评估法。即组织有关领域的专家运用专业方面的经验和理论，研究预测对象的性质，对过去和现代发生的问题进行综合分析，借以对学生工作未来的发展远景进行判断。专家评估法主要包括个人判断、专家会议和德尔菲法（即专家意见法）等。个人判断一般指专家权威凭个人经验和知识才能做出预测。专家会议即依靠专家集体智慧做出预测。德尔菲法是由美国兰德公司首先采用的一种方法，又称专家调查法，这是采用书面的形式征询各个专家的意见、背靠背地反复多次汇总与征询意见，最后得出一个比较一致的预测意见。

第二种方法，预兆预测法。这是通过调查研究前超现象推断后继现象的一种预测方法，它是因果联系最敏捷的发现形式。预兆预测法的关键，是准确掌握后继现象与前超现象之间的种种联系，特别要注意两者的内在联系，排除偶然性。有时只知道两者相随发生，并不知道其内在联系，这种预测便是不可靠的。只有密切注意两种现象相随的再现率，并通过思考以发现二者之间的本质联系，才能确定引起后继现象的前超现象，从而对将来的发展趋势做出正确的预测。

第三种方法，时间序列预测法。时间序列也叫时间数列，是将某种统计指标的数值按时间先后顺序排列而形成的数列。时间序列预测法，就是通过编制和分析时间序列，根据时间序列所反映出来的发展过程、方向和趋势，进行类推或延伸，借以预测下一时期或以后若干时期可能达到的水平。时间序列预测的内容包括：收集整理某种社会现象从过去到现在的历史资料，编成时间序列，按各种可能发生作用的因素分类（长期趋势、季节变动、循环变动、不规则变动），分析时间序列，从中寻找该社会现象随时间变化而变化的规律，得出一定的数学模式，并以模式去预测该社会现象的未来情况。

第四种方法，回归分析法。即研究引起未来状态变化的各种客观因素的相互作用，找出各种客观因素与未来状态之间的统计关系的方法。这是一种依据事物间的因果性原理，用数学工具建立的预测方法。在随机事件中，某些变量之间存在着一定的依赖关系，一个变量的变化引起另一个变量的变化。当人们能够准确地发现这些变量之间的数量关系时，就表现为函数关系；难以准确地确定其数量关系时，就只能通过对大量数据的分析，找到某种相关性关系。为了定量地把握事物的因果规律，需要通过回归分析的中介，使相关关系转化为函数关系。回归分析，就是根据大量统计数据来近似地确定变量间的函数关系，即定量确定相关因素间的规律和方法，它可以用来预测未来。

第五种方法，类推法。类推法至少是在两个事物中进行的，一个作为模型出现，另一个作为被预测事物出现，前者称为类推模型，后者称为类推物。类推法的本质是把类推物与类推模型进行逐项比较，如果发现两事物间的基本特征相似，并且有相同的矛盾性质，就可用类推模型来预测类推物。

预测的程序一般有以下几个步骤。

首先，确定预测目标和任务。预测目标指预测所要达到的目标，实际上就是确定未来事物质的规定性和量的规定性，或者是二者的统一。预测总是为一定的目标和任务服务的。创业教育工作的目标和任务决定了预测的目标和任务。目标清楚，任务明确，才能进行有效的预测。

其次，输入预测信息。预测结果的准确性取决于未输入信息的可靠程度和预测的方法的科学性。预测所需的资料有纵向资料，也有横向的资料。对于已占有的资料要进行周密的分析检验，检验其可靠性，并通过分析去粗取精，去伪存真。还要检查统计资料的正确性与完整性，不够正确的要作适当的调整，不够完整的要填缺补齐。

再次，预测处理推断。预测处理推断，是指根据预测资料，运用一定的逻辑推理方法，对事物未来发展趋势进行预计和判断。这是预测的关键环节。在实际工作中，我们可应用的预测方法很多，具体选择什么方法应依据预测目的和预测对象的特点、资料占有情况、预测经费以及预测方法的适用范围等条件来决定。

最后，输出预测结果。它包括鉴定预测结果和修正预测结果两个内容。预测毕竟是对未来事件的设想和推断，由于收到资料不足、方法不当及人们认识的局限性等因素的影响，故而容易产生预测误差。误差越大，可靠性就越小。因此必须对预测结果进行鉴定，并对误差大小做出估计。分析误差的目的，在于观察预测结果与实际情况偏离的程度，并找出发生偏离的原因。输出预测结果是预测程序中最后的一个步骤，它既是通过修正预测结果，使之更符合客观实际情况的过程，又是检查预测系统工作情况的过程。

科学预测方法在大学生创业教育工作中具有关键性的作用。从决策程序来看，不论是确定决策目标阶段，还是优选决策和追踪决策阶段，都是离不开预测的。看不准未来的发展趋势，就不能确定决策目标；没有预测作为依据，决策就是冒险的、不可靠的；

如果没有预测的可靠根据，就有可能造成再次失误。从预测科学的角度来说，没有预测的决策违背了"时机原则"，是根据不足的决策，亦即时机不成熟的决策。当然，最好的科学预测也绝不会是绝对可靠的，它只能是一种有科学根据的最大概率；但对于决策来说，这已经很好了。

加强预测能力是提高创业教育者应变能力的重要一环。随着科学技术的迅猛发展，特别是现代化通信工具、信息技术、计算机的应用，使创业教育者面对一个瞬息万变的世界，需要对各种不同的事物开展预测，提高应变能力，对于各种不同的可能性作出不同的预测判断。另外，加强预测也是提高工作效率和经济效益的迫切需要。

六、心理调适激励方法

创业教育是一个全方位的工作，因此要求创业教育者在运用"技术"方法的同时，还必须洞察大学生的心理活动和思想情绪，学会运用心理沟通和思想激励等心理方法。

1. 心理沟通与心理调节

在创业教育工作中，人是起主导作用的因素。充分调动大学生的积极性和创造性是创业教育工作的一个重要内容，而要解决这个问题有时便需借助心理学。在创业教育工作中运用心理学方法，就是从改变大学生的精神状态入手来调动大学生的积极性和创造性，使每名参与创业学习的大学生都能在活动中得到一定的心理上的满足，进而实现创业教育工作的目标。

这里所说的心理沟通与心理调节，就是在创业教育工作中创业教育者经常运用的两种工作方法。其中，心理沟通侧重于对大学生的心理疏导，而心理调节侧重于启发大学生学会心理的自我调控。

(1) 心理沟通在创业教育工作活动中的作用

正确的心理沟通有助于师生之间交流思想、彼此了解，消除分歧和误解，做到互相信赖、统一思想，以加强群体意识，发挥整体效应。心理沟通在创业教育工作活动中有如下几个方面的作用。

第一，心理沟通是实现创业教育工作目标的保证。创业教育工作中许多活动都是以沟通为基础的，例如实践教学环节过程的指挥和协调，都必须借助于心理沟通来实现。

第二，心理沟通是加强思想工作的重要手段。为了使学生在创业实践中树立正确的"三观"，创业教育者必须通过各种沟通形式，向广大学生宣传正确的理念，使之在学生中产生心理共鸣，达到理解和认识，从而使创业教育者的思想转化为每个大学生的实际认识。

第三，加强心理沟通有助于提高工作效率。要提高创业教育工作效率，创业教育者自身的品德、责任心和工作作风等主观因素很重要，同时，还需要保证沟通渠道顺畅。因此，只有加强创业教育者与大学生的心理沟通，建立多形式、高效率的沟通渠道，才能使信息通畅，实现提高创业教育工作效率的目标。

心理沟通非常重要，创业教育者要提高沟通水平，首先要提高自身业务水平。具体来说要做好如下工作：提高创业教育者的思维水平，保证心理沟通的效果；提高想象力，设身处地为大学生着想，以便引起共鸣，使大学生积极接受沟通的内容；提高记忆力，保障传输和接受各种信息及时、准确；养成良好的沟通习惯，集中注意力，稳定情绪，端正态度，确保与大学生的沟通顺利进行。

(2) 心理调节在创业教育工作中的作用

所谓心理调节，简单地说，就是人与人之间在心理上的协调、沟通、交流、转换与平衡等。创业教育工作活动中的心理调节，是指通过调整、调解、疏通等手段，缓解心理压力，消除心理障碍，使之树立信心、相互配合，朝着预定的方向前进，从而顺利地完成任务。具体地说，心理调节在创业教育工作活动中有如下两方面的作用。

第一，凝聚指向作用。要实现创业教育工作的预定目标，创业教育者必须做到心理相容、凝聚成团。良好的心理调节是使人们活动的动机，指向共同目标的心理保障，可以使各个方面的人员在心理上贯通一气、彼此配合，以使整个组织有计划、有步骤地为实现特定的目标而努力工作。

第二，节约增效作用。良好的心理调节可以减少创业教育工作组织成员因心理失衡和彼此间心理防范造成的各种内耗，从而用较少的人、财、物和时间办更多的事，避免各种无形的浪费。良好的心理调节还可以提高创业教育工作的质量，达到不增人而增效的目的。

客观世界千变万化，充满着矛盾和冲突。心理平衡也只是相对的、暂时的。环境总是在发展变化，身处其中的人必须不断地调整心理状态才能达到新的平衡。心理平衡是一个动态的平衡，随着环境的不断变化，心理平衡也不断地被打破。心理平衡被破坏是否会引起心理障碍，关键在于能否及时调整心理活动，及时建立新的平衡，以适应环境的变化，维护心理健康。

实践证明，心理平衡是可以通过调节来实现的，这是因为人的心理活动、情绪和行为方式都受大脑皮层神经活动的支配，而大脑皮层的兴奋和抑制是可以调节和转换的，特别是通过有意识的锻炼，可以使大脑皮层的活动趋向健全。心理活动常常是由外界环境刺激而引起的，外界环境条件变了，心理活动必然也会随之改变。根据心理学理论，宣泄、转移、升华等都是调节心理平衡的有效途径，但遇到具体问题的时候，创业教育者可以根据具体情况指导大学生进行心理调节，选择调节方法。具体可以按照如下几种情况选择调节方法。

第一，在创业的征途上，并不都是一帆风顺的，每个人在前进的道路上，都会遇到困难、阻力所造成的挫折。在大学生面对挫折时，创业教育者应该帮助、开导受挫大学生，教育他们树立正确的挫折观。首先，可以告诉大学生在感情上要承受挫折，正视现实，事情已经这样，就不会成为别的样子，要勇于面对现实，平心静气地接受已发生的事情。其次，要让大学生相信"失败是成功之母"，从失败和挫折中总结经验教训，才会

121

使人变得聪明起来。在事业上要想做出一点成就，必须要有不怕失败和挫折的顽强拼搏精神。最后，用"退一步"的方法来减轻大学生的心理压力。在犯了错误之后如果能这样想，心理压力就会减轻。只有这样，学生将来面对创业实践中的挫折才不会不知所措。

第二，大学生由于各人兴趣、爱好、性格不同，在教学环节、尤其是在创业模拟环节，彼此之间不可避免地会发生矛盾和冲突。在这种情况下，创业教育者应该教育大学生注意克制，树立正确处理矛盾的方法。首先要教会学生理智、克制和忍让，要有意识地强行克制自己，促使冲突气氛转变。争吵时，只要一方做出让步，另一方激烈的情绪就会很快平复。因矛盾、冲突带来的烦恼、紧张情绪也会随之缓解。其次，要努力想办法使当事学生离开现场，使其慢慢恢复平静，然后冷静思考，找出解决问题的办法，消除矛盾、处理冲突。最后，要提倡宽容，以求得心理相容，即要大学生学会心理置换，设身处地为别人着想，求得和别人心灵相通，增加相互了解和谅解。这样，很多矛盾都会在大度相容的心境下得到很好的解决。

第三，当大学生遭到失败、挫折后，情绪往往十分激动，如果任其发展下去，势必酿成不可收拾的局面。这种情况下，创业教育者应积极做好大学生的思想工作，晓以利弊，使之树立从长远处着眼、不要被一时的挫折所打败的思想观念；还要教给大学生一些方法，使学生学会解脱。首先，引导学生向教师或朋友倾吐出来，痛痛快快地宣泄，这样，学生就会感到卸掉了一个沉重的包袱，心里就会觉得轻松许多，同时可以从朋友的劝告中得到支持与安慰。其次，自然分心。在情绪剧烈波动时，不要让学生沉湎烦恼痛苦的事情，而要分散学生的注意力，有意识地做些使心情平衡而愉快的事，使怒气和烦恼逐渐消失。

2. 精神激励

创业教育工作中的心理调适方法不仅包括上述的心理沟通和心理调节，还包括多种激励手段。所谓"激励"，是指创业教育者借用各种手段去激发学生的学习热情，具体而言，是指创业教育者运用一切有效的手段，去改变大学生的心理状态，激活他们潜在的主动性和创造性，引导学生自觉地投入到学习和学生活动中，以完成预定的目标。激励的手段和方法多种多样，但依据激励手段的性质来分类，激励大致可以划分为物质刺激（物质激励）和精神激励两个大类，虽然物质刺激能够满足人的物质需要以激起人的热情，在现代社会中使用得很多，但单纯的物质刺激存在明显的局限性，因为人不仅有物质生活还有精神生活，不仅需要满足其物质欲望，还需要满足其更高与更丰富的精神追求。同时由于创业教育工作属于学校教育范畴，因此创业教育工作中应把精神激励作为主要方法和手段。

实行精神激励的第一种方法是增强学习兴趣。兴趣是个人对客体的选择性态度。人的学习过程总是伴随着一种积极的情感体验。当人对某一事物或行动感兴趣的时候，就会感到喜爱和满意，集中精力于感兴趣的对象。而对学习感兴趣就会热爱学习，在学习中充分发挥主动性和创造性。概括起来，增强学习兴趣可以从三个方面入手：一是改善学习条件，在不影响教学效果的前提下，对教学内容进行必要的重新组合，尽量使学习内容丰富些；二是增强对学习意义的理解，使学生了解自己学习创业知识的社会意义，看到自己的学习成果及其社会价值，培养学生的学习兴趣。三是尽可能根据个人特点安排学习，力求学习安排适合其性格、知识、愿望、特点，并调整不适当的学习安排。

实行精神激励的第二种方法是精神表彰。通过表彰对积极行为起强化作用，对消极行为起弱化作用。要做好表彰工作需要注意如下几方面的问题：第一，通过调查研究准确掌握精神表彰对象，弄清楚哪些人应该表扬，哪些人不应该受表扬，保证表扬的严肃性。第二，精神表彰要及时。及时表扬才能发挥表扬的最大功效，增强大学生对表扬的重视。第三，精神表彰要注意场合，要弄清楚哪些事情应该公开表扬，哪些在一定范围内表扬，哪些在若干人面前表扬或单独夸奖几句。第四，精神表彰要具体，被精神表彰的人要具体、事要具体，越具体越生动，越有感召力。第五，精神表彰要讲究语言艺术，要热情、诚恳，有感染力，同时要掌握分寸。

除上述几方面外，整个学习集体的精神状态对每个大学生的行为也有很大的影响。和谐的精神状态可以使大学生获得安全感、归属感、自豪感和集体荣誉感，乐于参与集体组织开展的活动，并为活动圆满成功积极努力。

因此，创业教育者要善于用精神激励方法制造一种良好的气氛，使每一个大学生都生活、学习得愉快、舒畅，达到学习集体内相互激励的目的。

第四节　创业者创新思维能力提升策略

国家在提出推动创新创业理念的时候，是把创新创业作为关联概念提出的。然而，在以往的创业教育实践中，往往忽视创新能力的培养，使得创业者创新能力不足，进而影响创业实践活动的可持续发展。因此，本节将简单介绍提升创业者创新能力的对策。

一、创业者创造创新能力概述

在学术界，创造、创新两个词具有不同的含义。因此，必须首先分析创造、创新的区别。

英文的"创造"一词是由拉丁语"creare"一词派生而来。"creare"的大意是创造、创建、生产、造成。它与另一个拉丁词"cresere"（成长）的词义相近。在《旧约全书》的《创世记》中有"上帝在一切不存在的情况下创造了天和地"。因此，从词源上分析，创造的含义是在原先一无所有的情况下，创造出新东西。创造特别强调独创性。然而，任何创造都不是无中生有，而是在前人创造的基础上有所突破，所以要论创造二字的含义，中国语言中的创造更贴切实际。根据《词源》的解释，"创造"是由两个字组合而成的，"刌"的主要意思是"破坏"和"开创"，"造"的主要含义是"建构"和"成为"。所以"创"和"造"组合在一起，就是突破旧的事物，创建新的事物。

创造是各式各样的，时时处处都可以有创造。如科学上有发现，艺术上有创作，方法上有创新，技术上有发明。"唯创必新"是创造的根本特点。

美国创造心理学家 I. 泰勒曾提出划分"创造五层次"的著名观点。具体内容如下。

①表露式的 (expressive) 创造：意指即兴而发、但却具有某种创意的行为表现。例如，戏剧小品式的即兴表演、诗人触景生情时的有感而发等，其创造水平或程度一般即属于这一层次。儿童涂鸦式的画作有时很有创意，其水平亦属此层次。

②技术性的 (technical) 创造：意指运用一定科技原理和思维技巧以解决某些实际问题而进行的创造。如"把素材按新的形态组合产生出新事物"，或"某种旧的结合解体，新的结合重新产生"。

③发明式的 (inventive) 创造：意指在已有的事物基础上，产生出与以往曾有过的事物全然不同的新事物的创造。例如；爱迪生发明的电灯，贝尔发明的电话，等等。

④革新式的 (innovative) 创造：意指不仅在旧事物基础上产生了新事物，而且是在否定旧事物或旧观念的前提下造出新事物或提出新观念的"革旧出新"的创造。技术史上出现各种新工具以代替旧工具，科学史上发现新定律以替代旧定律等。

⑤突现式的 (emergentive) 创造：意指那种与原有事物无直接联系，看似"从无到有"地突然产生出新观念的创造。我们可以说，各学科领域荣获诺贝尔奖的重大科学发现，均应属于这一层次的创造。

第一个明确地阐述创新概念的是美籍奥地利经济学家熊彼特。他在 1912 年发表的《经济发展理论》一书中，提出创新是经济生活内部生产要素和生产条件的新的组合，并指出创新有五种存在形式：(1) 引入一种新产品或一种产品的新质量；(2) 采用新的技术或新的生产方法；(3) 开辟新的市场；(4) 获得原材料或半成品的新的供应来源；(5) 实现企业新的组织形式。

在熊彼特的创新概念中，技术创新是其关注的重点，制度创新也只关注于企业内部组织结构。因此，熊彼特提出的创新只是创造的一部分。中国现代创造学研究是从陶行知创造教育研究开始的。1918 年，陶行知在《试验主义教育方法》等论文中，提出了改革教育的创造教育思想。20 世纪 80 年代初期，学术界开始在创造工程、创造技法引进等方面开展研究。20 世纪 90 年代，国家开始推动创新工作。20 世纪 90 年代中后期，技术创新概念替代原来使用的技术革新。而后，创新概念被技术、经济领域以外的领域使用，与熊彼特最初提出的概念的外延已经区别很大。因此，共青团组织开展"引航"工作时，需要提高的主要是创造力，而后实现创新。

分析创新的类型就需要从创新实践的主体出发来探讨问题。根据创新工作主体之间的不同关系，创新可以分为：自主创新、模仿创新和合作创新。

自主创新是指创新者依靠自己的知识和能力，在工作上取得突破，提出或使用某种工作方法或开展某项活动。自主创新又可分为原始创新和一般自主创新。尽管全球化正在推进，国内外高校交流的机会逐步增多，但是高等教育工作还没有成为统一的主体，在创业教育工作中，具体的高校或校内部门仍然是主体的主要形式。每所高等院校的利益是相对独立的，每所高等院校内部的群体和个人的利益也是独立的，新的创业教育经验的扩散和普及一般都会有一段时间延续性，而且往往遭遇到因学校情况不同导致的"水土不服"。因此，创业教育工作创新在现有社会的条件下，不一定是原始创新，即原创出具有自主知识产权的工作方法、理念创新，还包括一般自主创新。它的成果可能在全国范围内不属于原创，但是在一种类型的高校（例如"985""211"，普通一、二、三类本科）范围内是首先出现的。从严格意义上来说，一般自主创新不具有原创性，但它在现有社会发展阶段，对于一所具体高等院校来说是有意义的，它可以根据本校情况，提出适合自身类型的首创性方法。创业教育工作中的原始创新具有根本性和原创性，最能代表一个地区的创业教育理论与实践研究水平。大批的原始创新成果的出现往往可以书来一个地区的创业教育理论与实践水平的飞跃式发展。

模仿创新是创新者在所引进的原始创新或一般自主创新成果的基础上进行的一种创新。它不是简单的模仿，它需要对引进的新方法和理念进行消化和吸收，并在此基础上进行再创造，改进或重组原有方法，以达到突破性的效率和效果。模仿创新可以迅速提高创业教育工作效果，实现创业教育工作进步的捷径，不但节约了时间，而且节约了先期理论研究的人力和物力资源。因此模仿创新是层级较低的高校采用最多的创业教育工作创新方式。但是要想成为同层级高校创业教育工作领域真正的领先者，模仿创新就具有局限性。

合作创新，是指创业教育者与校内外各层次主体之间以各种组合方式的联合开展的工作创新。在全球化和知识经济的时代条件下，合作创新的必要性和优势越来越明显。随着全球交往和生产的国际化，教育工作领域的研究实践水平不断提高，高等教育涉及的问题越来越复杂，单一主体很难应对这种局面。为了实现做好创业教育工作、提高大学生创业能力的共同目标，不同的创业教育主体往往采取合作创新的战略。合作创新实现了资源共享、优势互补，节约了时间和投入，减少了失误和风险。在开展合作创新时，首先需要明确合作目标、合作期限和合作规则，划清各自的权利义务，这样才能避免主体之间的利益矛盾，使合作顺利进行，达到预期效果。

通过上面的分析，不难发现创新对创业教育工作意义重大。如何提高创业者的创新能力就成为一项重要工作。笔者认为要实现这样一个目标，创业教育者首先要破除传统观点中关于创造认识的几个误区。

第一，在传统的观点中有一种观点认为：创造是一种天赋，无法教授。这种观点的最大作用就是可能使人认为创造力开发是没有意义的。中外种种成功的例子证明了这种观点的局限性。但是，这种观点的支持者仍然会从一些在人类历史上做出卓越贡献的创造型天才、尤其是那些在自己擅长的领域中作用突出的成功者的例子中找到佐证，莫扎特、爱因斯坦或米开朗琪罗都成为他们的好例子，进而说明对人类历史产生重大影响的天才们是没法制造的。应该注意的是，数学能力、艺术表达能力乃至运动天赋都有各种有用的级别，即使在缺少天才的时候也是如此。就像一组人参加百米比赛，发令枪响后，比赛开始，必然有的人跑得最快，有的人跑得最慢。他们在比赛中的表现依赖于天生的奔跑能力。现在，假设有人发明了自行车，并让所有赛跑者进行训练。比赛改为自行车比赛再次开始，每个人都比以前运动得更快。但是，有的人仍然最快，有的人仍然最慢。如果我们不为提高人类的创造力做任何努力，显然个体的创造能力只能依靠天赋。但如果我们为被训练者提供有效和系统的训练方法，就可以提高创新能力的总体水平。有的人仍然比其他人好，但每个人都可以学会创造技能，提高自己创造性解决问题的能力。"天赋"和"训练"之间根本不存在矛盾。每位教练员或教师都会强调这一点。事实上，学习创造学理论与方法和学习其他知识之间没有什么区别。一方面，教学可以将人们培训成有创造能力的人，另一方面，受教育者已有的天赋可以通过训练来提高。因此可以认为"创造无法学会"的观点现在已经站不住脚了。创造力具有"可教性"和"不可教性"。天赋是无法训练的，但训练可以激发潜能。也许创业者学习创造学理论不可能训练出天才，但是很多有用的创造并不是天才的功劳，要提高全体创业教育工作者和被教育者的能力，学习创造学理论工作必不可少。

第二，在传统的观点中另一种观点认为：创造来自于传统观点格格不入的思想，有许多创造是在打破旧有的观点、观念基础上实现的。而且，这一观点也很容易在生活中找到佐证。因为，在学校里许多成绩优秀学生似乎属于循规蹈矩派，而在实际工作中有所创造的人往往在学校读书时成绩不佳。有创造性贡献的人必然拥有与传统观点有差异的观点，但是，没有前人的积累，有创造价值的观点又从哪里来呢？难道是从天上掉下来的吗？没有旧有的事物作基础，任何新事物都无法产生，创造本身就是一个辩证否定的过程。批判地继承绝不等于全面打倒，与传统观点差异更不等同于与传统观点格格不入。

第三，在传统的观点中还有一种观点认为：有创造力的人往往在右脑／左脑的使用习惯和开发上有一种明显的倾向性。于是，就产生了左脑或右脑主动性的观点。这种观点进而认为：惯用右手的人的左脑是大脑中"受过教育的"部分，识别和处理语言、信号，按我们已知的事物应该存在的方式来看待事物。右脑是未受教育的"无知"的部分。因此，在与绘画、音乐之类有关的事中，右脑单纯无知地看待事物。你可以画出事物本来的、真实的面目，而不是按你臆想的来画。右脑可以允许你有更完整的视图，而不是一点一点地构造事物。于是，在提到创造性思维时，这种观点认为，创造只发生在右脑；为了具有创造性，我们所需要做的就是停止左脑思考，开始使用右脑。事实上，所有这些事都有其价值，但当我们涉及关于改变概念和认知的创造时，我们别无选择，只能也使用左脑，因为这是概念和认知形成和存放的地方。通过 PET(PositiveEmissionTomography，正电子发射断层成像) 扫描，有可能看出在任何给定的时刻，大脑的哪一部分在工作。在胶片上捕获到的放射线的闪光表明了大脑的活动。可以很清楚地看到，当一个人在进行创造性的思考时，左右脑会同时处于兴奋状态。这正是人们所期望的。

在获得正确的认识基础上，创业教育者需要做好如下三方面的工作：提高创造性思维能力、掌握创新创业实践相关的工作方法，这样才能创造性地解决创业教育工作中面临的问题。

　　创造并不是孤立的、凭空的，它要依赖于大量信息的积累，更受到人的思维习惯和方法的影响。要提高创造性思维能力，不仅要掌握那些带有创造性思维特点的思维形式，还要掌握基础性的思维形式。具体地说，要注重创造性思维能力的提升。首先，努力养成突破传统观念直接解决问题的习惯。其次，努力保障逻辑思维的严密性。最后，要善于变换思维角度。

　　由于创业实践工作方法前文已有论述，下面将结合上述三个方面的原则对创造性思维的能力特点及提升对策进行分析。

二、善于突破传统观念

　　在创新实践中，常常会遇到一些比较复杂的问题。人们似乎认为对于复杂问题的解决必然是一件复杂的事。产生这种观点的重要原因之一是传统观念的影响。要解决这类问题，就要通过突破传统观念来简化问题，使问题得到解决。在具体的工作中，创新创业者可以借助以下三种思维方法突破传统观念。

　　第一，利用直觉思维直接突破传统观念。直觉思维法是一种未经有意识的逻辑思维而直接获得某种知识的思维方法。直觉思维是一种潜意识思维，也是突破传统观念的有效手段。人们有时对某一问题的理解、某种认识的产生，并非经过严格的逻辑推理，而是由突然领悟而获得的。直觉是人们在认识过程中，头脑中的某些信息在无意识的状态下经过加工而突然沟通时所产生的认识的飞跃，表现为人们对某一问题的突然领悟，某一创造性观念和思想的突然降临（灵感），以及对某种难题的突然解决。

　　直觉思维是一种从材料直接达到思维结果的认识活动，是一种思考问题的特殊方法与状态。人们在思考问题时，借助直觉启示而对问题得到突如其来的领悟或理解被称为顿悟。顿悟属于潜意识思维，它的特征表现为：功能上的创造性、时间上的突发性、过程上的瞬时性和状态上的亢奋性。在现实生活中，人们往往遇到这种情况：某个问题已经研究很久了，成天苦苦思索，仍然没有解决问题的思路。而在某个外界因素的突然刺激下，思考者头脑中突然出现了一种闪电式的高效率状态，顿时大彻大悟，一通皆通，问题便迎刃而解了。顿悟并非是某些科学家、艺术家、文学家所特有的，每个正常人的大脑都具有这种功能，差别仅在于顿悟出现次数的多少和功能的强弱，而不在其有无。顿悟并不是虚无缥缈的，它不会凭空发生，它只是垂青于那些知识渊博、刻苦钻研、经验丰富的人。勇于实践，积累广博而扎实的知识是灵感顿悟产生的基础。产生灵感顿悟的最基本条件是对问题和资料进行长时间的顽强的思考，直至达到思想的"饱和"，同时必须对问题抱有浓厚的兴趣，对问题的解决怀有强烈的愿望，使头脑下意识地考虑这一问题。

　　启迪是顿悟的关键诱因，它连接各种思维信息，是开启新思路的契机。当主体的灵感孕育达到一触即发的"饱和"状态时，只要有某一相关因素偶然启迪，顷刻就豁然开朗。因此要留心观察周围的事物或现象，以便及时起到开窍作用。灵感顿悟来去倏忽，稍纵即逝，很难追忆，要掌握、珍惜最佳时机，善于捕捉闪过脑际的有独创之见的思想。灵感顿悟大多是在思维长期紧张而暂时松弛时得到的，思考者要养成良好的学习、工作方法和习惯，注意张弛结合。要促进思考者产生顿悟，要创造相对安定的环境，否则不相关的信息太多，根本无法进入研究、探索的境界，也不可能造成灵感顿悟产生的境域。创造性思维的灵感、顿悟好像是刹那间从天而降。其实人的潜意识活动在一定范围内得到显意识功能的合作，经历了一个孕育的过程，当孕育成熟时即突然沟通，涌现于意识，终于灵感顿发。正因为它有一个客观的发生过程，所以灵感顿悟并非是神秘莫测、不可捉摸的。在人的灵感产生以前反复思考，思想活动高度集中，已经把思维从显意识扩大到了潜意识。思维在潜意识里加工，偶然和显意识沟通，得到了答案，就表现为灵感。周总理用八个字，很好地概括了灵感产生的认识论基础，这就是"长期积累，偶尔得之"。直觉、灵感的产生，都是创造经过长期观察、实验、勤学、苦想的结果。没有这个基础，灵感是不会飞进人的大脑的。创新创业工作中的灵感、想象往往是模糊的，如果不重视这种模糊的思维，就可能让灵感白白溜掉。

必须指出的是，直觉思维不会凭空而来，而是与专业知识背景紧密相连的。因此，直觉、顿悟乃至于在梦中产生的想法，都必须以一定的理论知识背景为基础，那种认为直觉、顿悟可以解决一切的想法是十分不切合实际的。

第二，利用想象突破传统观念。人的创造性思维来自丰富的想象，创造想象是创造活动的先导和基础。好的创造成果无不起源于新颖、独特的创造想象。人们在思考问题时，除了运用概念进行判断、推理外，还依赖于想象。广义的想象包括：联想、猜测、幻想等。想象把概念与形象、具体与抽象、现实与未来、科学与幻想巧妙结合起来。但值得注意的是：想象的东西在没有为实践证实之前，始终是想象而不是真理。要把想象变成现实，既要有一定的条件，也要有一定的过程。想象是带有某种程度的猜测性的，它至多是一种预测而已，而猜测或预测不一定都能实现。因此，我们在倡导想象、提倡培养自己丰富的想象力的同时，必须对想象保持清醒和不同程度的怀疑态度。

想象本身是以人类旧有的经验为基础，通过对这些经验的有意识重组，进而创造出来一个崭新形象的心理过程。人们在分析和解决问题时，可以通过一系列具有逻辑上因果关系的想象活动，来改善特定的思维空间，从而选择解决问题的手段和思维方法。

联想是想象的核心。联想是通过事物之间的关联、比较，扩展人脑的思维活动，从而获得更多创造设想的思维方法。联想可以通过对若干对象赋予一种巧妙的关系，从而获得新的形象。运用联想，可以使风马牛不相及的事物联系起来。联想是培养创造性心智机能的一种有效的方法，是通向新知识彼岸的桥梁。它可以在已知领域内建立联系，也可能从已知领域出发，向未知领域延伸，获得新的发现。不少成功的发明创造往往是通过联想获得的。联想不是一般的思考，而是思考的深化，是由此及彼、由表及里的思考。一个人如果不学会联想，学一点就只知道一点，那他的知识不仅是零碎的、孤立的，而且是很有限的。如果善于运用联想，便会由一点扩展开去，使这点活化起来，举一反三，触类旁通，产生认识的飞跃，出现创造的灵感，开出智慧的花朵。联想能够克服两个概念在意义上的差距，把它们联结起来，从而发现某些事物的相同因素或某种联系，揭示出事物的本质。联想不是想入非非，而是在已有知识、经验的基础上产生的，是对输入到头脑中的各种信息进行编码、加工与换取、输出的活动，其中包含着积极的创造性想象的成分。联想能力是人脑特有的一种能力。不过，并不是每个人都能因联想而有所发明创造，要使联想导向创造，必须懂得联想的类别和规则。

按人脑反映事物之间的关系不同，可把联想分为接近联想、类似联想、对比联想、因果联想和自由联想等。接近联想，是由在空间和时间上接近的事物形成的联系，而由一种事物想到另一种事物。例如，由江河想到桥梁，由天安门想到天安门广场和人民大会堂，是对在空间上接近的事物的联想，叫作空间联想。又如，由日落联想到黄昏，由"八一"南昌起义想到"秋收起义""广州起义"，是对时间上相接近的事物的联想，叫时间联想。类比联想也叫相似联想，是基于具有相似特征的事物之间形成的联系，而由一事物想到另一事物。例如，由春天想到新生，由冬天想到冷酷，由攀登高峰想到向科学现代化进军。文学作品中的比喻，仿生学中的类比，都是借助于类比联想。对比联想由具有相反特征的事物之间的联系引起，由一种事物想到另一种事物。例如，由寒冷想到温暖，由黑暗想到光明，由物体"高温膨胀"想到"深冷收缩"。因果联想是基于事物之间的因果关系，由一种事物想到另一种事物。例如，由加压想到变形，由高质量想到高销售等。自由联想是对事物不受限制的联想。例如，由宇宙飞船在太空航行想到建立空中城市，想到在其他星球上安家落户。

为了训练思维的流畅性，还可以运用急骤式联想法。这种方法要求人们像暴风骤雨那样，在规定的短时间内迅速地说出或写出一些观念来，不要迟疑不决，也不要考虑答得对不对、质量如何。评价是在训练结束后进行的。例如，要求说出砖头的各种用途，学生可以答出：砌房子、筑路、磨刀、填东西、敲捶物品……又如，哪些是圆形的东西？学生回答：皮球、纽扣、缺口、茶杯、锅盖、圆桌、车轮……答得愈快、愈多，表示流畅性愈高。

猜想是想象的重要形式。猜想是指人们发挥思维的能动性，对事物发展进程和未来关系进行预测、设想的一种思维方法。猜想法基于既有经验、又不受既有经验束缚的跳跃性。科学史上新的认识成果往往首先来自科学家的某种大胆假说和猜想。创业者在创新创业实践中要敢于大胆假设、小心求证，最后得到验证，才能获得真理性认识。

猜想的方式是多种多样的，它可以运用事物的相似、相反、相近关系作联想组合；可以用试错的方法将毫无关联的、不相同的知识要素组合起来；也可以运用创造性想象来补充缺少的事实，设想可能存在的联系。总之，在猜想这一过程中，人们可以尽情地猜测、假设、试错、修改，突破原有的知识圈，在既有的感性材料上起飞，把尽可能多的反映物质世界的思路、方案、模式建造起来，然后再加以对比，进行研究和论证，逐步淘汰错误的猜想，形成真理。

要更好地实现想象，就要冲破现存事物和观念的束缚，对现在尚没有但有可能产生的事物进行大胆设想。要进行大胆设想，首先，要破除迷信，摆脱束缚。要摆脱现有事物和观念的束缚，不能认为现有事物已能满足人们的需要，已经发展完善到完整无缺的顶峰，再也无法提高和突破，更不能迷信权威和经典。其次，要勤于思考，大胆怀疑。最后，创造想象的"原料"来自丰富的知识和经验，来源于广泛实践基础上的感性想象。要想发展自己的创造想象能力，就必须不断地扩大知识范围，增加感性想象的储备。

第三，利用非逻辑思维突破传统观念。非逻辑思维是突破传统观念的有效途径。非逻辑思维是指在思维过程中有意识地突破形式逻辑的框架，采用直觉的、模糊的和整体的思维方法。非逻辑思维在承认逻辑方法在认识过程中的作用的同时，突出了直觉思维的非逻辑性在认识过程中的重要意义。

非逻辑思维主要包括以下几种：第一种，模糊估量法。在面临一个问题时，先对其结果作一种大致的估量与猜测，而不是先动手进行实验设计或逻辑论证。这是一种直觉方法。这种方法的根据是先前的经验和自己的直觉判断能力。这种方法有时会帮助研究者形成一种总体的、战略性的眼光，有时会导致一种假说的提出。第二种，整体把握法。它要求人们暂时不注重于对象系统的某些构成元素的逻辑分析，而是重视元素之间的联系和系统的整体结构。

非逻辑思维的典型思维方式是超常思维。所谓超常思维是指遇到问题善于冲破常规和习惯势力的束缚，匠心独运、别出心裁地去思考、探索，寻求异乎寻常的解决途径，争取获得人们意想不到的效果的一种思维方法。应用超常思维方法一般有以下几种典型情况：第一种情况，冲破束缚，另辟蹊径。当创新创业工作面对新情况、新问题时，敢于冲破旧有的各种束缚，开拓新思路，开辟新境界。第二种情况，匠心独具，超凡出众。要想创造性地解决问题，就需要匠心独具、超凡出众的思考。在创新创业工作中要善于打破传统思维的一系列传统习惯，才能有所突破。第三种情况，处变不惊，"化解难题"。创新创业工作要经常面对突发问题，这个时候必须冷静分析，才能做出正确判断。第四种情况，因果关联，纵深突破。第五种情况，巧施联想，出奇制胜。创业者在创新创业工作中根据事物与周围环境之间的相关性原理进行全方位思考，这样才能保证解决问题的系统性。

三、保障逻辑思维的严密性

创造性思维是以非常规的思维为基础。但是，真正的创造性的人类成果最终必须是符合逻辑的。因此，要想提高个人的创造性思维能力，就要提高其逻辑思维能力。人们对事物的把握，是一个由浅显到深入、由低级到高级、由现象到本质或从抽象逐渐到具体的过程。因此，比较典型的逻辑思维方法就要由表及里、层层深入、剥丝抽茧。

掌握逻辑思维方法，不仅要学会层层深入，还要善于比较，善于应用比较思维。所谓比较思维是把各种事物和现象加以对比，来确定它们的异同点和关系的思维方法。任何事物性质的优劣、发展的快慢、数量的多少、规模的大小等，都是相比较而言的。没有比较，就没有鉴别。比较是一切理解和思维的基础。人们认识事物，把握事物的属性、特征和相互关系，都是通过比较来进行的。只有经过比较，区分事物间的异同点，才能识别事物，将其归到一定的类别中去。

比较一般可分为两种类别：即同类事物之间的比较和不同类事物之间的比较。同类事物之间进行比较，找出其相同点，可以揭示事物的共性；找出其不同点，可以揭示事物的特殊性。不同类事物之间进行比较，找出相同点，可以揭示事物之间的联系；找出不同点，可以揭示事物之间的区别。比较一般可采取顺序比较和对照比较。顺序比较是把现在研究的材料和过去的材料加以比较。这是一种继时性的纵向比较。如：今与古比，新与旧比较等。这种比较容易说明新事物的优越，新阶段比旧阶段进步等，还可以发现优越之特性，进步之表现，从中寻求规律、拓宽思路，预测未来事物的发展进程。对照比较是把同时研究的两种材料交错地加以比较。这是一种同时性的横向比较。此种比较可以对空间上同时并存的事物进行对照，以认识事物的异同和优劣。横向比较必须在同类事物之间进行，如国家与国家比，人与人比，单位与单位比，地区与地区比。进行这种比较时，一定要注意它们的可比性。如在比较社会主义制度和资本主义制度时，只能比那些可比的因素，不可比的因素应当排除在外，这就是所谓"异类不比"。同时，应采取客观、公正的严肃态度。不论是纵向比较还是横向比较，都要明确为什么而比，并站在正确的立场上，运用正确的观点去比，通过比较做出科学的、历史的具体分析。舍此，比较中的纵向可能导致单纯地回头看，产生满足现状或今不如昔的偏向；比较中的横向则可能变成现象间的简单笼统的对照罗列，或者导致对自己、对别人、对事物的全盘否定或全盘肯定，得不出合理的、科学的结论。

要更好地开展思维活动，进行有效的比较对照，就要关注如下几种形式的比较：首先，进行新知识与旧知识的比较。在比较中了解新旧知识的异同，把新旧知识联系起来，使新知识的掌握建立在旧知识的基础上，加深对新知识的理解。其次，进行新知识与新知识的比较。在比较中认识事物之间的共同性和特殊性，揭示事物之间的联系和区别，使学生所掌握的知识深刻化和精确化。再次，进行旧知识与旧知识的比较。在工作中，把已经拥有的知识相互比较，以加深理解，加强巩固，并使知识系统化，形成解决问题的方案。最后，进行理论与事实的比较。使思考者根据事实了解理论，并检验理论的正确或错误，把理论和实际联系起来。

一般地说，确定事物之间的相异点比确定事物之间的相同点要容易一些、经常一些。所以，在进行比较时，最好先从寻找相异点开始，再过渡到寻找相同点。最后，明确异同之所在，达到既能看出同中之异，又能看出异中之同。在对事物进行比较时，必须围绕着主题进行。当比较事物某一方面的特征时，不能把其他方面的因素掺杂到里面去。要经常注意找出哪些是事物的主要因素，哪些是事物的次要因素，不能将事物的次要因素当作主要因素。分清事物的主要因素和次要因素，有利于把握事物的本质特征。逻辑上的层层深入和比较分析仅仅是创造性思维的基础，而提高理解力、判断力则是创造性解决问题的关键。

所谓"理解"就是对某个问题、某件事搞懂了、弄明白了。而"理解力"就是衡量一个人对这个问题、这件事搞懂、弄明白所用的时间长短。用时短，相对来说这个人理解力强，反之则这个人理解力弱。一个人的理解力大小、强弱不是天生的，它是人类在从事各种社会实践中不断学习、不断处理与解决各种问题、不断总结正反两方面经验所取得的。在各种实践中，锻炼了人的智力，使人不断聪明起来，从而才有可能使人类的理解力不断提高。这里要指出的是，一个人应该养成坚持学习、热爱学习的良好习惯，坚持活到老、学到老，这样才能为一个人持久地保持敏捷的理解力提供良好的智力基础。所谓判断力是通过人类对某个问题或某些现象的观察、分析，然后进行综合和推理，得出正确与否、是非与否，或者通过观察、分析、综合和推理又延伸得到新的结论。人类发明创造的历史证明：一个人的理解力和判断力的大小是人类取得创造成果或事业成功的重要的先决条件。

要更好地运用逻辑思维，就要加强对外界信息的收集，并充分利用这些信息进行分析，做出判断、预测、决策。这一过程被称为反馈思维。反馈思维是指控制系统把信息输送出去，又把其作用结果运送回来，并对信息的再输出发生影响，起到控制调节作用，以达到预定目的的思维方法。

反馈是自然界的一种普遍现象。在自然现象中，人和动物必须呼吸，吸进新鲜氧气，呼出二氧化碳。如果没有绿色植物吸进二氧化碳、放出氧气这样一种"反馈"，生命运动就会停止。在人体运动中，大脑通过信息输出，指挥人的各种活动。同时，大脑又接受来自人体各部分与外界接触所发回的反馈信息，不断调节并发出新的指令。如果没有反馈信息不断输入大脑，人体运动就是不可设想的。

反馈思维方法被广泛应用于自然科学、社会科学等各个领域。任何一个系统，只有通过反馈信息，才能实现控制，达到预定的目标。没有反馈信息，要实现调节、控制是不可能的。例如，人类复杂的反射活动，都是通过神经系统的反馈而实现的。实现反射活动的神经通路叫反射弧，它包括感受器、传入神经、神经中枢、传出神经和效应器（肌肉和腺体）等五个环节。前三个环节（感受器、传入神经、神经中枢）的任务是接受信息，后两个环节（传出神经和效应器）是执行机构。但复杂的反射活动并不是一次单向传导所能完成的，而是经过传入和传出部分来回就近传导，借助大脑多次反馈调节的结果。正是依靠这种反馈调节，才保证了人类对外界精确、完整、连续的反应和对自身活动的准确控制。人的任何有意识的活动，无不含有反馈。简而言之，没有反馈，就没有生命，更谈不上人类的智慧和创造。

人在学习知识时，首先是获取大量信息，然后由大脑对它们进行编码、改造，而后将思维的产物利用各种途径输送出去，公诸于众，收回外界对它的评价，从而检验学习效果和学习深度，进而在原有知识的基础上，有针对性地进行再学习、再思考、再创造，使之更趋全面和成熟。这一过程也就是反馈思维过程。对一个学习者来说，通常存在两种反馈信息：一是由输入引起的感受器官的反应，称为"内反馈信息"；一是通过输出（即知识的运用），获得来自外界的反应，称为"外反馈信息"。无论哪一种反馈都具有调节学习和激发动机的功能。当反馈信息揭示了学习中的不足时，它就能为调节学习、重新制订学习计划、改进学习方法提供依据；当反馈揭示了学习的成效时，它便能激发学习的积极性，起到鼓舞和鞭策作用，使学习兴趣更浓，信心更足、更大。

成功的创造者和发明者都善于进行反馈思维。例如，他们在掌握知识的过程中，能向能者求教，交流探讨，并运用知识于实践，发现问题，总结经验；又能把别人对自己知识的评价加以整理分析，提取有益成分，反馈至知识的输入端，实现对学习内容、方法和学习目标的选择和控制。由于他们能勤于输出信息，从中获取反馈，所以能获得成功。

总之，反馈思维可以使学习和创造者找到不足，弥补缺陷，改进方法，同时寻找良师益友，加以指导，少走弯路，找到捷径。所以，反馈思维法是加速学习成功的要诀，是人才创造活动的重要智力因素。在学习和创造中，为了取得成功，必须学会反馈思维，如主动质疑，寻师求教，不耻下问，运用知识，同学间相互切磋，等等，都是强化反馈信息的有效方法。

反馈思维按照思维方式可以分为前馈思维、后馈思维。

前馈思维也称超前反馈思维方法，是指人们在工作过程中，注意在客观情况发生新的变化之前，争取时间，搜集信息，从中洞幽察微、见微知著，从而超前构思相应的对策，超前做好必要的调节控制准备的一种思维方法。前馈思维方法早就引起古人的注意。所谓"凡事预则立，不预则废"。我国春秋后期的范蠡就是因为善于预测市场供求和物价的变化而取得成功的。他发现"贵上极则反贱，贱下极则反贵"的价格摆动现象，进而提出了"水则资本，旱则资舟""夏则资裘，冬则资絺"的策略。本，指桑木，即农业。絺，意为薄的东西。范蠡这段话的意思是：靠江河湖水的地方，渔业变得普通，那么养桑种田的人反而能把农产品卖个好价格。缺少水的地方，撑船打鱼的人更能挣到钱。夏天，别人都卖夏衣，只有你卖冬衣；冬天，别人卖冬衣，你卖薄薄的夏衣。物以稀为贵，反向经营反而得大利，这就是事物变化的辩证法。受到当时的生产条件的影响，古人的前馈思维大多数是经验型的，现代的前馈思维必须与科学的分析、推理相关联。

后馈思维就是用历史的联系、传统的力量和以前的原则来制约现在，使现在按照历史的样子继续重演的思维方法。后馈思维又可称为习惯性思维，是一种循轨思维。它面向历史，总是用过去怎么做、祖先怎么样、以前的经验怎么样来要求现在。

因此，后馈思维也是一种反馈式思维，它是思维的一种惯性运动，把思维方式固定化、绝对化。后馈思维总是要把"现在"反馈为"历史"的重复。所以，它也是一种"滞后型"的思维。它的向心力和惯性力的基础在历史。后馈思维的一般模式如图6-1所示。

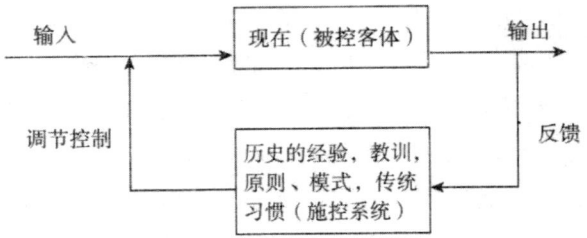

图6-1 后馈思维的一般模式

后馈思维具有的典型的特点是指向性。一般来说思维都具有一定的指向性，所不同的是，后馈思维是把现在往历史上引导的指向性思维。它的"兴奋中心"总是历史上的某个阶段、某种情况，是一个通过"想当年""要恢复到某某时的情况"的思维过程。后馈思维的指向性产生两种结果：一种是对现在的缺陷、弊病感到不满，要以历史的成功经验和优良传统"改变"现在，这是积极的；因为，创造必须以固有的事务为基础。后馈思维的另一种指向性是对历史"理想化""厚古薄今"，其结果是以历史来"今变"现在，这是消极的。对此，要进行具体分析。当一件事情已经发生，而对于事情的某些细节不十分清楚，而又要求了解这些细节的时候，就需要以后馈思维对已有的现象进行分析。因为，在后馈思维的指导下，人们就可以进行适当的还原性的模拟工作。

后馈思维既有消极因素，也含有一定的积极成分。我们要发挥它的积极作用，联系客观实际，正确对待传统的文化遗产，以实现思维的创造性。

四、善于变换思维角度

创业者要在创新创业工作中实现创造性思维，还要适当改变思维的方向、变换思维的角度。传统的思维是一种正向的思维方式，要变换思维角度，就要采用逆向思维、侧向思维和合向思维、水平思考法，增加思维形式，促进思维的多样化。下面就逐一分析上述几种思维方法。

1. 逆向思维

逆向思维也叫反向思维，是一种创造性思维，它强调要从事物的反面或对立面来思考问题。逆向思维与正向思维相对应。正向思维是指人们运用过去的知识和经验，在已有理论的指导下思考问题和解决问题的一种能力或方法。正向思维在人们的日常思考和科学研究中起着巨大的作用。但是，由于人们受心理倾向、心理定式的影响，即在思考问题时，采取特定的思路一次，下一次采用同一种思路的可能性就越大。在一连串的思想中，一个个观念之间形成了联系，这种联系紧紧地建立起来，必然使得它们之间的联结很难被破坏，这样就容易导致人们形成一种固定的思维模式，即习惯性思路或思维定式，如"守株待兔"的千古笑谈就是其中一例。

逆向思维则需要突破这种习惯性思路或思维定式。它是从事物常规的相反方面去探索思考问题和解决问题的一种思维方法。根据唯物辩证法的基本原理，事物都存在着正反两个对立面。所以，人们在对待事物的时候就要既看到正面也看到反面，既看到前面又看到后面，既看到外面又看到里面。这就是逆向思维得以成立的基础。

人们的思维，在主流上是正向思维，即凭借以往的经验、知识、理论来分析和思考问题。这是人类文明得以源远流长和发扬光大的内在源泉，也是每一个体系得以逐步完善的根本所在。但是，其中的负效应也助长了人们的思维定式或习惯思路的形成：知识越多，经验越丰富，思路也就越教条、越循规蹈矩。天才和聪明人正是心中藏着逆向思维才获得成功的。相反，一个知识或经验十分丰富的人，如果堵死了逆向思维的通道，遇到难题就只能一条思路走到底，最后陷入死胡同而不能自拔。由此可见，逆向思维对于开阔人们的思路是非常重要的。

在人们的思维习惯中，逆向思维主要表现为如下几种形式。

首先，在思维活动中，通过正视事物矛盾的对立认识和把握事物。事物都包含着对立的两方面，人们的认识和主观思维必须符合事物的实际，如果只注重一个方面而忽视了另一个方面，只看到矛盾的正面作用或正效应，而忽视了矛盾的反面作用或负效应，就会在实践中碰壁。只有看到事物矛盾着的两个方面，在事物对立的两极中思考，才能全面而正确地反映事物、认识事物，在实践中取得成功。爱因斯坦正是有意寻求对立双方的同时存在和相互联结的情形，才能从对立事物中找到完美的统一，从表面上看来似乎不合逻辑的情况下提出合乎逻辑的假说。

其次，在思维过程中，通过从事物矛盾的反面来思考，以达到认识事物、表达思想、进行发明创造和实现科学决策的目的。事物都有正面和反面，相反的方面不仅相互排斥，而且可以互相联结，具有同一性。从事物的反面进行思考，比起从事物的正面进行思考来说，显得思考的角度更加广泛。认识事物不是只有一个角度，也不是只有两个角度，而是可以从多个侧面、多种不同的角度来揭示。各种事物、现象之间既有必然的联系，又有偶然的联系；一种原因可以产生多种结果，一个主攻方向上屡攻不克时，应研究悖逆以往的分析、解决问题的途径，把问题的重点从一个方面转向另一个方面，从而打开一条新的思路。也就是说，思维在一个方面受阻时，就可以从相反的方向试试；反向思考如果不能解决问题，还可以再改换一下角度，另找几个侧面去试探。就如打仗一样，正面攻击敌人不利，就可以从后面或侧面发动进攻。

最后，凡做一件事情都从反面想想，可以弥补只从正面思考的不足。在分析问题、进行决策时，逆向思维的作用不可低估，人们常用"凡事预则立，不预则废"的古训来提醒自己，这里的"预"也包括把事情反过来想一想。

运用逆向思维，既可以在优越感中警惕危机的因素，又可以在危机中看到优越的所在；在顺利的环境中看到逆境的存在，在逆境中看到顺利的可能；在成功中看到有失败的部分，在失败中更要看到成功的基因；富裕和贫乏、团结和分裂、前进与倒退等都是相互渗透、相互依存、相互交融的。

逆向思维好比开汽车需要学会倒车技术一样。如果不学会倒车技术，一旦汽车钻进了死胡同，就出不来了。思考问题时，有时也会钻进死胡同出不来，逆向思考就能帮人们退出来。正像我们用不着总开倒车来显示自己的倒车技术一样，我们也用不着总使用逆向思维方法，但是一旦需要时，如果不会使用它，就会陷入困境。

逆向思维主要表现为思维逻辑逆推、方向、位置、顺序等的逆向思考。在具体的应用过程中，主要有如下表现形式：第一种情况，思维逻辑逆推。所谓思维逻辑逆推，就是指从要解决问题的结果出发，从结果推向解决问题的方法。第二种情况，方向反向。所谓方向反向就是通过改变事物的方向来解决问题。我国北宋大臣、史学家司马光在幼年时候砸碎水缸救人就是利用方向反向，从逆方向思考获得成功的典型实例。第三种情况，位置反向。所谓位置反向就是通过改变事物中组成部分所处的位置来解决问题。第四种情况，顺序反向。所谓顺序反向就是通过改变事物顺序来解决问题。第五种情况，优缺点反向。中国有句古话，叫作"有则改之，无则加勉"。就是说，有了缺点和错误，一定要想办法改正；即使没有缺点和错误，也要时刻提醒自己，不要犯类似的错误。因此，一提到"缺点"，人们就习惯地抱以否定的态度。有谁会喜欢缺点呢？然而世界上没有十全十美的事物，因而事物的缺点在所难免。如果我们能化解对缺点认识的抵触情绪，想到巧用缺点的办法，不但能将损失降到最低点，而且有可能取得意想不到的效果。第六种情况，无用、有用反向。无用、有用反向就是把无用之物变成有用之物，生活中有很多物品往往因为寻找到新的适用位置而获得新价值，也可以说是变废为宝。目前高校中经常组织的头脑奥林匹克(OM)竞赛就有一项原则，鼓励使用废弃物作为比赛用材料，这样做不仅可以培养学生的节俭意识，也是创造性思维的体现。

应用逆向思维要注意以下几方面的问题：第一方面，逆向思维的运用有其限度，这个限度就是要符合逆向思维的方便性原则。即在正向思维能充分起作用的限度内，一般不动用逆向思维，只有在正向思维使用不灵便时才起用逆向思维。在数学的证明中就充分体现出这一点，只有当直接证明不能实现时才使用间接证明。正如反证法的运用：先假定需要证明的问题为假，然后由此推导出逻辑矛盾，从而得出原假设论题为假，即原命题为真。反证法是直接证明方法的有效补充，是逆向思维方法的典型应用。第二方面，逆向思维的作用方式有其规范性。虽然逆向思维可以从事物矛盾的反面进行逆向思考，但是，其反面必须与事物矛盾的正面相关，否则这种逆向思考将不成立。对待不同的具体需要应进行不同形式的逆向思维。第三方面，逆向思维的作用具有不扩散性。逆向思维并不要求对任何小事都来一番思考，恰恰相反，在大量常规场合，都是正向思维在起作用。比如一个学校的规章制度在制定之后，必须坚决地加以执行，这与逆向思维并不矛盾。总之，我们在使用逆向思维时，需要的是科学的怀疑态度和叛逆精神，而不是逆历史潮流而动；需要的是敏捷创新，而不是畏缩不前，左右摇摆而不进。

2. 侧向思维

所谓侧向思维是指从其他离得很远的事物中，通过联想，获得启示，从而产生新设想的一种创造性思维方法。

在改变思维方向的过程中，思考者可以根据以往的知识和经验或某一指导原则，判断出解决某一问题的方法所在的方向，于是撇开其他方向，敏锐地直接选择这一方向进行思考和研究的思维方法。这种典型的侧向思维方法被称为直接定向强方法。这种方法可以用公式 A → falseX → falseFa 来表示。其中 A 为已知材料，X 为新现象，Fa 为答案。由于新现象 X 与已知材料 A 之间有直接的联系，使思考者能够迅速地识别该新现象的模式，判定答案 Fa 直接蕴含在已知材料之中，从而瞄准这一方向寻求正确答案，而不必尝试用别的方法来解决问题。

在人类历史的早期或者人类刚刚涉足的领域，人们往往在没有经验指导或缺乏足够专业知识的条件下，不得不在多种可能性之间进行反复的比较、分析、试错、修正，最后筛选出解题所需信息的思维方法。这种方法被称为试错方法，也被称为无定向探试弱方法。无定向探试弱方法，是与直接定向强方法相反的方法。可用公式 A → falseX → falseFa_B、C、D……来表示。其中 X 为新现象，Fa 表示受阻，从已知材料 A 中得不到正确答案，只有跳出已知材料 A，才有可能借助与 A 不同的信息 B、C、D……不断探试选择，最后找到正确的答案。无定向探试弱方法以尝试和易变为特征，思维效率不一定高，有时还要冒几分风险，但选择信息的回旋余地大，运用得当，常可有突破性的创造。无定向探试弱方法常用于那些久久徘徊于创造者脑海中非常规、高难度的创造性课题。面对这类课题，许多常规的、定向的思维方法难以奏效，不得不把它转让给无定向探试弱方法去解决，通过不断地摸索，取得突破性的创造。值得注意的是，无定向探试弱方法虽然是一种试探性的、自由度很高的思维方法，但使用该方法决不等于可以无根据地盲目冒险蛮干，否则将一事无成。

侧向思维方法的另一种有效方法是趋势外推法。趋势外推法又称趋势外括法或趋势分析法，是一种属于探索型预测的思维方法。趋势外推法的前提是：过去发生的某一事件，如果没有特殊的障碍，在将来仍会继续发生，它是依据于事物从过去发展到现在再发展到未来的因果联系，认为人们只要认识了这种规律，就可以预见未来。正因为如此，在运用趋势外推法时，对于事物的未来环境并不作具体的规定，而是基于这样一种假说，即影响过去时期发展的主要因素和趋势，在推测时期中是基本不变的，或其变化的趋势和方向是可以认识的。因而未来仍将按从过去到现在的趋势发展下去，人们也就可以从现实的可能出发，从现在推向未来。

趋势外推法是以普遍联系为其理论根据的。根据普遍联系的观点，客观世界的事物都是相互联系，彼此影响的。从横向看，每一事物都处于普遍联系的链条中，都是普遍联系的一个环节，认识和把握其中一个环节，可以认识到其他的事物；从纵向看，每一事物都有其自身发展的历程，即都有过去、现在和将来的发展过程。可见，趋势外推法有两个方面：一方面，趋势外推一般从横向联系来预测事物发展的趋势。另一方面，要更好地实现侧向思维，仅仅通过"趋势外推"是远远不够的；而通过加强外界刺激来促进思维方向的转移则是更有效的策略，而要更好地加强外界刺激就要寻求诱因。寻求诱因是以某种信息为媒介，从而刺激、启发大脑而产生灵感的创造性思维方法。

寻求诱因的方法往往是以某个偶然事件（信息）为媒介，通过刺激大脑而产生联想，豁然开朗，迸发出创造性的新设想而解决问题。当一个问题百思而不得其解时，诱发因素是极其重要的，所谓"一触即发"，就包含了诱因的媒触作用。

表面上看，有诱因就可以解决一切问题；事实上，诱因并不是引发侧向思维的关键。面对诱因，需要保持高度敏感，并且积极调动自己的固有知识。而侧向思维并非在任何情况下都能发挥作用，必须具备一定的条件。这个条件就是：所研究的问题必须成为研究者孜孜以求、坚定不移的研究目标，一直悬念在心。只有在这种情况下，人的大脑皮层才会建立起一个相应的优势灶。由于优势灶有两个基本特征，即神经细胞对刺激的敏感性大大提高和脑细胞长时间保持兴奋状态，因此，一旦侧向思维受到某个偶然事件的刺激，就容易产生与思维相联系的反应，从而对所研究的问题形成新的设想，或者提出新的问题，使侧向思维在创造活动中发挥重要作用。

3．合向思维

所谓合向思维就是将思考对象有关部分的功能或特点汇集组合起来，从而产生新设想的一种创造思考方法，又称合并思维法、组合法。

合向思维法是一种简单实用的创造性构思法，在不同领域中的表现形式各不相同，常用的合向思维表现为以下两种类型。

第一类，"辏合显同"法。所谓"辏合显同"法是通过把原来杂乱的、零散的材料聚合在一起，再从中抽象出一种显示它们本质的新特征的创造性思维活动和方法。"辏"，原是指车轮聚集到中心上，后引申为聚集，"辏合显同"就是把所感知到的对象依据一定的标准"聚合"起来，显示出它们的共性和本质。"辏合显同"法主要有以下几种类型：第一种，审视法。这是"辏合显同"的先行方法，即对研究的对象用审视的眼光去分析，为能显同打下基础。世界上的事物尽管形形色色，各不相同，但只要我们对研究对象的形态、属性、结构、功能以及运动过程等进行抽象概括，就能找出同类事物的共同点，确定其共性。第二种，综合法。即通过把原来杂乱的、零散的材料聚合在一起，并进行综合考察，分析研究，从而得出创造性效果的方法。第三种，集注法。即集中力量贯注于研究对象的思考方法。在进行按"辏合显同"的思维活动时，必须对大量杂乱零散的材料进行"去粗取精、去伪存真、由此及彼、由表及里"的加工改造制作，即要选择材料、鉴别材料、联系材料和深化材料，只有这样，才能在异中显同，抓住事物的本质和规律。

第二类，添加法。所谓添加法指在现有的事物上增加某种东西，从而产生新设想的一种思维方法。添加法的基本内容就是，根据需要解决的问题，围绕中心词"添加"，提出一连串相关的设问：假如扩大、附加、增加会怎么样？能否增加频率、尺寸、强度？能否加倍、扩大若干倍？在这种发问中，能扩大人们探索的领域，开拓人们的视野，启发人们的思路，从而产生新的设想，取得创造发明的成功。橡胶工厂大量使用的黏合剂通常装在一加仑的马口铁桶中出售，使用后便扔掉："为什么不用更大的包装呢？"有位工人建议黏合剂装在 50 加仑的容器内，容器可反复使用，结果节省了大量马口铁。

合向思维看似简单，但是如能尽量把不同质的、意想不到的东西加以组合，这个想法便是前所未有的、崭新的了。合向思维的运用很广泛，不仅可以将物体与物体合并，创造出一系列新产品，也可以将某种科学技术同各种方法组合起来，从而形成一种新的解决问题的方法。

4. 水平思考法

人们在思考问题时，一般采用垂直的思维方法。而要创造出更大的成果，就要改变思维习惯，分析与待解问题相关的一切因素，建立一个新的思考体系，这就是水平思考法，而上述案例就是一个典型的应用水平思考法解决问题的实例。水平思考法与逆向思维、侧向思维、合向思维有许多相似之处，但从本质上说又是上述三种思维的综合。

水平思考法的提出人英国学者爱德华·德·波诺认为："水平思维与认知联系紧密。在水平思维中，我们努力提出一些不同的观点。所有观点都是正确的，可以共存。不同的观点不是从彼此中衍生出来，而是独立产生的。从这个意义上来说，水平思维与探索有关，正如认知也与探索有关一样。你绕着一幢大楼行走，从不同的角度摄像。每个角度都同样真实。因此，水平思维这个术语可以以两种意义来运用。一个狭义，一个广义。狭义：一套系统的方法，用来改变并产生新的概念和认知。广义：探索多种可能性和方法，而不是追求单一的方法。"

"水平思考"是相对于以逻辑学和数学为代表的"垂直思考"而提出来的。垂直思考需要一步一步地分析，既不可逾越，也不可出现步骤错误。所谓水平思考法，就好比掘井碰到石头时，不再继续往下挖，而是换个地方再挖。水平思考法是一种既非逻辑性又非因果性，而属于超越性的思考方法。常规逻辑关心的是"事实"和"是什么"。水平思维和认知一样，关心的是"可能性"和"可能是什么"。当今，在信息产业界，这类信息处理被正式称作"模糊逻辑"，因为不存在明确的对错界限。水平思维与改变概念和认知直接相关。在某些方面，改变概念和认知是与新想法有关的创造的基础。这和与艺术表达有关的创造不一定相同。水平思维是基于自我组织的信息系统的行为。因此，从广义上讲，水平思维与探索认知和概念有关，但是从狭义或创新的意义上讲，它与改变认知和概念有关。

水平思维方法的有些方面完全符合常规逻辑，另一方面水平思维方法与发散思维有许多相似之处。使用水平思维方法解决问题时，一般需要思考者的思维中做出一个非常简短的有意识或无意识的停顿，来考虑是否可能有替换方案或其他的做事方法。在思考或讨论一般问题时，有许多事被认为理所当然。在创造性地解决问题的过程中，停顿的实质是促使思考者稍作停顿去考虑某件事。在思考常规问题时，人们只会考虑被研究问题的现状和困难以及解决途径。要实现创造性地解决问题，就要关注其他人都忽略了的事情来获得思路。创造性的质疑是水平思维最基本的策略。创造性质疑的核心理念是："这是唯一可能的方法吗？"创造性地质疑，假定由于过去存在、现在可能存在也可能不存在的原因，我们以某种方式完成了某件事。但是，还可能存在更好的做事方法。创造性的质疑可以针对事情本身，也可以针对关于这件事的传统思维，还可以针对随时进行的思考。通过质疑，人们就可以发现原来被自己忽略的方面或者被遗忘的解决问题的办法。

使用水平思维方法解决问题时，另一种有效的方法是选择并启用替换方案，它是水平思维的精髓。选择并启用替换方案是指思考者在没有明显的需求的时候，停下来寻找替换方案；甚至在下一步合理而有效时停下来寻找替换方案；做出努力寻找更多替换方案、而不是满足于已经找到的替换方案的做法（对于实际的事情，在搜索中需要有中断点）。通过改变状况、而不是满足于"分析"给定的状况来"设计"新的替换方案，从而更好地解决问题。人们在过没有桥的河时，往往会选择一块可以用脚去踩踏的石头，这块石头就被称为垫脚石。使用水平思维方法解决问题时，要使用垫脚石，即在思考问题时，一定要以旧有的方法为基础，因为根据否定之否定原理，任何新方法都是以原有的方法为基础，吸收原有方法的优点，对原有方法的缺点和不足进行扬弃和改进。这样，就会产生新的有益的方法，并最终获得最佳的解决问题的方案。

第六章 触摸创新之魂

国际广告教皇大卫·奥格威说:"在生活中,只要你肯启动创造的灵感,善于把创意融入生活,崭新而美好的东西就会出现。"

创意是现实世界中并不存在,而仅存在于头脑思维当中的东西。它是打破常规是哲学;是导引递进升华的圣圈;是一种闪光的震撼;是破旧立新的创造与毁灭的循环;是跳出庐山之外的思路,超越自我,超越常规的引导;是思维碰撞、智慧对接。它点燃创造激情之火,塑造创新的灵魂

第一节　灵动的意志

一、一念闪动而引发的智慧

(一) 什么是创意

有这样一则寓言:上帝为人间制造了一个怪结,被称为"高尔丁"死结,并许有承诺:谁能解开奇异的"高尔丁"死结,谁就将称为亚洲王。所有试图解开这个怪结的人都失败了,最后轮到亚历山大,他说:"我要创建我自己的解决规则。"他抽出宝剑,一剑将"高尔丁"死结劈为两半,于是他就称为了亚洲王。

这个寓言探入浅出地道出了"创意"二字的真谛。也许,创意本身就是个怪结,没有人能把它解开,它也没有一个真正意义上的解释和定义。但可以肯定的是,创意绝不是一般意义上的模仿、重复、循规蹈矩,大多数人都能想到的绝不是好的创意,实际上根本就谈不上创意。好的创意必须是新奇的、惊人的、震撼的、实效的。"物以稀为贵"是事物不变的通则。死结就意味着根本无法解开,既然上帝跟我们开了个玩笑,那么,就必须采取超乎寻常的非凡手段。亚历山大给了我们一个很好的启示。

1. 创意的含义

创意就像双子座有着两种性格,既有处子般的安宁,也有狡兔似的顽皮。因此,作为静态名词的"创意"是指创造性的意念、新巧的构思;作为动态动词的"创意"是指创意思维的过程,是一种经过苦思冥想而突然降临的、从无到有的新意念的产生过程。不论是名词的"创意"还是动词的"创意",都在强调每一个新的点子都是由联结两个或更多已有的点子而来的。联结越是不寻常,所产生的新点子就越有创意。

创意本身就是将从前没有被联结或合并的想法结合在一起,产生新的点子。创意思考就是创造新点子的行为。

2. 创意的本质

创意的本质是建立新关系。美国广告大师李奥·贝纳指出,创意的核心是运用有关的、可信的、品调高的方式,与以前无关的事物之间建立一种新的有意义的关系的艺术。

为了很好地理解"与以前无关的事物之间建立一种新的有意义的关系"这句话，我们可以气垫船的创意为例加以说明。主要运输工具——车的运动是靠轮的支托和滚动，建立了车与地面之间的关系，不能不说是伟大的发明。流动的气体也有推力，其反作用力会作用于发出流动气体的物体，这时一个创意产生了：假如用向下喷吹的强大而稳定的气流来代替支托车体的轮子，使从前气流与地面对于车的运动来说没有关系，到现在建立起新的关系，一种全新概念的运输工具——气垫船就诞生了。气流就是"有关的、可信的、品调高的方式"，利用它"与以前无关的事物之间建立一种新的有意义的关系"，创意则是建立新关系的"艺术"。要进一步指明的是，创意并不等于创新或发明创造，它还只是一种创新的设想，虽然有理论上的支持和目标的召唤，还要有一个发明的实现过程和产品的检验环节。也就是说，创意能否变成有价值的创新，有一个艰苦的充满失败可能的发明过程。在莱特兄弟发明飞机之前，产生发明一种依靠机翼产生升力飞上蓝天的创意的人，何止李林塔尔、莫让伊斯基、马克西姆这些知名的探索者，一定还有更多的人。他们之中有的人从创意进入了发明试验，这些人更接近成功，而有了创意却没有去发明的人，肯定发明不了飞机。达·芬奇就有飞机的创意，并以他擅长的绘画画出他构想的飞机，却没有发明的行动。

3. 创意的特征和功能

(1) 创意的特征创意的主要特征是突发性、形象性、自由性和不成熟性。特别是不成熟性特征，指明了创意是灵感闪现和创新方案形成之前的一个创新意念。创意常得益于灵感，它是灵感诱发形成的观念形态的想法和念头，比灵感要完整和完善。

1) 创意的突发性。创意的突发性不仅指创意不能确切预期，常常会突如其来地降临，还指它的突变性，即创意是一种突变式的思维飞跃，使感性材料或灵感启示迅速升华为理性认识，也就是想法、意念。故而创意还有突破性。

2) 创意的形象性。爱因斯坦在回答美国数学家调查科学家的思维方式的信中说："在我的思维机制中，作为书面语言的那种语句似乎不起任何作用。好像足以作为思维元素的心理存在，乃是一些符号和具有或多或少明晰程度的表象，而这些表象则是能够自由地再生和组合的。""在我的情况中，上述心理元素是视觉型的，有的是动觉型的。"爱因斯坦所说的"思维元素的心理存在"和"心理元素"就是一种创意。这就是说，爱因斯坦在产生创意时，他主要的思维活动是形象思维，他的思维元素是称为表象的记忆材料，他用表象来把握对象，明晰的概念在这时还没有介入，创意还是"具有或多或少明晰程度的表象"。有了创意之后，才可以用概念来审查、推论，运用逻辑思维来证明或否定创意。

3) 创意的自由性。创意思维的目标是确定的，但从思维的方向来说，则是多路的、散漫的、全方位的、灵活的，具有充分的自由性。在创意的选择上，也是自由开放的，甚至是由着自己的性子去思考自己最愿意做的事。有的甚至是隔行的"业余爱好者"，表现出思维开阔、自由奔放、不受拘束的特点，竟能获得十分宝贵的创意。

4) 创意的不成熟性。爱因斯坦所说的创意是"具有或多或少明晰程度的表象，而这些表象则是能够自由地再生和组合的"，正说明创意的相对模糊性和不成熟性，也许经过明晰化和再生、组合之后，才能成为创新、设计和方案。我们不赞成把创意等同于创新思维的最终产物，创意是灵感或经验与创新设计方案之间具有中介性质的思维存在。因此，创意诞生后，还必须有一个对创意的证明和否证的过程，有一个去粗取精、去伪存真、由表及里的再思维过程。

(2) 创意的功能

1) 创意对创新具有始动功能。只有由创意起始，才能进一步进入更深入的创新过程，假如没有创意，创新也就不存在了。

2) 创意有启示功能。一个创意可以对自己、他人证明每一个人都具有创造力，都可以有更多的创新，并以此破除创新的神秘感。

3) 创意有延伸功能。就是说创意向前延伸便是创新。创意产生新的设想，创造把这种设想物化为有形的新产品，创业利用新产品创建一个新事业，这就是创新。

(二) 为什么需要创意

1. 创意能让你领先别人

我们已经知道了创意的含义，也知道创意人用联结已有的事物或想法来开发更多的创意，但是这些又有什么作用呢？为什么近年来越来越多的人在强调创意？究其根本，是无所不在的激烈竞争所致：学生从入学开始就要为在班级中的学习成绩和名次互相竞争，长大后为了考取好的高中、大学竞争，毕业后还要为找一个理想的工作竞争。如果你正在为下一个升学门槛或工作机会竞争做准备，或许创意就能成为你很大的助力。《用艺术家的方法行事》一书的作者马克·布莱恩曾说："在商场上愈有创意的人将愈来愈吃香。"愈来愈多的雇主在找寻更有创意的人。愈有创意的人生产力愈高，愈能创造效益，也更有效率和弹性。创意思考能力毋庸置疑是让你领先别人的利器。

2. 创意让国家更具竞争力

不只我们每个人，众多国家也在巨大的全球市场中相互竞争。近年来，一个国家的成功与否，愈来愈依赖于它们是否能将其国民教育得更有创意，并打造充满创意的工作环境，而不再只是单纯依靠充足的劳力和丰富的自然资源。以新加坡为例，有限的自然资源和日益昂贵的人力资源限制了国家的竞争力，唯有企业和政府发挥更大的创意价值才能持续保持成功。新加坡政府很清楚这一点，于是尽全力打造一个更有创意且创新的社会。现今我们生活的时代，学习、工作和国家发展之间真正的差异之处就在想法之中，人人时时处处都要用更新更好的方法做事，而这些所需要的正是创意。

3. 创意让生活更有趣

创意让生活更有趣。你可以选择无聊的、不断重复的生活，也可以选择让你的思想活跃起来，不断找寻新的行事方式，尝试新的活动，用不同的方法解决问题。谁也无法为你代劳，你必须得自己打开创意开关，自己去做联结思考。

二、是否具有创意由自己去决定

罗杰·凡·奥施在他《脑袋一拍》一书中曾提到一项由一家大型石油公司所做的研究，研究的目的在于了解是什么区分了较有创意的人群和较没有创意的人群。该研究发现，较有创意的人认为自己是有创意的，而没有创意的人则认为自己是没有创意的。因此那些认为自己没有创意的人们往往不尝试运用他们的创意。这就是很典型的成功自我暗示的案例。

（一）是什么阻止了创意的发挥

自我暗示虽然能够让人们对自己的创意能力更有信心，但现实生活中还是有许多事物会阻碍创意潜力的发挥。我们之所以成为今天的样子，都是发生在我们身上一切事物经验的总和。下面来看看那些耳熟能详的话是如何抑制人们创意的发挥吧。

(1)"别傻了""别傻了"、"快点长大吧"，还有"做完功课再去玩"这类的说教都在告诉我们要一本正经。但我们都知道，大脑在玩耍时才是最有创意的。如果我们想要自己变得更有创意，却不让脑子进入丰富的游戏天地，而只用成人的思考方式来解决问题，结果就只能用逻辑和自我审核来思考。如果把自己当成"傻瓜"，我们很可能会发现看事物的新观点，帮助我们开发出新的创意。所以要告诉自己："犯傻吧！""去玩闹一下吧！像个孩子一样！"

(2)"照我说的做""照我说的做"这类"按规矩办"的说教都让我们无法站在自己的角度去思考问题。在成人的世界里，许多人盲目地跟从规矩，却从未弄清楚那些规矩为什么存在。一旦出现不符合规矩的状况，他们就会不知所措。很多商店店员常告诉顾客"最终解释权归商场所有"、"我们都是这么做的"、"大家都是那样做的"这类的话，显示了商家对理解顾客的意愿与原创思考的严重欠缺，往往只会让顾客产生挫折感。与其盲目跟从规矩，何不先分析这些规矩为什么存在。这样一来，你便可以自己判断这些规矩在不同状况下是否真的有效。如果答案是否定的，你大可以抛开这些规矩去找寻更好的方式。

(3)"别问那么多问题"随着我们年龄的增长，大多数人都不会像小孩子一样有那么多"为什么"，他们的好奇心似乎已经被扼杀殆尽了。当我们开始失去好奇心，变得害怕提出问题时，就停止了心智的扩张和发展，也会阻止我们去做联结思考产生新创意。在生活当中，会遇到各式各样的问题与机会，如果脑子中的信息越丰富，那么能将两者做联结的潜在机会就越多，也就是能产生更多的创意。所以保持你的好奇心吧，开卷有益，多听、多看、多积累你的知识，勇于挑战传统，多问自己"为什么"。

(4)"现实一点""现实一点"，这是另外一种限制人的想象力，限制人们去开拓那些不寻常之处的说教。当我们探寻创意解决方案时，需要先将那些实际的想法搁置一旁，大胆探索那些不切实际甚至不可能的事物，因为唯有如此，才有可能让自己进入一个崭新的思考领域。现在请你做两件事：第一，将这些说教从你的脑中删除，从此再也不要让它们限制你；第二，停止用这些说教去阻碍创意，当你很想对别人说这些话时，赶紧闭上你的嘴巴。

（5）"都怪学校没教好"在学生时代，我们很快就明白要想得到老师的认可，就是猜对他脑子里在想什么。回答老师想要的答案，就会得到高分，也能赢取老师的微笑和漂亮的成绩单。但很不幸地，这样一来却养成了我们两个毫无创意的坏习惯。

首先，与其独立思考，不如去猜测别人的想法。因为我们发现，学校里最好的答案就是老师要的答案。到了参加工作以后，我们考虑的也是上司的喜好。这样的行为并不能让我们拥有新的想法和观点，而只能保持现状。如果你做的事只是告诉上司他所期望听到的，那你所创造的价值何在？公司为什么需要你？

其次，学校通常教我们去寻找唯一的正确答案，一旦找到了一个正确答案之后，我们就停止寻找第二个甚至第三个可能的正确答案。现实世界和数学不一样，每个行业、每种状况都可能有很多种正确答案。在第一个正确答案之外，让自己再去找寻那些并不明显、但却更有创意的答案吧。要像创意人那样思考，我们必须打破那些预设的、束缚我们思想的限制，找到那些能激发我们创意的事物。但不要只知道责怪学校，你已经是个成年人，可以按照自己选择的方式思考和行事。

（二）是什么让我们更有创意

让我们积极正面地想想那些可以让我们更有创意的事情吧。

我们当中大概很少有人会在早上起床时对自己说："我今天要过得很有创意！"大多数人都是和往常一样上班去，面对那些每天需要解决的各种问题。但我们完全可以做不同的选择，用创意去面对这些需要解决的问题。而有一些方法确实能让我们更有创意。

英语中有一种说法"Youarewhatyoueat"。这句话的意思是：你吸收什么，沉溺于什么，专注于什么，就会成为什么样的人。现在，我们用这个说法来联结到对创意的认知，其中"EAT"三个英文字母分别代表环境（Environment）、态度（Attitude）和工具或技巧（ToolsOrTechniques）。也就是说，你的创意能力是否能充分发挥和这三个变量有关。

1. 环境

当你的学习要求你付出更多努力、用人单位需要你具有更强技能、升学和就业的竞争越来越激烈时，这些压力都是你外部环境的"发明之母"。想象一下，如果你在为联想、3M、Google、迪斯尼、苹果公司这类的企业工作，如果不充分展现创意，你能取得成功吗？当你为一家有创意的公司工作时，环境本身就鼓励创意，创意必定会衍生出更多的创意。如果你想提升自己的创意能力，就要在你的工作环境中找出那些有创意的人们，多和他们相处并互相勉励。一些实质的环境因素也会影响你创意的发挥，像视觉和听觉的刺激、身体舒适的程度、压力的高低，还有笑声等都会有所影响，只是影响幅度可能因人而异。每个人都是不同的，要想提升自己的创意能力，仔细分析环境中有哪些因素是对你有利的并加以利用。比如说有些人，只要有背景音乐就不能集中精神，但有些人则在听摇滚乐时最能发挥创意。所以，什么样的环境对你发挥创意最为有利，就努力去营造它。不过要注意不要影响到身边的人。如果他们的需求和你不同的话，可以和他们协商，一起想出一个有创意的解决方法。

2007 年，美国《商业周刊》公布了全球 100 家最具创意的公司排行榜。苹果公司凭旗下多款革命性科技产品，成功蝉联榜首，Google 及丰田汽车则分列亚、季军。排行榜前 10 名中有 8 家美国公司。

本次最具创意企业排名由美国《商业周刊》与波士顿顾问集团合作主办，通过向全球大企业高层进行调查，选出 50 家最具创意企业。美国企业仍然最出色，35 家公司上榜，前 10 强中占了 8 家，包括前两位的苹果及 Google；日本有 4 家公司入围，包括居第三位的丰田及第十位的新力；韩国的三星及 LG 亦榜上有名。迪斯尼是 10 强中升幅最强劲的公司，由去年的第 43 位叔升至第八位。

前 10 名公司名单见表 1 — 1。

表 1 — 1 全球 100 家最具创意公司排行榜前 10 名

排名	公司名称	总部所在地	主要业务和产品
s	苹果公司	美国	计算机、音乐播放器
2	谷歌公司	美国	搜索引擎
3	丰田汽车公司	日本	汽车
4	明尼苏达矿务及制造公司	美国	工业、化工、电子等
5	微软公司	美国	计算机软件
6	通用电气公司	美国	汽车及相关配件销售
7	宝洁公司	美国	日用消费品
8	迪士尼公司	美国	娱乐节目制作、玩具、图书等
9	星巴克咖啡公司	美国	咖啡连锁店
10	新力哥伦比亚音乐娱乐	日本	唱片

2．态度

在做某件事时，如果你没有意愿去做，不认为该这么做，或不相信你能够做到，那你一定无法成功。正如成功动机机构的创办人保罗·梅耶曾经说过："只要你生动地想象，大胆地渴望，真诚地相信，热忱地付诸行动······一切终将实现！"所以，尽情想象自己是充满创意的，热忱地发挥创意，你就一定会成为一个有创意的人。可以采用自我喊话的方式来激励自己的勇气。语言中最有力量的词，就是"行"这个字—可以，能够，对的。"行"这个词是非常有力量的，它充满可能性，让你微笑，让你愉快，带领你不断前进。在这个世界上，你所拥有的一切都是你说"行"的结果。每当你产生创意想法的时候，告诉自己"我能行"，那并不代表你的想法是很棒的，但是当你肯定自己的想法时，不只给自己更多鼓励，也更加大了它成功的可能性。每当你有新的想法时(或听到别人的想法时)，记得先说"行"-"是的，那是可能的"；"对，我们可以试试那么做，'；"很好，那是很有趣的建议"；"对，那可能行得通"。这么说并不一定代表"对，我就会立刻这么做，不管后果如何"。找个方法对自己说"行"，让自己和身边的人都充满动力而不停地去做联结思考，开发更多创意。

3．工具或技巧

你已经有了正确的态度，也迫不及待要发挥创意了，而且内部环境也鼓励且有利于创意发挥，但是似乎还少了一样东西：你可能还不知道要怎样才能变得更有创意。对某些人而言，创意似乎是天生的，很多时候他们自己都不知道源源不断的创意是从何而来，一切似乎都很自然。但如果你不是那样的人，别着急，在本书后面的内容中会介绍一些工具和技巧来帮助你像创意人那样思考。换句话说，你可以学会那些工具和技巧，强迫自己想出创意解决方案，因为重要的是要了解如何思考而不是思考什么。总之，我们每个人都是很有创意的，只要我们留意上面提到的 E、A、T，放松心情，从创意的定义开始，强化环境的刺激，删除掉脑中那些阻碍人们创意思考的限制和说教，把它们换成正确的态度，努力学习、勤奋练习下面将要介绍的创意思维，你就一定能成为一个具有真正创意能力的人。

三、修炼创意内功

修炼创意内功，需从培养创意 9 项素质入手。

(1) 乐于接受新观念这是创意的基本心态，我们不必讲求正误，不必固守旧观念，要能够对各种新思想、新做法、新事物都不具有成见，有选择性地接纳。

(2) 思路流畅这是产生更多想法的基本能力。在解决问题时，最先想到的点子通常是最显而易见的、最普通的、最没有创造性的。当你逼迫自己想得更深人一些时，就会释放更多的创意灵感从而生出更多、更新颖、更独特的想法。有高度创意能力的人是会尽可能提出更多的想法，并喜欢寻找各种可能的途径，这不仅会帮助你获得更好的结果，而且你会发现自己可以驾驭问题了。

(3) 敏锐的感受力它是深刻感受的能力。当你能敏锐感觉到自己的感情时，你的感受力就增强了，能感受人类的所有情绪，同样也能投入到自我和他人的感受当中，这样你的思想和情绪就更为丰富了。

(4) 有一种模糊的心境这可以帮助你拥有自信的心境，可使你对事物停留在模糊未定的状态。没有明确答案也没有关系。要能接受心中的创意偶尔需要多一点时间才会醒来，需要多一点耐心诱导。这就意味着当你被"卡住"时不要惊慌，你愿意悬在未知的状态，静静地等待又一个灵感的绽放。

(5) 弹性这是创意的必要条件，因为它使你能够轻易地"见风使舵"，也意味着你愿意让自己去经历各种新鲜的事物，用更开阔的胸襟来面对新世界。僵化是创意的头号杀手，不懂变通的人们都有着僵化的态度。失去弹性会使一个人先入为主地用过多的批评扼杀尝试创新的机会。

(6) 有很强的直觉这是创意人的一个基本特征。直觉人人都有，但又有多少人能从简单的直觉中寻找到创意的灵感呢？相信你的直觉，从中聆听到你内心冲动的旋律，挖掘它并给予回应，又一颗创意之星将会诞生。

(7) 敢于冒险冒险是具有高度创意能力的人所具有的一项极为重要的素质，愿意冒险的精神正是决定你释放创意、获得快乐的关键。没有什么比退缩更能抹杀创意，由于改变的速度太快，我们没有机会仔细研究，只有冒险才有机会获得更多成功的机会。

(8) 极强的好奇心是创意人的又一项特征。具有创意的人很少满足于知道事情本来就是这样的，而会不断地提出为什么，这正是他们的奇特之处，也正是他们获得灵感的思维途径。

(9) 过人的毅力这是创意的基础，因为在创意成真之前会有无数次意想不到的尝试、失败、再尝试、再失败的过程，这是考验一个人毅力的重要过程，同样也是通往成功的必经之路。决心往往是使计划成功的关键，在尝试的过程中或许会有人不理解甚至反对。因此，坚定信念，持之以恒，创意之门离你就不会遥远。

第二节　从灵感到构思

一、思维必须有个性

(一) 创意与创意思维

人类创意的内容包括：

(1) 实物的发明或革新例如，发明一种既安全省力又快捷的自行车。

(2) 解决现实问题的新对策例如，解决生活、工作中遇到的问题。

(3) 制度、体制的创新例如，构想一种新的管理方式。

(4) 纯理论的构建例如，哥德巴赫猜想。

(5) 主观认识和个人态度方面的新变化例如，想通了一个令人烦恼的难题，提高了某方面的觉悟，找出了观察、认识事物的新视角，明确了自己在各方面发展的方向和内容等。

创意是现实世界中并不存在而仅存在于头脑思维当中的东西。创意思维就是大脑构想创意的过程。一般来说，创意思维的获得始于灵感而终于构思。

(二) 创意思维要有个性

前面提到创意的"性格"，具有顽皮好动一面的"创意"本身就是一种行为一产生新点子、或想法的行为。经过周密的思考、策划，把金点子转化为成果的一种思维方式就是我们所说的创意思维，它是以新颖独创的方法解决问题的思维过程。不同于一般的思维活动，创意思维要求打破常规，将已有的知识轨迹进行改组或重建，创造出新的思维成果。和年轻、有活力的人一样，创意思维也追求个性。

1. 灵巧

也就是灵活巧妙的意思。就实际而言，无论做任何事，如果能富于灵巧，那么必定会有着事半功倍的效果。就像美国新墨西哥州有个叫杨格的果园主。有一次在天气突降冰雹后，他发现已成熟的苹果个个被打得伤痕累累。正当全园的人为此唉声叹气时，杨格灵光一现，马上按合同原价将苹果送往全国各地。与往日不同的是在每个苹果箱里多了一张小纸片，上面写着：亲爱的买主们，这些苹果个个受伤，但请看好，它们是冰雹留下的杰作，这正是高原地区苹果特有的标志，品尝后你们就会知道。买主将信将疑地品尝后，禁不住个个喜形于色，他们真切地感受到了高原地区苹果特有的风味。因祸得福，杨格这年的苹果比以往任何一年都卖得要好。

一般来说，在常人眼里，苹果遭受冰雹之灾，最好的办法就是赶紧降价、降级，绞尽脑汁将这些"劣品"贱卖出去，降低损失，而这家果园主却独辟蹊径，巧用疤痕作为印记，将缺点变卖点、乌鸦变凤凰，一下子使其成为畅销品，不能不让人为之称赞。

2. 新奇

一个好的创意无疑会使人有着眼睛一亮的感觉。当然这源于创意思维的新奇。如果老调重弹，平平淡淡，必然乏味。

第二次世界大战期间，美国一家火柴厂发明了一种"火烧希特勒"的火柴。该火柴盒贴面是一幅希特勒画像，擦火柴的磷先涂于人像的臀部。这样每擦一下仿佛火烧一次希特勒。对于热爱和平的人来说，似乎也以此解了恨。由于火柴构思新奇，深受大众欢迎。这种火柴产品一度成为畅销的热门货。同样是卖苹果，在某高校门前，一对老夫妻从早晨开始摆摊卖苹果，到下午还是没有卖出多少。一位同学实在不忍心，就对这对老夫妻说：我帮你们卖吧。同学拿出一些红线，动手将两个苹果用红线绑在一起。然后就大声地喊道"情人苹果，五块钱一对，快来买呀！"路过的三三两两的情侣感到好奇，都应声而来买。不一会工夫，一筐苹果就卖完了。

当代青年大学生被称为新新人类，他们思想活跃，乐于思考，对新鲜事物充满强烈的好奇；他们精力充沛、活泼好动，有多方面的兴趣爱好，有强烈的求知欲望；他们喜欢新颖活泼、知识性强、富于幻想的"东东"，具有接受新奇事物的天性，并乐此不疲地追求这方面的事物。他们与"创意思维"有着不解之缘。

3. 特别

就是独具个性，与众不同，使创意常常出人意料。日本南极探险队有一次准备在南极过冬，便设法用运输船把汽油运到越冬基地。由于准备不充分，在实际操作中发现输油管的长度根本不够，一时又找不出可以替代使用的管子。再从日本运来，时间需要两个月，这一下子难住了所有的人，眼看越冬计划就要落空。情急之下，队长西崛荣三郎提出了一个奇特的设想，他说："我们用冰来做管子吧。"冰在南极是最丰富的东西，但怎样使冰变成管子呢？很多人还是不明白。队长又说："我们不是有医疗用的绷带吗？就把它缠在已有的铁管上，上面淋上水，让它结成冰，然后拔出铁管，这不就成了冰管子了吗，然后把它们一段一段接起来，要多长就有多长。"西崛队长的办法就在于打破司空见惯的观念，从而建构起一种新的相关连接。把冰、水、铁管这些看似毫不相关的材料的个别属性打破，发明自然就会在眼前出现。

4. 绝妙

创意思维的"妙"就妙在当遇到某种情况或问题时，能做出最恰当的反应。《水平思考》的作者爱德华·波诺说：创新不一定是大变革，不一定需要原创，事实上我们更多需要的是"微变"。

日本的普拉斯公司，是一家专营文教用品的小企业，一直生意清淡。1984 年，公司里一位叫玉村浩美的新职员发现，顾客来店里购买文具，总是一次要买三四种；而在中小学生的书包内，也总是散乱地放着钢笔、铅笔、小刀、橡皮等用品。玉村浩美于是想到，既然如此，为什么不把各种文具组合起来出售呢？她把这项创意告诉了公司老板。于是，普拉斯公司精心设计了一只盒子，把五六种常用的文具摆进去。结果这种"组合文具"大受欢迎，不但中小学生喜欢，连机关和企业的办公室人员，以及工程技术人员也纷纷前来购买。尽管这套组合文具的价格，比原先单件的价格总和要高出一倍以上，但依然十分好销，在一年内就卖出了 300 多万盒，获得了意想不到的效益。

5. 怪诞

这也是追求创意效果的一个重要方面。因为在怪中常常能够出新出奇。现在的电视广告，创意大多着眼于"怪"。可能很多人都有相同的感受，一则广告不看最后都不知道它在做什么商品的广告，直到看完后才恍然大悟。经验告诉我们，越是"怪"的东西越会使人加深印象，这也是创意的作用所在。无论何种事物，要想有更好的发展，就必须注重独具匠心的创意，否则，很难吸引人的眼球。有个山东的科技个体户，乘车时突发奇想，两辆汽车夜行开大灯对射易出危险，能不能把车灯变成一种会眨眼睛的？这在国际汽车史上都是一个绝想。最精明的日本人也发明了一种手动的"车灯眼皮"——对面来车，拨一下转动杆，"眼皮"半合，减小亮度。于是他设计了一个电筒式玩艺儿，前端是一个光敏元器件，后面是一套复杂的调压线路。情况变成这样了，光敏元器件测到对面车灯时就指示自己的灯减压减光，温柔地让对方通行。对方也如此办理，两车错过，再自动亮起精彩夺目的"眼睛"。这小玩艺成本才三十几元，效用不说自明。因此，在 1986 年深圳举办的出口工业交易会上他大爆冷门，一枝压群芳，夺得了 2000 万元的订货，经测算至少有 100 万利润.

二、让创意思维在大脑中闪现

（一）先学会驾驭大脑

创造学家和心理学家对创新活动进行了大量研究，这些研究表明：在创造过程中，创意思维、想象力和直觉都具有举足轻重的地位。在各种创新活动中，注意、观察、记忆等智力因素也是产生创意的源泉，而这一切的中枢是大脑。我们都知道，大脑分为左、右两个半脑，它们的功能各不相同。美国斯佩里教授通过实验研究，揭开了左右两半脑的奥秘，发现左、右半脑分别处理不同的心理活动。

左半脑：逻辑、列表、线形、词汇、数字、次序、分析、时间等。

右半脑：节奏、颜色、想象、唯独、白日梦、空间感、视觉、音乐等。

有趣的是，左半脑所处理的都是那些人们通常认为脑子比较聪明的人所擅长的；而右半脑处理的则是那些一般而言人们觉得比较有创意的事情。既然右半脑思维是创造性的基础。怎样才能更好地发挥右脑优势以获得创意呢？

目前，为了调动右半脑功能发挥其优势，国内外已经有很多人在想办法。例如，多做身体左单侧体操的训练，同时，在学习、工作的间隙或业余时间，多写写诗、读读小说、听听音乐或演奏一两种乐器，看看画册，运用右半脑的思维活动去体验、评价、鉴赏。调动右半脑功能发挥作用，不仅可以解除由于长期的逻辑推理等抽象思维而产生的左脑疲劳现象，而且着眼于创造性想象的培养，还可以运用形象手段开发右脑功能。一般来说，把具体的、形象的思维与抽象的、概括的知识结合起来，就能充分发挥大脑两个半球功能的优势，从而使大脑功能更为协调地进行学习或工作。可以这就要求要多使用作为形象手段的视听器材和设备。此外，还可以用"图形化"的方法，像用化学反应式来表示化学反应一样，用各种图形如曲线、表格、流程图等来表达人们在潜意识下的各种思维过程。在创造过程中，人们常常借助于画草图、做模型等方法来完善创造过程，也是充分调动右脑形象思维的优势。

开发右脑功能优势有助于创造力的培养。仅重视左脑功能，满足于左脑功能是片面的，要重视右脑开发，并使双侧大脑协调发展。事实上两边的脑子所做的都是有创意的事情。因为语言是有创意的，科学、写作也和艺术一样，都是需要创意的。

1) 仔细看一下左右半脑的 16 种活动，从中找出 6 种你最擅长的。你是否留意到自己的思考风格，是偏左？偏右？还是比较平衡？

2) 思考一下那些很有创意的人，是擅长用左半脑、右半脑，还是两个半脑平衡使用？你觉得为什么？

（二）创意思维训练

创意思维可以通过训练达到培养和提高的目的，下面所引用的一些训练方法，十分有效而且有趣。

1．打破常规找创意：惯常定势的弱化训练

在长期的思维实践中，每个人都形成了自己所惯用的、格式化的思考模型，一有问题就沿着固有的思维路经对它思考和处理，这就是思维的惯常定势。我们把它作为创意思维的一种对立面，进行弱化和破除这些定势的训练，扫除创意思维的障碍。

(1) 弱化权威定势的训练。有人群的地方就会有权威，人们对权威普遍怀有尊崇之情，进而演变为神化和迷信。为了保持创意思维的活力，削弱头脑中的权威定势，最好的方法是进行下列弱化权威定势的训练：

1)"权威经常依赖于权威效应"。训练的方法：找出某一权威人物的某种论断，这种论断尽管是正确的，但却与人们的常识或直觉相违背，而且传播的范围比较窄，一般人不太了解。比如，爱因斯坦相对论中的"尺缩"现象—物体运动时长度不变只是低速世界的特殊现象，长度随速度而变才是宇宙的一般规律。然后，你把这一权威论断告诉周围的人，但不要打着权威旗号，或干脆冒充你自己的新发现，听别人的反应和评价。你还可以把同一论断告诉另外一些人，首先声明是某权威的观点，把大家的反应和评价做进行比较，看从中能悟出什么道理。

2)"过时的权威"。任何权威只是一时的权威，没有永久的权威。随着时间的推移，旧权威不断让位于新权威，明确这一点，会大大减弱对某权威的敬畏心态。训练方法：请在自己头脑中回忆 1 — 2 个 10 年或 20 年前自己敬畏的权威，如今他们还是权威吗？

3)"那是别的领域的权威"。一位电影演员能推荐一种小儿药品吗？一位体操健将就肯定能制造出高质量运动衫吗？面对权威漫天"泛化"怪状，问自己：他是哪个领域的权威？他对这一行有研究吗？他那些振振之词对这个领域有价值吗？

4)"那与权威的自身利益有关"。即便是一位真正的权威，而且就在他的权威领域发表意见，也看看是否与他自身利益有关。一位科学家发明了一个营养保健品，那么他自己对该产品的评价就会至少部分失去权威性。一次科研课题或产品鉴定会，假如权威们得到好吃好喝好拿的优厚款待，鉴定结果是否有足够的权威性就值得怀疑。训练方法：如看到某权威在卖力地推荐某产品或某观念，首先想一想：它与权威的利益有没有关系？

(2) 弱化从众定势的训练。"从众定势"是思维惯常定势的一个重要表现。"从众"就是服从众人，顺从大伙儿，随大流。从众定势不利于个人独立思考和产生创意。从创意思维的角度来说，往往是冲破从众定势的结果。

开动脑筋，想出一种与众不同的观念，不追求高明和实用，只要与人们的日常习惯相冲突，然后把自己的新观念告诉朋友和刚认识的人，听听大家的反应，体会社会的从众势力有多强大，也能锻炼你"反潮流"的胆量。面对大家的指责、嘲讽和反对，你应心平气和地辩解，尽力说服他们，让多数人承认新观念中有可取之处。你还可以发明或改进一种物品，与"理所当然"的物品不同就行，同样要大力宣传、辩护，仔细观察不同人的不同反应。

例如，提出"炎炎夏日的傍晚着最暴露的泳装散步"的想法，把自行车前轮换成小轮骑出去试试。通过这类练习，你能够体会到众人的评论和嘲笑没什么了不起，从而逐渐削弱思维中的从众定势。

(3) 弱化唯经验定势的训练。在一般情况下，经验是处理问题的好帮手，经验本身就意味着新创意。经验与创意思维之间，一方面，假如我们看到经验自身的相对性，即发现了它的局限性，能不断开阔眼界、增强见识，使创意思维能力得以提高。另一方面，经验也有可能导致人们对经验的过分依赖乃至崇拜，形成固定思维模式，削弱了头脑的想象力，造成创意思维能力下降，这就是"唯经验定势"。

1) 仿盲人训练。经验大部分是通过感觉得来的，而感觉中由视觉获得的信息占全部信息的85％以上。由于过分发展的视觉反而妨碍了其他感觉功能的发挥，有必要体会一下盲人的感觉，来充分发挥其他感觉的功能，使你获得意想不到的丰富的外界信息材料。训练方法是：用布或完全不透光的眼镜使自己看不到外界，先在室内走动，再去室外熟悉处走走，最后由朋友引领下到陌生地方走一圈，这种地方最好是景物、人员等比较丰富之处，完全依靠你的听觉、触觉、方向感和平稳去了解外界。如此训练几次，肯定会有丰富的收获。

2) "逆经验反应"训练。大量日常经验使每个人对外界刺激物形成一套固定反应模式，打破它对增强创新意识大有帮助。训练原则即如此，内容可自定。

例如：听课后不复习、不做作业，就这样去上下一次课。下大雨时不打伞走出去。放寒假不回来，自己在外过一次春节。收到信不拆，扔在桌上不管它。电话铃响着，不去接。

(4) 弱化唯书本定势的训练。书本是一种系统化、理论化的知识，是人类经验和体悟的结晶。但有的人常受书本专业知识的限制，反而出现某些专业领域的新创意并非出于资深专业人员之手的现象。一般情况下，一个人所受正规教育越多，专业知识越丰富，从创意思维的角度来说，思维受缚的可能性越大。人的大脑不可能塞进太多的与自己的目标不相符合的东西；在某些时候，为了接受新观念，或者为了激发新创意，还需要我们把某些书本强行忘掉，努力摆脱已有知识的束缚，跳到"无知"的另一面。

1) "正反合"读书法。拿到一本理论类的书，认真用不同的方法和眼光读三遍，你会有一种全新的感觉。第一遍是"正读"，首先假定书中的说法完全正确，假定你十分赞同作者的观点。你一边读，一边为书中的看法补充新的证据、材料和论证方法。第二遍是"反读"你假定书中所有的观点都是错误的，你读此书的目的，就是找出错误而一一驳倒它们。也许一开始很困难，这一方面是过去读书的习惯使然；一方面你还没有真正把握书中所讲的内容。任何理论上的阐述，都不可能天衣无缝。第三遍是"合读"，就是把"正读"与"反读"的结果综合起来，在此基础上对书中所讨论的内容，提出自己的新看法。到这一步，应该说达到了读书的最高境界—既读"进去"又读"出来"了。

2) 找出书本与现实的差距。想一想，怎样从现实中找到具体事例反驳下列知识性论断：

. 男人比女人有力气。

. 开卷有益。

. 众人拾柴火焰高。

. 冬天比春天冷。

. 瑞雪兆丰年。

. 用计算机写作既方便又迅速。

3) 设想多种答案。书本上提供的答案往往是"唯一的""标准"答案，它会束缚头脑，减低创新意识。如果我们面对一个问题，尽可能多地给出越新奇越好的多种答案，创意思维水平就可以提高。

例如："大雁为什么向南飞？"答案：向北飞要飞过北极会饿死；向北飞路太远；去会见去年结识的女朋友海鸥；锻炼小天鹅的翅膀，免得沦落为"抱大的一代"；消耗身上的脂肪以治疗肥胖症；北方是工业国家，南方是经济不发达地区，工厂少，空气好……

就以下问题设想多种答案：

. 面条是怎样做成的？

. 天空为什么是蓝的？

. 浪花为什么是白的？

. 熟人见面为什么要打招呼？

. 花朵为什么颜色不同？

2．转换视角觅创意：创意视角的泛化训练

一位学者说过：你在做事时如果有一个主意，这个主意是最危险的。我们同样有理由认为，你在思维时如果只有一个视角，这个视角也是最容易引人进入歧途的。

创意视角就是用不寻常的视角去观察寻常的事物，使得事物显示出某种不寻常的性质。而这不寻常的性质，变有时并非事物新产生的性质，而是一直存在于事物中的，只不过人们以前从未发现罢了。改变视角能够产生创意，但是改变视角并不是件容易的事。为了增强改变视角的能力，可以进行创意视角的泛化训练。

(1) 定性泛化的综合训练。人们思考时总爱在脑子里给这个事物下一定性的判断，并以此来表明我们对它的基本态度。如果对某个事物或现象，我们的头脑能够以"肯定"和"否定"两种视角进行思考，那就会避免偏颇，发现其中未为人知的新东西，提高创意思维能力。

1)"肯定视角"训练。请用"肯定视角"思考下列事物和观点，就是找出它们的好处和积极因素。找出的项目越多、越奇特越好：

. 世界性经济不景气。

. 产品的市场占有率逐年降低。

. 自己刚配好的一副眼镜摔碎了。

. 在车上丢了 100 元钱。

. 工厂发生火灾。

. 刑不上大夫，礼不下庶人。

. 自己期末考试三门不及格。

2)"否定视角"训练。请用"否定视角"思考下列事物和观点，就是找出它们的坏处和消极因素。找出的项目越多、越奇特越好：

- 我考上大学了。
- 父亲的工资增加了一倍。
- 天下太平，盗贼绝迹。
- 日用品价格降低。
- 抽奖得了辆自行车。
- 久病得愈。
- 爸爸从处长升为局长。
- 多劳多得。

3)"否定视角"与"肯定视角"互换训练。请用"否定"和"肯定"两种视角，思考下列事物和观点，找出它们的好处和坏处、积极因素和消极因素，找出的项目也是越多、越奇特越好：

- 全球性气候变冷。
- 撤除所有国家的国界。
- 每个人都可以挑选任何一种职业。
- 废除死刑。
- 全国普降大雨。
- 获得一种魔力，想要什么就有什么。
- 学校给大学生发工资。
- 学校各级领导干部由抽签产生。

(2) 主体泛化的综合训练。我们总是习惯以自我为中心去观察和思考外界的事物，并以自己的标准尺度来衡量和评价好坏优劣。这并没有错误，唯一的问题是，我们应该时刻提醒自己：别人与我不完全相同。然而真正认识到这一点并不容易。

"自我视角"中的"自我"包括个人、团体、民族和人类三个层次，即从"个人自我"到"团体自我，'；从"团体自我"到"民族自我"；从"民族自我"到"人类自我"。"团体自我"指团体内的个人都以本团体为中心，以其独特眼光来观察和理解其他团体乃至整个外部世界。"民族自我"指民族中的个人都用本民族的独特眼光来观察和理解其他民族和整个世界。同理，"人类自我"总是习惯按照人类自身的标准来界定得失祸福。

从创意思维来说，自我视角首先会使眼界狭窄，不利于创意思维，应多进行非我视角的训练，力求超越自我，充分发挥思维主体的"视角转化功能"，学会从非我的角度观察和思考事物。其次，自我视角的反照能够促进创意的产生，即用自我视角来观察和思考自身。非我视角可以使人理解其他的人、团体和民族的观点及行为也同样具有某种程度的合理性。但从非我视角来思考问题十分困难，它既需要训练，也需要经验和见识的积累。

1)"自我视角"训练。结合自己的思维过程，寻找各种"自我视角"并指出其偏狭之处。. 我能不能理解与自己不同的见解？

. 我能不能与个性不同的人友好相处？

. 我能不能宽容某些自己看不惯的言行举止？

. 我对其他的社会群体有什么样的评价？

. 我对外国人的某些行为怎样看？

. 我怎样看待动物、植物和无生命的东西？

2) 用两种视角思考个体。用"自我"和"非我"两种视角，思考下列关于个人方面的事物和观点，特别要注意其中的合理性与不合理性。

. 烟酒不是毒品。

. 吃生大蒜。

. 路见不平，拔刀相助。

. 生命诚可贵，爱情价更高。

3) 用两种视角思考团体。

. 少数服从多数。

. 自己的行为值得夸耀的地方。

. 逆境出人才。

. 经常"刀匕槽"的人。

4) 用两种视角思考民族。

. 英国人的守旧心态。

. 美国人的实用主义。

. 中国人的谦虚礼让。

. 民族的分裂与融合。

5) 用两种视角思考人类。

. 人定胜天。

. 动物园。

. "星球大战"幻想片。

. 宇宙大爆炸理论。

(3) 比较泛化的综合训练。求同视角是指在思维中，抓住两种事物或观念之间的或多或少的相同点，便能够把千差万别的事物联系起来思考，从而发现新创意；而求异视角则关注事物之间的差异点。

1) 生命是什么。请用形象化的比喻说明生命是什么，把你理解的生命同一个具体的事物做"求同"和"求异"思索。例如：

. 生命如同炒菜，菜肴的味道取决于调料和技术；可以按固定不变的他人制定的菜谱炒菜，也可以由你自己自由发挥。

. 生命如同一串散乱的念珠，随便你怎样串联组合，都能够变得五光十色。

．生命是一座你不想找到出口的迷宫。

2) 自己的工作或学习的单位。你的工作或学习的单位怎么样？有什么特点？用"求同"和"求异"两种视角进行思考，并用比喻来描述。例如：我们的单位就像一艘古代的大木船，有的人用尽全力划桨，还喊着号子，想着点子；有的人半心半意地划桨，桨只随船而动；有的人根本不划桨，袖手旁观还说三道四，嫌有人划桨太用力；时不时还有人跳下水游到别的船上去；不少人也随时准备跳。我们的船长却视而不见，是根据后边航迹来掌握方向的。

3) 物品组合。下列物品可以和其他哪些物品组合成新的物品：普通手表、手提包、铅笔盒、皮手套、自行车、图书、火车票……

另外，创意思维训练还有多种，如创意思维广度和深度、速度和精度的训练，都有助于提高

创意素质。

罗曼·罗兰说得非常对："创意是历史进化中永远有效的契机。"没有创意就没有创新，没有创新就没有历史的进化和人类的进步。而创意是在大脑中由创意思维产生的，了解一点脑科学和学会用脑去创新的方法，激发创意思维，就一定能让创意在大脑中闪现。

三、把创意思维养成习惯

(一) 习惯是把双刃剑

我是谁？我是你永相左右的伴侣。

我是你最好的帮手，也是你最沉重的负担。

我可以推动你勇往直前，也会拉你后腿，带你走向失败，我完完全全听命于你。

你所做的一切，有一半尽管放心交给我，我能做得又快又好。

我再好管教不过，你只需用一贯的态度对我。

告诉我你希望事情怎么做，几次以后，我就能自动自发地做好。

我是所有伟人的忠仆，也是所有失败的根源。

我是那些成功者的功臣，也是失败者的罪魁祸首。

我不是机器，但像机器一样运转精确，也同时拥有人类的聪明才智。

你可以利用我赚取利益，也可能因我而失败毁灭，对我而言没有任何差别，

善用我，训练我，严格要求我，我会为你赢得全世界。

对我宽容，我就会毁了你。

我是谁？

我的名字就叫"习惯"。

前面我们介绍了如何将我们脑中的事物联结起来，这有点像玩连连看的游戏。如果经常连，那些点点就会渐渐消失变成实线，而这些实线或路径，就是我们的习惯。同一件事经常做就会变得很简单。

习惯是后天养成，而非与生俱来的，每一个经验都会影响我们习惯的养成。从出生那天起，我们就一直不断在破除和养成习惯，直到长大成人，大多数的习惯已经养成。著名心理学家和哲学家威廉·詹姆斯说过："从早上起床到晚上睡觉，人类99%或者99.9%。的活动都是自动的习惯。"

但正如前面那首诗所描写的一样，习惯实际上也是一把双刃剑。这有一个关于以心不在焉出名的德国数学家戴维·希尔伯特的故事。

有一次，希尔伯特在家中举办聚会，他的妻子发现他竟然大意到没有换上干净的衬衫，于是她便叫他到楼上去换衣服。可是十多分钟过去了，他还是没有下楼来，于是她便跑上楼去看个究竟，结果她发现希尔伯特竟然已经在床上睡着了！显然习惯已经控制了一切—希尔伯特脱掉了外套、领带还有衬衫之后，按着他熟悉的习惯，很自然地上床睡觉了。

类似的事应该不会发生在你身上，但习惯的确构成了我们每个人生活中很重要的部分。想象一下，如果我们每天早上起床之后都得重新再学习一切，包括如何下床，如何走到卫生间，如何穿衣服，如何吃早餐……如果我们每次洗脸都得像第一次那样，那我们就永远别想出门了。将生活中大多数的事情都交给习惯去处理，我们才有时间去做更多更重要的事情。

(二) 创意思维的习惯

既然我们体会到了习惯的巨大威力，关于创意思维习惯似乎就有这样的两难问题：如果养成习惯意味着每次都要按一样的方法做事，而创意思维要求的是每次都能提出不同的方法，那么能将创意思维变成一种习惯吗？是否有用呢？这两个问题的答案都应该是肯定的。首先，将创意思维变成一种习惯是完全可能的。创意思维是一种行为，和其他的行为方式一样，都是可以通过学习和练习而掌握的。而且只要经常做，就会变得愈来愈容易。其次，创意思维最大的好处就在于它每次都会带来不同的结果，它能带来创意的成果，让你养成只要针对问题就能主动探寻创意解决方法的习惯。因为正如我们前面曾经提到过的，创意思维是关于如何思考，而不是具体思考些什么。在《创造的行为》一书中，阿瑟·柯伊斯特勒总结说："当我们越能轻易掌握某项技能时，技能本身就会变得越发自动。"换句话说，如果你能掌握创意思维技巧的话，它们就能成为一种自动的行为，你也就能因此养成创意思维的习惯了。

你所要做的就是相信自己，努力学习创意思维的方法，并抓住每一个机会去尝试。就像威廉·詹姆斯说的："我们必须尽早将有用的行为培养成自动的习惯，而且越多越好。"如果你也同意创意思维对你大有益处的话，何不把它培养成你的习惯呢？就从现在开始吧。检查一下你的习惯

1) 列出你最好的 5 个习惯，这些习惯是在什么时候养成的？谁曾经影响过你？这些习惯带来的结果是什么？你对这些结果满意吗？

2) 列出你最差的 5 个习惯，回答和以上同样的问题。

3) 组织也是有习惯的。思考一下你学习、工作的地方，找出你学校或班级的一些习

惯来，有哪些是好习惯？哪些是坏习惯？有哪些坏习惯是你可以去影响改变的？如何影响？

(三) 培养创意思考习惯的 25 种方法

以下有 25 个方法帮助你突破传统，积累知识和经验，并建立联结思考的基础。现在就试试看吧：

1) 观看一个你不喜欢的电视节目，你或许会发现原来那些节目是不错的，并学到新的事物。

2) 安排一个"反手使用日"。也就是说你必须一整天都使用平时不常使用的那只手，强迫脑子用相反的方式做出反应

3) 下班回家时提早一站下车，沿着不熟悉的街道走回家，看能发现什么新鲜事。

4) 随意翻开一本你熟悉的书，阅读其中一页，在当中找出明天能够用得上的新词或点子来。

5) 检查一下你平时的做事方法，问自己："为什么我们总是那样做？有没有更好的方法？"

6) 离开平时熟悉的工作环境，到另外一个地方思考问题，比方说到一家咖啡馆或公园去，不同的环境可能会激发你产生出不同的思考方式。

7) 打开搜索引擎，然后输入"脑筋急转弯"或者"智力测验"等词，浏览一些列有难题和怪题的网站，试着解答那些问题。

8) 把明天定为你的"非生日"，过一个快乐的非生日，让自己想做什么就做什么，一定要把它过得非同寻常。

9) 尝试闭上眼睛做家务和办公，强迫自己使用其他的感官能力。

10) 不要只看事物的表面，试着用通过一面小镜子去看世界，用完全不同的角度去看事物。

11) 试着把你正要解决的问题用歌曲唱出来，比方说用一首网络歌曲调子来唱。

12) 如果你习惯坐着思考，那么试着站起来思考。

13) 试着同时丢接好几个网球，提升你的灵巧性。

14) 在大理石或壁纸上找出一些抽象的图案。

15) 记住西藏 5 个城镇的名称，不为别的，只为让你的大脑运转更灵活。

16) 用铅笔画出你的朋友，尽量抓住他 (她) 的主要特点。

17) 把一些最常用的词语倒过来念念看，试着找出新的意义。

18) 将你的手表拨快 5 小时 10 分钟，想办法让自己还是保持准时。

19) 收听外语广播电台的节目。

20) 学会用 10 种语言或方言说"你好"。

21) 计算出你每秒钟的薪水，问自己是否值得这个薪水。

22) 拒绝用整数来计算时间，将你的闹钟设成 7:03，而不是 7:00，闹钟一响你醒来的

时候，提醒自己一整天都要打破传统的限制。

第三节　创意课程开设

有专家对高校学生创新能力相关因素进行了调研，结果表明，大学生的创新能力与其创意和创意思维的培养、专业学习、校园文化、社会实践、兴趣爱好、科技创新活动等多方面密切相关。为了迎接知识经济时代的挑战，许多发达国家都在研究和解决教育如何培养学生的创新意识、创新精神和创新能力的问题。例如，日本人提出，教育要成为"打开能够发挥每个人的创造力大门的钥匙"，"教育要适应技术新时代而提高学生的价值品位，发展学生的想象力、谋划力和创造性智力以及为创造而进取的不屈不挠的意志，使受教育者成为面向世界的日本人"。美国人则强调教育的首要目的就是释放学生的创造力，要培养"骨髓中都充满未来思想和未来意识的人"和"世界一流的创新人才。"英国人在《学校课程框架》中提出了发展创新思维，了解世界群体和个人，养成正确道德观念等教育目标要求。德国人说："教育的最终目的不是传授已有的东西，而是要把人的创造力量诱导出来，将生命感、价值感唤醒"。

我国的高职教育担负着培养生产服务一线高素质技能型人才的重要职责和任务。在全面实施素质教育的今天，大力开展创新教育，培养学生的创新意识、创新精神、创新能力和创新人格，是各高职院校人才培养的目标。所以高职院校要从各方面创造条件，加强创新教育，为大学生的创业和就业打下良好的基础。

所谓创新教育，就是以培养人的创新精神和创新能力为基本价值取向的教育。创新教育的任务就是要为受教育者创造条件，采用有效的教育模式来点燃他们的创新欲望，增强他们的创新信心，提升他们的创新精神，培养他们的创新能力。相对于基础教育所面临的各种升学考试压力带来的应试教育模式来说，高职教育的自由度相对较高，学校课程设置的自主性较强，学生可以自主支配的时间相对较多，这对开展创新教育十分有利。所以高职院校可以根据人才培养目标，通过设课程、立项目、搭平台等途径开展创新教育。通过对学校内部的各相关创新要素的整合，以开设创新教育课程、开发创新研究项目以及开展各种科技创新竞赛活动等形式实施创新教育计划。

课程学习是学生获取知识和能力的主要途径。高职院校可以充分利用自身的专业优势和丰富的实验实训资源，开发顺应时代要求、适应技术发展的创新教育公共必修和选修课，通过课程让学生较为系统地了解创意、创新及创造力的相关理论知识，使他们逐步有意识地开发自身的创造力，掌握一些启迪自身创新思维，升华自身创新人格，培养自身创新精神，提高自身创新能力的科学原理和方法。下面简要列举几门创新教育选修课程。

一、创新能力开发

该课程在介绍创造和创新活动所必须具备的基本素质要素、有关创新的基础知识、基本规律的基础上，运用大量的案例分析、互动活动以及创新实践，层层揭示创新过程的思路，注重思维引导，激发学生的创新兴趣，训练学生的创新能力，从而使学生对创新的理解有新的认识，在感性上意识到创新并不神秘，进而帮助学生塑造创新型人格。例如，发现问题并确定问题、打破习惯性思路、推迟判断、看出新关系等。教师在教学过程中，采用研究型学习小组、讨论等教学方式，营造创新所需要的自由、宽松环境，引导学生品尝创意带来的乐趣。具体内容可参见本教材前三章的相关章节。

二、机械创新设计

该课程通过"机械方案创意设计模拟实验仪"和"机构创意设计实验"来培养学生的创新意识和创新能力。实验在"机械方案创意设计模拟实验仪"上进行，该仪器由一套机构创新设计实物模型组成，主体具有多道竖、横的轨道，能为学生提供各种搭接的基本机构、组合机构的基本构件、多功能零件和电动与气动的遥控设备，学生可以利用这些组成机构实物模型的"积木"创意性地设计各种不同形式、不同机械性能、不同功用的机构，模拟真实工况，观察机构的运动性能，并通过调整构件尺寸改善机构的运动情况和传力性能，创意设计出最佳的机构方案。通过"机械方案创意设计模拟实验仪"对学生进行创新教育的可操作性强，效果明显。

3、科学技术基础

该课程通过对物理科学、生命科学、高新技术等科学技术发展历程的总体介绍，让学生了解科学与技术的联系和区别。同时通过讲解"科学方法"，使学生认识科学方法不仅包括从事科学活动、进行科学探索、实现科学创新所使用的手段、工具、程序，也涉及从事科学活动、进行科学探索、实现科学创新所依据的观点、思想、理论等。还通过机械运动、电场和电流、液体性比较、生物结构观察、生理指标测量、刺激与反射等实验实践项目让学生在动手操作中培养学、系统、理性思维的方法。教师采用讨论式、启发式、案例分析等教学方法，从人类几个重大发现和科学家成功案例中获得创新思维的启示，使学生敢于质疑和否定旧的学说，发现自己的创新意识和创新能力。

4、系统工程

本课程是以研究大规模复杂系统为对象的一门交叉学科。它把自然科学和社会科学的某些理论、方法、思想、策略、手段根据总体协调的需要有机地联系起来，把人们的生产、科研、经全济活动有效地组织起来，应用定性、定量分析结合的方法，对构成系统的要素、组织结构、信息交换和反馈控制，进行分析、设计、制造、服务，从而获得最优控制、最优管理、最高效的系统。

通过本课程的学习，培养学生从系统总体出发来观察、分析和处理问题，建立从系统优来研究和处理问题，以及进行分析决策的思维方式，并掌握一定的定性、定量分析技术统进行优化设计和改造。

五、数学的真相

该课程通过对同学们看到的一个个"漂亮"的、现成的定理和公式的"身世"介绍，揭开数学冷峻、严肃、枯燥的面纱，探究数学发展历程中人类思想的激烈碰撞，认知水平的一次次升华，从而体验到人类智慧的伟大。本课程以丰富的数学史料、趣味的数学问题、新颖的数学知识为载体，着重介绍了数学的发展及其在发展过程中所包含的数学思想、数学方法、数学精神。

第七章 展开创新的双翼

日本物理学家汤川秀树说："创造力不是一种天外飞仙的东西，创造力的问题最终可以归结为创造力隐藏在什么地方以及通过何种手段才能使它发挥出来。

创造历史人类特有的一种综合性本领，它是致死、智力、能力即优良的个性品质等复杂的多因素综合优化构成的。创造力与一般能力的区别在于它的新颖性和独特性。它是成功地完成某种创造性活动所必需的心里品质，是祝你飞往创新彼岸的双翼。

第一节 决胜未来的关键

"优先和迅速"装卸程序

世界上最大的航空公司—英国航空公司1993年实行的"优先和迅速"装却程序赢得了世人注目。该项创意是由该公司在伦敦希思罗机场（该公司的国际机场）四号终端工作的搬运工伊思·哈特提出的。哈特所在的行李带传送区，经常有旅客问他某些相似的问题。因为带有黄黑相间标签的行李总是先到达行李传送带，旅客想知道如何弄到这和标签，以便挂到他们的行李上。而问问题的总是第一批下飞机的人—英国航空公司头等舱的旅客。哈特决定对此展开调查。

后来，他了解到两个原因。其一，黄黑相间的标签是用在买退票的旅客的行李上的，包括免费航行的英国航空公司机组乘务员，或以乘客身份去上下班的乘务员的行李。这些人，尤其是雇员乘坐飞机必须等退票，直到飞机起飞前一分

钟才知道能否在这架飞机上得到一个座位。其二，乘客的行李在放进货舱之前先放入集装箱里。哈特发现因为头等舱集装箱一般最先放好，最后才放免费乘机旅客的行李，所以头等舱集装箱常常是最后却下飞机。这就造成头等舱乘客常常要等待很长时间才领到行李的情况。显然现有的制度无意之中优先处理了免费乘机旅客的行李，同时造成了英国航空公司给头等舱乘客留下了服务很糟的印象。于是哈特建议不要把头等舱行李放入集装箱，而应在飞机起飞之前最后松散地装入飞机货舱的前排。飞机一到达，就派英国航空公司工作人员去却头等舱行李，迅速把它们放在传送带上。

公司采纳了他的建议。新的装却程序使各英国航空公司的头等舱服务大为改观。头等舱行李到达传送带的平均时间立即从20分钟减少到12分钟，1994年底下降到9分48秒，有些航线通常只要7分┆钟。哈持为此荣获了该公司1994年度"消费者服务奖"，领到了1200英磅（约合18000美元）的奖金，以及两张往返美国的协和式客机机票。

创造力真的很重要吗？答案毫无疑问是肯定的。人类自身的发展历史很好地证明：创造力对人类的命运起了决定性的作用。人类从学会用石头制造工具到工业革命大量创造机器来改变世界，在这一过程中创造力毋庸置疑扮演了极其重要的角色。一部人类文明史，就是一部创造史，一部向外改造世界、向内改造自身，从而不断走向自我与进步

的历史。可以说,人生的本质和价值就是创造。人类在不断创造出新事物的同时,也在创造出一个个崭新的自我。

一、创造了世界

长期以来,人们一直以为只有天才才具有"神秘"的创造力,古代甚至以为是神灵赐予的,所以毕达哥拉斯在证明他的定理后,把100头牛献给了神。到了20世纪初,人们才认识到,每个正常的普通人都具有创造的潜能,只是创造的能力有大有小,或者是发挥程度不同,表现不一。

(一)创造力助你成功

在加利福尼亚州,公路施工路段竖有"施工慢行"和"绕道行驶"的黄色路标,而新颁布的联邦公路管理条例则规定路标须为橙色。原路标是铭制的,无法重新喷漆,而制造新的橙色路标需用11万美元。一位官员想出用一种半透明状的红色塑料纸粘在黄色路标上,这样,路标看上去就是橙色的了,完全符合新条例的规定。这个富于创造性的设想,为州政府节省了11万美元的开支,这位官员因此得到了5500美元的奖金。

中国矿业大学一位女大学生的创意是在偶然的游玩中产生的。当时她正和妹妹一起嗑瓜子,两人手里都揣着满把瓜子皮,却苦于没地方扔。突然,她想到,能不能在装瓜子的袋子外面再附一个袋子呢。于是"夹层食品袋"的发明就这样产生了,她为此获得了国家专利。

无论是美国加州雇员,还是中国女大学生,他们都是在解决问题中将其创意付诸于实践,使得创意成真,表现出他们实实在在的创造力。这样的例子屡见不鲜。被喻为超级天才的爱迪生,纵横于发明界,他的成功其实就来自源源不断的创造力。与其说他们是成功者,不如说是圆梦的人圆的是他们自身那永远不可遏制的创造力之梦。

怎样确定一个人的创造力水平呢?常用的方法是看他提出的创造性设想或方案的实用价值。上文加州官员的做法就是具有实用性的创造行为的生动案例。

当然,就凭这个创造设想,我们还不能说它的提出者具有真正的创造力,更不能跟沃尔夫、爱因斯坦和毕加索相比。但是这个设想对于当事人来说,是新颖的、有价值的、至关重要的。同时,每一个创造设想都是一块铺路石,可能铺垫成一条通向诺贝尔奖的道路。正如心理学家马斯洛所说"一盆一流的汤的创造性远胜于一幅二流的水彩画"。创造力有助于发掘我们每个人的智慧潜能,应充分利用人脑这一地球上最丰富的资源。人们一旦获得可靠的自我认可和坚定的自信,就会乐于兑现诺言,勇于承担责任。创造力可以增长智慧,而智慧又促进创造力。

哈佛大学心理学的研究人员发现,创造力的强弱与害怕死亡的程度有极为密切的联系。新泽西州立学院的哥德曼教授在对创造力参差不齐的人们进行了623次深入调查之后,得出结论:"一个人的生活越完美,一个人的理想实现得越彻底,一个人的创造潜力发挥得越充分,那么他对死亡的恐惧程度就越小。

亚历山大·洛文也在《快乐》一书中强调，快乐给创造性的生活态度提供了精力和动力；反过来，创造性的生活态度又增加了自学成才的快乐的意义。快乐给生活添加了兴奋剂，给人的自我实现和自我表达开辟了新途径。卡尔·罗杰斯在《创造学导论》一书中写道，真正的创造性应变能力似乎代表着唯一的一种适应方式，只有使用这种方式，人们才能把握住令人眼花缭乱的万花筒世界。

（二）走出误区

创造力做为表述崭新和有价值想法的一种能力，每个人都以为它是神秘的。事实上，当你仔细审视创造的全过程，就会发现许多常见的观点都显得"弱不禁风"了。

误区一：创造力是稀缺的。实际情况是，有研究表明，促成创造的神经活动是非常平常的。离开这些神经活动，我们甚至不会走进一家陌生的商场或者说出一句有创意的话。也许创造力的表现是比较稀有的，但是这些可能会更多影响到我们处世的方式，而不是我们的能力本身。事实上，我们大家可能都具有莫扎特、爱因斯坦和毕加索那样的创造潜能。

误区二：只有高智商的人才会有创造力。人们做了一些研究，希望能够了解智商和创造力之间的关系，但结果令人意外：研究人员发现两者并不存在必然的因果关联。换句话说，尚无研究证实创造力需要某种特殊程度的智商。在生活中，我们知道了太多的知名艺术家、发明家、诗人、作曲家，但是他们的智商水平和常人无异。

误区三：创造力是不可研究的领域。世界上第一个心理学实验室建于19世纪后期。在此之前，许多人还认为，人们的思维和行为将永远超越科学认知的范围。但是，时至今日，在遍布全球的实验室里，人们有条不紊地研究着学习、记忆、联想等一系列与人类行为有关的领域，并取得了一系列研究成果。对于创造力的研究，发端于20世纪50年代，并在70年代融入了严格的实验研究手段，时至今日已取得了长足的进展。

误区四：创造力只和右脑有关。20世纪60年代对于少量裂脑人的研究，导致了一场近乎于失控的对于左右脑分工机理的狂热研究。要知道，地球上毕竟只有极少数人是外科学意义上的大脑分裂，而剩下的50多亿人的脑子都是正常的。正常的脑组织有大约1亿根神经纤维连接着左右脑。研究人员尚未发现有哪一个特殊的脑组织部位和创造直接相关。

误区五：创造力是神秘莫测的。事实上，对于个体在创造过程中的若干重要方面，人们已有了比较透彻的了解。也许，创造的过程之所以在人们眼中显得神秘，是因为其中伴随着挫折混淆。但是，人们现在已经发现了若干掌控着新点子产生的基本法则，而且基于这些法则的重应用已经在进行之中了。

误区六：创造力是不能通过学习获得的。实际上，每个人都可以通过学习而激发出极大的创；造力，关键是要开发出一些简明的技巧或者技能，这些东西要简单得像系鞋带一样。

二、有一种能力使创新不再神秘

(一) 神奇而诱人的能力：创造力

创造力是人类特有的一种综合性本领。一个人是否具有创造力，是一流人才和三流人才分水岭。它是知识、智力、能力及优良的个性品质等复杂多因素综合优化构成的。创造力是指产生新思想，发现和创造新事物的能力。它是成功地完成某种创造性活动所必需的心理品质。例如，创造新概念、新理论，更新技术，发明新设备、新方法，创作新作品等都是创造力的表现。

真正的创造活动总是给社会产生有价值的成果，人类的文明史实质是对于创造力的研究日趋受到重视，由于侧重点不同，出现两种倾向，一是不把创造力看做一种能力，认为它是一种或多种心理过程，从而创造出新颖和有价值的东西；二是认为它不是一个过程，而是一种产物。一般认为它既是一种能力，又是一个复杂的心理过程和新颖的产物

根据西方学者研究表明，智商超过一定水平时，智力和创造力之间的区别并不明显。创造力高的人对于客观事物中存在的明显失常、矛盾和不平衡现象易产生强烈兴趣，对事物的感受性特别强，能抓住易为常人漠视的问题，推敲入微，意志坚强，比较自信，自我意识强烈，能认识和评价自己与别人的行为和特点。创造力与一般能力的区别在于它的新颖性和独创性。它的主要成分是发散思维，即无定向、无约束地由已知探索未知的思维方式。按照美国心理学家吉尔福德的看法，当发散思维表现为外部行为时，就代表了个人的创造能力。

(二) 创造力是这样构成的

在大家信心满怀地着手开发自己的创造力之前，先要仔细地审视它，认真地分析它。创造力是一个系统，该系统由几个主要的子系统有机构成，而每一个子系统又有自己的子系统，形成了创造力的结构。下面，就影响创造力的各因素及其构成做一些必要的解释，以加深对创造力的认识。

1. 影响潜在创造力的因素

影响潜在创造力的因素主要包括能力倾向、专业素质、创造性技能、人格特征和后天成长。

(1) 能力倾向。能力倾向包括一般能力倾向和特殊能力倾向。

1) 一般能力倾向。一般能力倾向是指个体对多类型活动经训练达到的能做出有效行为反应的能力，一般称为智力，通常是指人基于遗传天赋经训练而存在的注意力、观察力、记忆力、想象力、思维力和操作力。

2) 特殊能力倾向。特殊能力倾向是指从事特定活动所必需的特殊才能及完成这一特定活动的专门技能。特殊才能主要取决于天赋，即遗传决定的天赋作用，这是因为人在特殊才能方面的个体差异很大，而一般能力倾向即智力方面差异较小。据声乐专家研究

发现，人的声音取决于声带，而声带结构及特征主要由遗传决定。音乐艺术家必须有旋律感、节奏感、音乐形象的想象力等特殊才能，还必须有识谱、记谱、演奏等专门技能。

(2) 专业素质对于创造力来说，专业素质是创新的基础。在某一专业领域要创新是需要具有扎实的专业素质的。包括知识、专业意识和专业经验。

1) 知识。知识是人们对自然界和社会观察、认识及实践而获得的感知的总结。知识是创造力结构中不可缺少的部分。知识这一子系统中应包括基础知识、专业知识和相关的交叉知识。

2) 专业意识。专业意识是对专业的地位、作用、特征和性质的认识和在认识的基础上形成的观念。

3) 专业经验。专业经验能为创造力提供丰富的素材，而建立在经验之上的经验智慧就更显得重要。经验智慧是指个体善于运用经验，形成新观念，对新事物处理时彭迅速进入新情况，且能表现出较高工作效率的能力，还有专业技术技巧和专业方法。

(3) 创造技能。创造技能包含创造性思维、创造性认知风格、创造工程能力和创造学知识。

1) 创造性思维。创造性思维既是创造技能要素的基础性因素，又是创造力的核心。在多数情况下，创造性思维表现出一种非逻辑的、非程序化的思维，包括判断、推理、想象、直觉、顿悟、灵感等。判断是根据自身的知识储备和以往的经验教训，合理区别事物的好与坏、正确与错误、结果与后果，判断力在实践活动中是很重要的能力。推理是从已有的理论或方法中，经过分析、研究、判断而得出不同的思想认识，但这个新的结果需要在实践中检验。想象是创造的重要技能，许多创造的过程是从想象开始的。直觉是一种初步知觉，开始时不是有意识的。例如，伽利略有一次坐在教堂的角落里，毫无意识地盯着教堂顶上的吊灯，一阵大风经过，吊灯被吹得左右摇摆。他突然发现，不论吊灯摆动很高还是摆动很低，似乎每次摆动的时间都是一样的。他自己也觉得这种想法太奇怪了，经过反复实验和计算，伽利略得出了这样的结论：摆动的周期与摆的长度的平方根成正比，而与摆锤的重量无关。顿悟是指当个体突然悟到了一个问题的解决方法或以一种新的、更有效的方式领会了一个熟悉的情景时所产生的一种经验。灵感是指经过分析、研究，在思维高度集中时突然萌发的创意思想。

2) 创造性认知风格。创造性认知风格是指人们在感知、记忆和思维中受个人喜爱的、经常采用和习惯化了的态度、方式，以及在认识复杂问题过程中表现出的一贯的气度、能力和心理特征。认知风格是个性在认知过程中的表现。创造性认知风格有以下特点：感知敏锐，善于发现问题，提出疑问；感知全面、客观，善于获得各种信息，存储丰富的信息；具有独立性，有自己的独立见解；思维流畅，善于把握事物内在联系，不追求唯一答案；思维灵活，不受事物原形象功能束缚，不循规蹈矩，善于及时变换思路；宽容各种设想，接纳各种文化，具有浪漫精神和超现实感，善于从对立、相反之中发现新价值；富于想象和幽默、视觉表象丰富，善于略去细节抓住实质。创造性认知风格还涉及创造性工作风格，它有以下几个特点：有长时间致力于解决创造性课题的恒心和长期保持注意力的能力；善于"建设性遗忘"，暂时遗忘干扰思路的烦恼；不回避矛盾，不惧怕困难，又能果断放弃已证明失败的构想；精力旺盛，对创造乐此不疲；善于在杂乱的条件下自由工作。

3) 创造工程能力。创造工程能力是创造技能要素的另一主要因素，包括创造的原理、则、技巧和方法，是创造技能的操作性因素。

4) 创造学知识。创造学知识是创造技能的理论基础。

(4) 人格特征。人格是创造的内在根据，创造性人格特征是由动机倾向、意志品质、人生态度、自我意识、情感智慧等因素组成，它包含了创造的非智力因素的主要内容。创造性人格特征能起到"不是智力，胜似智力"的重要作用。

1) 动机倾向。动机是创造性人格结构中的动力源，是创造力的能源。有创造力的人，在动机倾向方面有以下特点：内在动机丰富且水平高；好奇心强；兴趣强烈、广泛与专一；具有抵抗挫折力和外部压力的能力；具有接受社会给予的承认和报偿的谦虚态度。

2) 意志品质。其通俗的说法是韧性、恒心、锲而不舍、百折不挠、坚忍不拔等。

3) 人生态度。是对人生及其矛盾和问题的评价和行为倾向，包含人生认知、人生情感、人生意志和人生行为四个方面。创造性人格的人生态度是：对人类的文明进步有强烈责任感和使命感，自愿为之做出贡献甚至牺牲；敢于大胆提出问题，揭露矛盾，直面现实，为创造新价值甘冒风险；喜欢新事物，学习新知识，勇于尝试新方法，接受新事物，探索新道路，有求新精神；具有进取的性格，不满足现状。

4) 自我意识。它是个人对自己及自己与周围关系的认识。创造力水平高的人常具备良好的自我意识：自信，表现为自我肯定、自我承认、自我激励；自我统一，有自知之明，善扬长避短，能自我分析，不断成长，能从内在精神活动中获得创造动力的源泉；有无私精神，在自我与周围的关系上持利他原则。

5) 情感智慧。稳定的、品质良好的情感能提高创造力，促进创造性思维的发展，对创造活动有推动和维持作用。自从美国教授萨拉维和迈耶于 1990 年共同提出情感智慧的概念，我们才得以运用情感智慧来研究创造人格，并使创造力结构的探讨更科学了。情感智慧是一种监控、感知自己和别人的感情，区别并运用它们去指导自己思考和行动的能力。情感智慧主要包括情感的知觉、评估和表达；情感的调节；情感的运用。积极情感的运用有助于创造性地思考、灵活性地计划，更有助于创造性思维，改变原有的注意方向，并对个体产生动机作用。

(5) 后天成长后天成长涉及社会背景和文化、自我认识和交流三个方面。

1) 社会背景和文化。是指个人成长的社会背景、文化因素、家庭因素。社会背景和文化对个人的发展影响很大，如著名的"孟母三迁"。

2) 自我认识。是指对自己及周围关系的认识，如认识自己的兴趣究竟在哪里。

3) 交流。是指个人与他人的沟通状况。交流是很重要的活动，对创新具有重要的作用。

许多创新人才是在与别人的交流中突发灵感、受到启示的。如海明威，在战争结束后回到古巴的田庄，过着"钓鱼—写作"的生活。在一次与老渔夫的对话中得到启发，让他回忆起十几年前在基韦斯特度过的捕鱼的日子，于是花了整整八个星期写出了《老人与海》这一著作。"头脑风暴"法就是交流的有效应用，具体方法将在以后的章节中涉及。

2．影响现实创造力的因素

影响现实创造力的因素主要包括协作、实践、创新特质。

(1) 协作。从潜在创造力到现实创造力的发展，只有个体因素是不足够的，人与人之间的协作关系也会激发创造力。协作包括协作的精神与协作的技能，具体途径可以有专业互补、资本互补、年龄互补、EI 互补等。

(2) 实践。实践主要包括科研实践、生产实践、社会实践等。在实践中，可以检验自身解决问题的能力、留存在大脑中的知识储备、判断事物的思维、初步形成的理论、研究成果等。只有从更丰富的实践中，才容易发现鲜为人知和自己尚未发现和处理的问题、弊端，从而开创新的领域。

(3) 创新特质。创新特质主要包括：创新精神、创新品质、创新素质等。这些因素对个体创造力的发挥起到外在的推动作用。

三、走上创造力开发之路

我们已经了解了创造力的构成，那么根据创造力的各项能力要素，要提升个体创造力，可以利用多因素提升创造力的方法进行，包括 8 项工作、12 项措施。

(1)8 项工作。8 项工作为：注意能力倾向、提高专业素质、训练创造性技能、健全人格、关注成长、加强协作、进行实践和培育精神。

(2)12 项措施。12 项措施为：

1) 加强智力开发。重点开发观察力、记忆力、想象力、操作力、思维力、质疑力等。

2) 培养专业意识，通过专业意识的培育，使之对某一专业或某种事物产生兴趣，进而深入到该领域之中进行研究。

3) 培养创造性思维如非逻辑的、非程序化的思维，包括判断·推理·想象·直觉·顿悟、灵感等。

4) 提高认知能力，如感觉敏锐、联想能力强、观察入微、分析问题能力强。

5) 掌握创造学理论和技巧，如智力激励法、组合法、类比法、联想法等。

6) 具有良好的创新动机，个人要具有对于工作、学习等实践的内在兴趣和试图驾驭问题的同时对创新激励具有良好的反映。

7) 培育情感智商，创新人才要具有乐观、愉快、自信的积极态度。

8) 具有强的意志力，如顽强毅力，从挫折中站立起来的韧劲和执着。

9) 养成实事求是、坚持真理、开放的态度，要有敢于创新、挑战权威、接受新事物的勇气。

10) 积极参与交流，通过交流来突发灵感、受到启示。

11) 加强协作，人与人之间的协作关系能够激发创造力。

12) 培育创新精神、创新品质、创新素质等。

第二节　开拓你的创造力

第一、创造力的核心技能

创造力研究提出了四种核心技能（潜在的技巧和趋向），研究人员认为这四种技能可以帮人们展示创造才华。一个人如果能够经常进行创造，就表明他已经掌握了这些核心技能，而每人都是可以掌握这些技能的。

1. 捕获灵感

新的点子往往都是转瞬即逝的，它们来去匆匆，就像一只兔子飞快地穿过树丛。富于创造的人们懂得如何保存新的想法，他们总是先保留住这些想法，再加以评估。幸运的是，学会捕获灵感并不是非常复杂的事情，而且强化这种能力往往会收到 10 倍乃至更多的回报。

2. 迎接挑战

失败会使一种叫作"复苏"的行为过程发挥作用。所谓"复苏"，就是那些在过去的一些类似情形下行之有效的行为将再次出现。举个例子，如果你在开一扇门的时候遇到困难，你会很快采取那些在其他门上起作用的法子：用力拧、踢门、叫人帮忙。这种过程的好处就是能够让不同的行为习惯彼此竞争，而在竞争的过程中，新的行为常常会出现。换句话说，失败往往诱导了创造。但是，这种过程也有不足，因为行为竞争的过程往往会让人感到困惑和灰心。这种能力还牵扯到多种对付失败的技巧，如消除失败带来的恐惧、寻找失败的原因并加以限制、在失败的时候调节心绪等。

3. 拓展见识

如果你正在创作自己的第一部交响乐，而除了贝多芬的作品以外没有接触过其他曲子，那么你的风格很有可能是相当局限的。因为现有的行为能力越错综复杂，其中的相互沟通就越有趣多变。因此，增进创造力有一种相当简便的方法就是拓宽知识面。换句话说，你应该学一些计算机基础课程，而不是整天在微软视窗的天地里面打转转。

4. 调适环境

环境中复杂多变的刺激信号也能够导致多样化的行为。举个例子，设想你驾车接近交通信号灯，却发现红灯和绿灯同时亮着。毫无疑问，这是一个很不寻常的事件。你将如何应对？你的右脚很有可能在油门和刹车之间反复挪移，而此时你很可能会感到疑惑不解和举棋不定，要知道这就是灵感到来时的感觉。通过掌控周围的环境，包括硬环境（如教室的装饰）和软环境（如和我们一同生活和学习的同学们），能够加速和指引创造的过程。

二、如何拥有创造力的魔法

最有价值的知识是方法的知识，针对具体的环境、需处理的具体事项，应用一系列开发创造力的方法有意识地训练自己，可以点石成金、化腐朽为神奇。历史的奇迹无不建立在创造力的基础之上。

（一）智力激励法（头脑风暴法）

智力激励法是奥斯本发明的。最初用于创造广告的新花样上，总结后著书问世。这是一种用来提出新设想的办法。

人们要求创新，首先要能想到较多较好的创意、方案、"点子"，而为了产生这些新设想、新方案，通过一定的会议形式，创设有较多能够相互启发、引起联想、发生"共振"的条件与机会，便有助于开发人们的智慧和创造力。智力激励法就是通过这种会议形式以激励人们智力的一种方法。它能在较短时间内发挥集体的创造力从而获得较多的创意。当一个与会者提出一种设想的时候，就在这一瞬间，这种设想会激发组内其他成员的创造能力；当人们卷入"头脑风暴"的洪流之后，就会引起一系列的设想，这就像放一串鞭炮一样，点燃一个爆竹，就会引爆一连串的爆竹。

为了使参与者都能充分表达和发挥自己的设想，会议必须遵守以下四项规则：

(1) 自由奔放提倡任意、自由思考，自由想象，想法越新奇越好。有的看起来是很荒唐的设想却可能很有价值。

(2) 严禁批判，对别人提出的想法不能批评，也不得批判不得阻拦，即使是幼稚的、错误的、荒诞无稽的，也不得批判。也就是说，要排除评论性的判断，对设想的评论要放在以后进行。这叫保留判断原则。

(3) 求数量要求提出一定数量的设想，提出的设想越多，就有可能获多更多的有价值的设想和方案。

(4) 善于利用别人的想法开拓自己的思路提倡与会者倾听他人的设想并提出改进他人设想的建议，或将他人的几个设想结合在一起提出新的设想。也就是说，可以对他人的设想进行补充，利用别人的设想来诱发自己的灵感。这样每个与会者就可以顺着他人的设想而把想法展开、延伸出去。

（二）想象振奋法

"想象振奋法"是由胡里奥教授提出的，即在各种各样的场合中，主动地运用一些想象的巧来丰富自己的创造能力，培养自己的创造性，从而大大改造创造能力的一种方法。在具体训时，要把握下面几种技巧：

(1) 分想分想是"想象振奋法"的第一个环节，也是一种行之有效的想象技巧。它指是大脑将贮藏在内部的形形色色的经验分离出一种或若干种以创造想象的方法。

(2) 联想当然，仅有分想还是不够的，尤其是对一些复杂的思维任务来说，更有莫及之恼。联想，正是在分想的基础上，通过对若干对象赋予一种巧妙的关系来创造想方法。

(3) 串想我们的想象活动，决不能满足于一个新形象的建立，还需要将诸多的想象串在一起的，因而"串想"也是难度更大的。所谓"串想"，就是按照某一种思路为"轴心"将若干想象活动组合起来，形成一个有层次的、有过程的并且是动态（发展）的想象活动。这种想"需要更强、更严密的思维活动参与，体现出"串想"进程中彼此的逻辑递进关系。

（三）标新求异法

训练：物体功能替代法。世界上的万事万物大都有其特有的固定功能。例如，扫帚是用来扫地的，杯子是用来盛水的，书是供人阅读的，等。其实，这些物体的功能远远不止这些，像扫帚不仅可以"支撑"而且可以"击撞发音"、"当扁担使"等。因此，用"标新求异"思维训练法来训练时，必须自觉地进行物体功能替代，即从各个侧重、各种角原来分析、确定物体的不同功能，培养思维的新颖性、独创性。

（四）直觉辅助法

在对科学家的一项调查中，有 33% 的科学家认为自己经常有直觉，50% 的人认为偶尔有直觉，而只有 17% 的人说自己从未有过直觉。由此可见，直觉在人类认识活动中有很重要的作用。所以，我们十分有必要对自己的直觉能力做一番训练，使得它从逻辑思维的"压制"下解脱出来，并尽可能的加以发展。这样我们的思维结构就会更趋完整、更趋成熟。

（五）移植法

所谓"移植法"，就是将某个学科领域中已经发现的新原理、新技术、新方法，移植、应月或渗透到其他学科、技术领域中去，为解决其他学科、技术领域中的疑难问题提供启示或帮助从而使它得到新的进展的一种方法。

训练：联想移植法掌握移植法，要善于联想，要善于从其他事件、现象中寻求启示。

在欧洲，直至 19 世纪中叶，由于外科技术落后，在做手术后大部分患者都会受感染而化脓死亡率很高。医生们对此束手无策。英国医生李斯特眼看许多患者一个个死去，心里很难过。为了找出化脓原因，他昼思夜想，经过很长时间仍一无所得。后来，巴斯德发表了有关有机物腐贝和发酵的研究成果。证明有机物腐败系由微生物—细菌所引起。巴斯德的发现，顿时引起了李斯特的联想，感到忧然大悟：病人伤口感染化脓，不就是微生物（细菌）在作怪吗？不久，他又在一次机遇中发现细菌是怎样跑进伤口中去的。于是决定采取石炭酸消毒的办法，终于尾 1865 年首次采用无菌手术获得成功。到 1868 年时，其他医生术后病人死亡率高达 80% 以上，而由李斯特做手术的病人，死亡率仅 15%。李斯特成功地移植了巴斯德的研究成果（证明腐烂；细菌造成），发展了外科手术的消毒。

通过这个例子，你从中得到了什么启示？你也可以通过这种方法来发现一些新事物。

三、现在就运用你的创造力

拥有神奇的"魔法"很重要，运用你的"魔法"更重要，这是发挥创造力的关键。

（一）拓展创造力实训

(1) 创设条件

1) 重视独特的问题、想法和解决办法。创造性的人会察觉他人所忽视的关系，应对自我答案予以反应，而不是轻率地忽略。

2) 向他人证明自己的想法是有价值的。倾听、考虑、验证并实践创造者的想法，鼓动创造者相互交流看法。

3) 营造一种非评价的、安全的气氛。避免同伴的品头论足（评价性评判），让创造者提其他的可能性，鼓励创造性或富于建设性的同伴评价。

4) 提供感受环境刺激的经验。让创造者描述通过视、闻、触摸、尝和嗅获得的感觉经验。

5) 偶尔根据能力分组。与混合能力水平的小组相比，能力水平平均的小组表现出更少的乱和更多的合作行为。

6) 允许时间和课程安排的灵活性。过分迷信在规定的时间内完成规定的工作任务，将会碍创造者自然而然想法去创造。

(2) 采用发散式提问模式采用发散式的提问方式，可以为创造者提供展示其创造性思能力的机会。发散性思维的四要素为：流畅性、灵活性、独创性和精致性。把发散式的提问乒化，形成概念。流畅性是创造性活动的一个主要因素，而独创性与精致性则有赖于复合和发散能力因流畅性反映个体给出多种不同反应的能力，一般而言，流畅性要求创造者"讲出你所想到百部方法"，解决某一实际问题，或者"列出你所想到的全部事物"——即满足给定条件的事流畅性问题能用以处理那些自然而然引发的难题，或者也可以作为学科活动的一个部分。

2．制定创造训练方案

(1) 制定对偶方案两种独立的问题解决过程，一种是创新过程，一种是学习过程。创新过程产生于变熟悉为新奇的过程之中，即以一种新的视角来看待熟悉的问题。例如，通过观察鱼的心脏，并且把它和水泵联系起来，从而发现血液循环现象。与此相反，在学习过程中，个体将生疏的现象变为熟悉的形象，通过这种方式来获得对新概念的理解，在已有知识与新信息之间建立起一种个人的联系。例如，当心脏的功能就像一只水泵时，就去观察青蛙的心脏（陌生的），并且想起游泳池的脏水被抽出来，通过过滤装置后，又流回游泳池中，从而认知了心脏与水泵之间的联系。把这个方法运用到问题解决中去，从而帮助将熟悉的事物变为陌生的，或将陌生的事物变为熟悉的。

(2) 创造性解决问题创造性问题解决模式，是一种结构性的、综合性的方法，它鼓励个体在问题解决中运用想象力。该模式综合了许多激发创造力的技术，如大脑风暴法、对偶法、酝酿、想象、延迟判断、强制性关系和针对性练习。其步骤如下：

1) 发现目标。提出问题、想法或要处理的情况。列出你头脑里的任何想法、疑问或问题、目标或灵感，然后从中选出你认为最重要的想法。

2) 发现事实。探索已知情况。列出你对问题的所有认识，会发生什么？不会发生什么？与谁有关？问题为什么出现？何时出现？

3) 发现问题。从不同的角度来考察情况。列出你所想到的有关问题，审核目标并变换措词，以重新定义问题。

4) 形成想法。总结多种可供选择的答案。延迟判断和评价；思路流畅，列出尽可能多的解决问题的办法。为此可以听音乐，试着与其他事物或情境产生联系。

5) 发现解决办法。选择解决问题的最好办法。列出决定最佳解决办法的评价标准，你要置身于问题情境之中，对其中的人或事产生共鸣，从而使更多的联系和想法明朗化。

6) 接受发现。制定计划，以执行这种解决办法，并获得人们的认可。运用所列出的标准决定最佳选择。开展集体性的自由讨论，以接受并实施这种解决办法。引出实施计划的特殊步骤，想象细节，将计划付诸行动，确定随之而来的后果，相应调整计划。

3．组织创造过程

(1) 强化创造动机

1) 强化创造动机。人的活动都是在一定动机支配下进行的。动机是创造发明活动的重要内在动力之一。在探索性等自觉活动中，必须不断地强化创造动机，才能使个体不断地思考和奋进。那么怎样才能强化创造动机呢？

首先，要培养自己良好的问题意识。问题的意识就是对某些问题紧抓不放，非想出个办法不可。因此，它是一种强烈而明显的解决问题的意念，是相对持续和稳定的心境，其基本特征是多用脑、勤思考，不断促使创造动机持续和强化，最后实现突破，完成创新。

其次，培养思考问题的灵活性，就是要善于从多种角度去认识事物。如果一个人思想陈旧，思路单一，观点呆板，而思考问题时又常常带有成见，条条框框甚多，是不可能有所创造发明的。

再者，科学用脑，勤于思考。众所周知，刀不磨要生锈，脑子不用也会变得迟钝起来。科学用脑，勤于思考和强化创造动机是相辅相成的。动机在不断的自觉活动中会得到增强。肯动脑筋的人，善于观察事物，思考问题，大脑经常处于积极活跃的状态。一个新颖的观念，总是在知识和经验积累的基础上得以强化和升华后产生的。当以往的知识、经验以前所未有的新的组织二式出现时，创新的思路就形成了。因此，创造发明就是创造性思维的物化过程。在创造性思鉴中，首先要倡导发散性思维，学会围绕一个问题进行多层次、多角度的广泛设想，然后再做集体思考、重点突破，产生新主意、好办法。保持较强的问题意识，勤于思考，有利于增强和保持创造动机。

2) 讨论创造问题。著名的哲学家苏格拉底以"我除了不知道之外，什么都知道"为座右铭，非常注意和别人探讨问题，切磋学术，而且把这种通过讨论而解决问题的方法称为真理！"助产术"。确实，讨论可以激励思考，有助于创造性的思维活动。当讨论问题时，必须集中精力，讲清自己的基本思路和观点，而不能含含糊糊，似是而非即使发生争论，也不必惊慌失措。因为在能力"碰撞和竞争"的过程中，双方为了赢得胜和都要积极、活跃地思考，想方设法论证自己的观点，批驳对方的观点。这恰恰能调动双方的智和思考积极性，使智力从"常态"跃迁到"激发态"，由此迸发出创造性的思想火花。讨论弓双方提出于已有益的观点，合理的建议可给人以启发，起到思维的互补功能。讨论更是一种有趣的信息刺激，如果讨论的对方恰是一个外行，对他来讲，你的话许多是鲜、难懂的。因此，他就会提出一连串的疑问，这些问题很可能会使你产生新的联想，出现新维飞跃。

(2) 挖掘创造潜能

1) 收贮创造素材。收集、整理报表和信息资料，是从事创造发明活动不可缺少的基本功那么如何进行积累呢？要明确主攻方向，关心主攻领域以及自己所面临的问题和困难，并以此核心再逐渐地扩大知识范围。平时在学习、工作和生活中，要注意把一切可用的材料情报、经验、灵感等仔细地记录下来，然后经常翻阅思考，不断进行归纳整理。唯有将所收集信息资料与自己所面临的问题、所感兴趣的领域紧密联系起来，才能够变成创造发明的因素。此，收贮素材的重要性和必要性并不意味着像海绵那样吸收所碰到的一切东西，而是应该有选择。

2) 挖掘创造潜力。创造就是要达到高于原有认识的新水平。想有创新，就必须充分发挥己的智力，合理地挖掘创造潜力。唯物主义哲学反对"天才论"，但并不否认人的生理素质等天赋条件对后天成才的作用。同时，更重视后天环境和教育对成才的决定性作用。据爱因斯坦继父回忆，爱因斯坦小时候很"愚蠢"，"举止迟钝又怕羞"，连说话也支支吾吾，父母都担忧他智力不如常人，学校教师也对他表示失望。可是谁会想到，这个"笨"孩子，后来竟成为件的科学家。爱因斯坦的成功，就在于他后天的勤奋、刻苦、好学，善于不断地培养和挖掘自己创造潜力。

对于任何人来讲，即使一开始就有一个好主意、好方案，也需要进一步论证和深化。要坚持不懈地一步一步钻研下去，提出更多的"为什么"和"怎么办"，像剥春笋那样，一层一层赶人内部。这个问题的解决，可能途径是什么？能否找到最佳的解决办法？有的方案是否已妻善？是否有多余部分或欠缺因素需要修正和补充？对这一系列问题的连续、反复的思考，往往对成功的最为有效的接近维护胜利往往出现在最后的坚持之中"。创造发明，大都是在思考探索的后期，甚至在最后一步才分胜负。挖掘创造潜力，不仅要注意发挥自身的能力和智力，问题进行由浅入深的思考，而且还要重视对所收集的创造素材的价值进行论证分析。对一些材料不妨从正面、反面、侧面等不同角度进行分析，重新给出新的排列、组合，从而使问题最名到解决。

3) 收获创造成果。要收获创造成果，首先要把握机遇和灵感，从准备材料、思考酝酿到产生灵感进而感悟创造过程的一个大的飞跃。人能预测创造的结果，但是对此也不能做绝对的理解。有时在没有准备的条件下，能出乎意料地获得新发现，所谓"有心栽花花不开，无意插柳柳成荫"正是这个道理。但机遇和灵感并非人人都能把握住的，捕捉机遇和灵感，要做到以下三点：其一，专心致志，一心一意。许多线索和素材乍一看微不足道，如果没有高度的警觉性，就会视而不见，听而不闻。其二，要培养高度的敏感性，于平凡中窥见不平凡。其三，培养判断力。洞察入微的人，能发现一些新现象。但是，倘若不把它们和自己研究的问题联系起来就难以获得创造结果。

德国化学家李比希成名前曾做过从海藻中提取碘的试验。当把氯气通入海藻中时，得到了一种紫黑色固体—碘的结晶。可是提取碘后，还有一种深褐色的液体，他想当然地把它看作氯化碘，置于瓶中，贴上"氯化碘"标签不再去探索了。1826 年，法国青年波拉在同样的实验中，也发现了这一现象，他高度警觉，细致研究，确认它是一种新发现的元素—"溴"，并通知了巴黎科学院。当李比希读到波拉德发表的论文时，时自己没有抓住机遇、主观臆断的失误后悔莫及。可见，在创造过程中，出现机遇和灵感是可贵的，而把握机遇和灵感则显得更为重要。

(二) 创造性解决问题的系统模型

是否有创造力，创造力的水平高下，只有在解决问题时才能表现出来。所以，创造力的训练也必须从解决问题入手，用解决问题的效率来考察创造力训练的成果，在实践中学会运用创造力。

根据前文列举的创造性解决问题的一些方法．可以建立一个系统模型，它包含了创造性解决问题的基本步骤。新手上路，可以以此模型为公式，带入具体情景、对象、目标，进行求解。进行一定阶段的自觉训练后，便可举一反三、融会贯通。在这一过程中，可以遵循创造力的开发模式，科学训练自我，但切忌将创造模式化。创造性地解决问题按过程可划分为 6 个阶段：问题调研、设定目标、确定手段、解法最优化、制作和验证和说服他人。

1. 问题调研

问题调研阶段的目的是：界定问题。这个阶段的输入是一个"情境"，即"某人关于条件和环境的立场"。在一般情况下，解题者总是从问题情境出发，而不是从问题开始，只有遇到比较简单的问题（"教科书式"的问题），解题过程的输入才是明确定义的问题。该阶段的重点是问题，其输出主要是经过分析和确认的问题。问题调研阶段按次序回答下列问题：

(1) 基本需要是什么？人们从所处的问题情境中意识到问题，这是第一步：问题意识。它是整个创造性思维过程的开始，它需要人们对周围世界中的事件和需要解决的问题非常敏感，并具有敏锐的观察习惯。第二步是由问题意识，进一步辨认和确认需要，并概括出基本需要。

(2) 基本问题是什么？首先提出不同的问题定义，其次判断每个问题是否满足基本需要，最后确定最好的问题，给出基本问题的定义。

3) 是否值得解决？根据现有的技术手段，形成初步的解法概念，讨论所获得的解法有何意义，推测对所确定问题的解法若完全实施可能引起的问题和结果，考察别人是否提出过这个构想、是否成功、结果怎样，以此来决定基本问题是否值得解决。

(4) 是否可能解决？考虑与成功有关的已知和未知因素，在现有技术水平和资源基础上，估计问题解决的可能性。

(5) 是否应当解决？粗略估计所需时间和资源，初步确定解决此问题可利用的资源，进行成本—收益核算，以此决定是否应当解决该问题。在回答以上问题过程中，若有必要，可以反馈到前面的问题中进行讨论。问题调研阶段的最后输出为：最好的问题定义及有实现价值的解法概念。

2．设定目标

问题调研的成果是根据所看到的需要而提出的特定问题及有实现价值的解法概念，它将作为设定目标阶段的输入。设定目标阶段的目的是：为成功解决问题规定必要的约束条件（可接受的限度）。设定目标是在问题调研成果基础上，先设定目标，再逐级分解总目标，建立目标集。该目标集是衡量具体解法是否能解决基本问题的标准，此阶段输出的是一个目标集或者"技术说明书"。

3．确定手段

确定手段阶段的目的是：确定使解题者基本满意的解决问题的最佳手段。此阶段输入的是解法必须达到的具体目标，输出的是所提出的最佳解法。所谓最佳解法是指最有可能实现预定目标，且客观上优化的解法。对解题者来说，"确定手段"意味着为了"综合"出最好的解决方案而进行精细、艰难的创造思考。确定手段阶段又分为四个基本步骤：第一，进行"手段预选"；第二，对获得的手段进行评价；第三，对满意的进行详细研究；第四，根据预定的目标评估解法实现目标的可能性。可能性大的解法方可进入下一阶段。当然有些问题是不可能解快的。若这个阶段没有成果，解题过程必须终结。此外，在解法数量上最好保留两个以上的解法，以便一个解法失败，还有"次最佳"解法可以依靠。

4．解法最优化

具体解法的"细枝末节"可能对对象是至关重要的，因此，在解题过程中需要专门考虑对象问题的阶段，我们称为"解法最优化"阶段。它的目的是：从对象的角度使提出的具体解法最优化。在此阶段应从3个方面考虑：一是需要优化的具体解法；二是需要优化的指标；三是最终用户。概括起来，最优化有两种类型：技术上最优化和对用户是最优的。技术上的最优化，其最终目的在于提出对象能够接受的具体解法，因此，该阶段的最优化应是针对对象而言的。解法最优化阶段，输入为"最佳的"解法，输出的是"最优的"具体解法。在此阶段，若解法不能满足对象需求，需返回到上一阶段，对解法进行修改，并验证解法是否能实现预定目标。

5．制作和验证

制作和验证阶段是将上阶段的成果—创造性想法变成实际有用的"硬件"，构造一个实际模型并实现其性能，从而把抽象的思想变成现实。制作和试验阶段的目的是为我们提出的新设想做出实际模型，表明设想是可以变成现实的，利用模型获取事实资料。其中事实资料主要包括模型运行的性能、能否实现预定目标、会出现什么样的技术和非技术问题、实际制造和运行的费用等。这些资料是完善模型的重要依据。这个阶段输入的是一个经过优化的抽象模型，包括示意图、设计图、方案、计划等，这是前四个阶段的全部创造性思维的成果。输出的是一个经过证实的、可行的实际模型及有关它的性能、特性和相关事实的资料。

总而言之，在制作和验证阶段，通过实际"硬件"，可以发现我们的创造性设想是否正确。

6. 说服他人

仅仅成功地建造和试验一个新装置或新计划是不够的，还需要把它"推销"给其他人，这一新创造才可产生有益的社会影响，否则，其创造性贡献的价值是不会实现的。即创造性过程的最后阶段，是我们称之为"说服他人"的积极活动。说服他人阶段的目的是使他人接受和实际应用我们的新创造。此阶段的工作依次为：

1) 分析和总结已获得的创造性成果。

2) 制定期望的行动目标。

3) 识别要被说服的他人。

4) 了解关键的人和集团。

5) 制定说服策略。

6) 贯彻到底。

第八章 实现创新之梦

江泽民同志曾说："创新是一个民族进步的灵魂，是国家兴旺发达的不竭动力。一个没有创新能力的民族，难以屹立于世界先进民族之林。"创新是人们产生新好的精神或物质产物的思维与行为的总和，是用创造把创意变为现实的过程与结果。随着人们对创新

意识的加强和创新水平的提升，创新已扩展到经济、政治、科技、文化、军事和社会生活的各个方面，它领跑生活，塑造创新人格，成为人类社会语言的海洋中一个最诱人、最珍贵的词汇。

第一节　我创新我存在

今日的高等教育，为每一位学子创新梦的实现创造了理想的空间。对于学生而言，无论是学习本身，还是知识本身，其本质意义上的精髓和灵魂，只有一个，那就是创新。我们在了解了创意与创造力在创新中的基础作用后，一定会赞同联合国教科文组织指出的"全球问题千头万绪，人类面临的最大问题是怎样开发人的创造力。因为在未来的挑战面前，人类已不能依靠有限的资源，也难以依靠历史的经验，只有抓住创新这个关键，才能生存和发展"。高校是开发创造力的天堂，学子创新正当时．

一、创新为先，领跑生活

我国教育家陶行知先生写过一篇叫作"创造宣言"的文章。他说："处处是创造之地，天天是创造之时，人人是创造之人，让我们至少走两步退一步向着创造之路迈进吧！""……死人才无意于创造，只要有一滴汗，一滴血，一滴热情，便是创造之神所爱住的行宫，就能开创造之花，结创造之果，繁殖创造的森林。""创造的森林"是几十年前陶行知先生以自己毕生心血为之奋斗的目标，他憧憬"创造的森林"在中国大地上茁壮成长，他向往"创造的森林"枝繁叶茂。陶行知先生在"创造宣言"中发出这样的呼唤："创造之神，你回来呀！……只要你肯回来，我愿意把一切，我们的汗，我们的血，我们的心，我们的生命，都奉献给你，当你看见满山的树苗在你的监护之下，得到我的汗、血、心、生命的灌溉，一根一根地都长成参天的大树，你不高兴吗？"可以告慰陶行知先生在天之灵的是，在中国广袤的古老土地上，"创造的森林"长起来了，而且越来越繁盛是在莘莘学子心中，谁没有创新的幼芽，谁没有创新的火种呢？

（一）创新：产生新好产物

创新在人类社会语言的海洋中，是一个最诱人、最珍贵的词汇。创新是人产生新好的精神或物质产物的思维与行为的总和。

狭义创新是指创新的产物对于社会来说是新的有价值的和首创的。我们一般所说的

创新是指狭义创新。例如，我国水稻专家袁隆平研究培育成功了籼型杂交稻种，爱迪生发明的白炽电灯，和留声机。

广义创新是指创新产物仅对创新者本人来讲是新好的产物，而对社会例如，某人有了一个创意，推出一种新设计，革新了一次新工艺，发明了一来说是新的，但对一个群体来讲却并不是新的，其他部门、地区、国家已经有了。

狭义创新与广义创新都属于创新，因为它们的产物全都具备新好意义，都可以对科学技术发展和国家富强起推动作用。例如，原子弹、氢弹都不是中国发明，首先不能归人狭义创新，但中国靠自己的力量造出了原子弹、氢弹的创新意义仍是深远和巨大的。又如，一项教育改革的新举措即使不属于狭义创新，但在一所学校产生了很明显的提高教育水平的效果。

由此看来，狭义创新与广义创新具有相对的意义，不应因层次而自惭形秽、半途而废，没有广义创新，何来狭义创新？从一定意义上说，广义创新是狭义创新的沃土。

（二）创新领跑生活.

随着科学技术的突飞猛进和社会经济的发展，以及人们对创新意识的加强和创新水平的提升，创新已从仅指经济现象，扩展到政治、科技、文化、军事、社会生活的各个方面，出现了多新的创新概念，大致分类有：科技创新、产业创新、市场创新、体制创新、管理创新、金叫新、知识创新、政治创新、军事创新、教育创新、文化创新、观念创新、理念创新、企业创1社会创新和创新意识、创新精神、创新人才等。由此可见，创新已是人类社会的普遍现象。月有人变换视角，从对象程度、主体关系等对创新进行更独到的分类研究。他们按照创新的对象不同，将创新分为自主创新、制度创新和知识创新；按照创新主体之间的关系不同，将创新分为自主创新、模仿创新和合作创新；按照创新进程的强度不同，将创新分为渐进创新和激进创新。从实质内容上看，这种具有代表性的分类研究，基本上都属于经济、科技领域的分类，对于教育创新有很好的启发和借鉴作用。

二、修炼出创新人格

创新人格因素主要有强烈的动机、浓厚的兴趣、炽热的情感、坚强的意志和进取的性格。创新绝不可能离开创新人格因素的动力、定向、支持和强化等共同作用。

（一）是什么诱发创新

1. 动机的功能

人的各种行为和活动都离不开动机，创新活动更是如此。

(1) 动机具有唤起创新行动的始动功能恩格斯说过："就个人来说，他的行动的一切动力，都一定要通过他的头脑，一定要转变为他的愿望的动机，才能使他行动起来。"这就是说，创新活动总是由一定的动机引起的，动机对创新起发动作用。

(2) 动机能够维持创新活动达到目标的志向动机一旦引起行为和活动，并能使这种创新活动具有稳固而完整的内容，即可使人表现出极大的积极性，朝思暮想，茶饭不思，思维敏捷，能持久而顽强地进行创新活动。

(3) 动机对人的创新行为起着以正负强化形式出现的调节控制作用一个人在创新或其他活动上的成功和失败的体验，对他的活动志向有一定的影响。或者说，行为的结果如何，影响着人的动机。若一次创新成功，就可使新的创新行为不断重复出现，这就是正强化；相反，创新的失败，新的创新就可能不再出现，这就是负强化。

2. 培养良好的动机

价值观、抱负水准和兴趣对动机有重要的影响，所以一个人要培养良好的创新动机，可以考虑从这三方面去努力。

(1) 价值观是人们对客观事物的评估与态度体系，表现为对生活方式与生活目标的看法，反映一个人对客观事物的是非、善恶、重要程度、价值大小的基本观点及采取的相应态度。因此价值观决定着个体的动机模式和行为指向。

(2) 抱负水准价值观决定行为的方向，而抱负水准则决定行为达到什么程度。所谓抱负水准，是指一种欲将自己的工作做到某种质量标准的要求。一个人在从事创新活动之前，自己内心预先估计所能达到的成就目标，然后竭尽全力去实现这个目标而努力。高尔基的这段话很有道理："一个人追求的目标越高，他的才能就发展得越快，对社会就越有益；我确信这也是一个真理。这个真理是由我的全部生活经验，即我观察、阅读、比较和深思熟虑过的一切确定下来的。"

(3) 兴趣人们总是根据自己的兴趣来选定自己认为合适的创新内容和方向。当出现同时有几个目标可以满足个体的创新需要时，个体就会选择适合自己兴趣的目标。

动机的培养和激发，就是按照动机产生和发展的规律，通过一系列行之有效的方法，使创新者产生高尚、正确的动机，避免消极、错误的动机，强化潜在的积极动机，抑制消极的不良动机。主要的方法有三个：①提高目标引力；②增强外界压力；③加大内部动力。在三种力的共同作用下，动机的培养和激发是可以奏效的。

(二) 情感的力量

1 情感的作用

在创新中，情感对人的认识和行动起着发动作用。达尔文说："我之所以能在科学上成功. 最重要的一点就是对科学的热爱，坚持长期探索。"情感有力地推动着创新，崇高的情感召唤我们去创新，其所产生的力量，是任何其他动力所不及的。一旦创新已成为心中的深厚情感，创新就是愉快的，这时所表现出来的动力功能是巨大的。

为宣传"日心说"、为维护科学真理而死在火刑柱上的布鲁诺留下了这样的诗句：

科学是我心中的温暖和愉快，你使我无所畏惧，视死如归。入狱者难得重见天日，你却能把锁链和铁窗粉碎。

乐观、坚定、自信、愉快的积极情感对人的创新活动起"增力"作用。如能通过一定心理手段对人的情感加以控制而始终保持积极的良好状态，这个人甚至能在短时间内作出多次创新相反，消极情感则会对人的创新活动起"减力"作用。

2. 情感的优化

人的情感具有社会性，它是在人的社会实践活动过程中发生和发展起来的，其性质和特征决定于人的社会存在与人的社会物质生活条件。所以，情感是应该被调节和陶冶的。陶冶情感使之更有利于创新，这就是情感的优化。

创新中的情感变化大，情绪感受非常显著。在创新环境中，还会遇到人际关系问题，以及出自社会因素的诸多交互影响。人们需要对惰性情绪进行调节，以良好的情感来进行创新活动。保持愉快心境和火热的热情，遇到失意之事要持豁达态度以自我解脱矛盾，要有一点幽默感，自己的生活内容，注意体育锻炼，这些都有助于情绪调节。

情感陶冶一般是指比惰性情绪调节更高层次的情感培养，文修养联系在一起，所以，情感陶冶的根本在于提高认识水平，加强人文修养，并努力投身于社会实践。它往往与一个人的思想境界。

1) 要有较高的思想境界，努力提高认识水平。思想境界越高，眼光越远大，视野越开阔就比较容易克服不良环境刺激造成的心理障碍，保持健康的优良情感。"君子坦荡荡，小人常戚"就是这个道理。

2) 要有高层次需要的追求。因为情感是同社会需要、精神需要密切联系的，只有追求高次需要，才能陶冶高尚的情感。

3) 要正确选择自己的人生态度。情感反映出人对客观世界的倾向和态度，人们对一件事持的态度不同，表现出的情感也不同。

4) 要从文学艺术、历史和哲学中吸取营养，熏陶丰富、健康的情感。

（三）坚持就是胜利

1. 意志产生巨大力量

在意志的奇迹面前，许多人觉得不可思议。意志能够使人调集身体各部分的潜在能力，侧超出人的一般体能的事情来，而创新是需要人能在创新活动中迸发出更大的力量的。意志是人自觉地以人的认识对自己的情感进行控制和支配。认识和情感是因为有客观刺物才产生的，创新的奥秘有巨大的吸引力，创新的结果给人以希望和召唤，创新本身就是一种烈的外界刺激物。它反映到我们的大脑中，在大脑皮质的相应部位急剧地形成兴奋中心，通过脑皮质下的中枢神经的反应，血液循环和呼吸加快，有助于各种器官从血液中获得更多的糖。分解释放出能量，供给人体进行活动，力量增大了。在创新兴奋时感到有使不完的劲，甚至尤几夜不觉疲劳。同时，糖分解也产生使人疲劳的乳酸，但呼吸加快使大量的氧进入身体去分解乳酸，继续释放能量，同时呼出由乳酸分解所产生的二氧化碳，从而减轻疲劳以保持身体各部分

相反，在意志薄弱者身上，不会出现"奇迹"。这是因为他们的认识常与自身得失、安危相联系，情感也是淡漠的，因此，在大脑中产生的兴奋不强烈、不集中。同时，患得患失、怕苦怕累的认识和情感还在干扰兴奋，不能引起人体的相应反应，一旦有了行

动的不舒适感、困难感、痛苦感，会立刻反馈回大脑，行动就会动摇。意志薄弱者的行动常常半途而废就是这个道理了。

创新者的认识越自觉、越坚定，他控制和支配自己情感的意志就越坚强、越持久，产生的创新力量也越大。

2．意志的锻炼

意志不是先天的，而是在实践中、在奋斗中逐渐地培养或锻炼起来的。创新活动困难重重，本身就是一个很好的锻炼环境和机会。

1) 辩证法帮助你坚定意志。创造与失败似乎有天然的姻缘—辩证思维帮助创造者对创造的失败和挫折进行科学的分析，从而激发勇气、培养意志品质的坚韧性。

2) 要摸清自己的弱点，要有点与自己"作对"的气概，从小事做起，磨炼意志。

3) 要想使意志行动达到理想的结果，就必须符合事物客观规律性的要求。创新成功地获得没有一回是靠蛮干的，创新的新颖性特征更要求行动的科学性。

4) 在创新中提高自控能力。自控往往是通过自我暗示来维持和实现的。自我暗示有消极和积极之分，前者引起不良后果，后者则起激励作用—即使自己处于不利之地，也总是鼓励自己，增强信心去完成预想的目标活动。有人用格言、名言、警句随时暗示自己，也是一种好方法。林则徐曾经有爱发火的毛病，为此，他大书"制怒"二字悬于墙上，当他在发怒中处置事情时，一看字幅，即能收到制怒效果。

（四）性格决定命运

1．性格与创造力

创新和培养性格是人的统一发展过程中相互联系、相互依存的两方面。

(1) 创造力对性格的影响创造力对性格优化起促进作用，这就是为什么杰出的创造人才都有令人羡慕的优良性格，如我们熟知的李四光、华罗庚、彭加木、爱因斯坦、居里夫人，都具有优良性格，都是我们学习的楷模。心理学家希布尔说创造力是"架在两个通常有很大区别的心理学领域—才能和个性之间的桥梁"。因此，我们就可以利用创造力这座桥梁，使才能促进个性优化，使个性有利于才能的发展。

(2) 性格品质对创造力的促进和培养中国自古就有"勤能补拙"、"人一能之，己百之"、"人若志趣不远，心不在焉，虽学无成"等说法，都是说性格对创造力或能力的影响和制约。美国心理学家针对 150 位成功者进行了性格品质影响创造力发展的实验研究。研究结果表明：创造力、能力和智力的发展不仅取决于其本身，也和性格特征有关，这些性格品质是：为取得成功而坚持，善于为实现目标不断积累成果，自信而不自卑。

2．创造者性格的培养和改善

在创新活动中，由于创新的艰巨和具有易失败的特点，更由于创新中掺有人际关系的复杂成分及社会现实的正负效应，不仅创造者敏锐地发现自己性格的两极特征格外明显，而且他人也会从你的创新中体察到你的性格的优缺点，这些优缺点比一个人不投入创新活动时要明显得多。也因此使创新活动为创造者提供了优化自己性格的契机。

(1) 性格的优化与汰劣心理学研究认为，大学生处于学龄晚期，性格和行为方式的稳固程度趋于成熟。对大学生来说，环境因素对性格塑造的可能性相对要小，性格可塑性比较弱。现性格优化，主要应靠自我调节和自我改造，这就要打破包容着弱点的性格体系的稳态结构。打破旧有的稳态结构意味着内心世界的一场变革，这种变革面临着有利因素和不利因素。不利因素是已有的性格特征已较稳定和深刻，所以对变革往往存在一种潜在的抵抗。有利因素是在外界环境的影响和个体对性格优化的强烈自我意识作用下，性格仍保持可塑性。可塑性的关键是人的主观能动性，即人有目的的自我调节和自我改造，特别是在创新中，创造者能更敏锐地意识到性格优化的必要性和迫切性。

让自己的性格朝着什么方面塑造？这是每一个创造者最关心的问题。这里有两个原则：优化原则和汰劣原则。

1) 优化原则。优化原则是在创造者的心目中，形成一个人优美性格的目标，自觉自愿地向这个目标前进。当一个人在创新中以强烈自我意识进行性格的优化选择时，心目中一定有一个或多个体现优秀性格特征的具体人物形象，在他或他们身上，融合了性格美的全部内容：正直、诚实、坚毅、热情、开朗、自信、谦虚、大度等。这时易产生将性格趋于美的方向的激情。这种激情激励着创造者向理想的目标前进，体现了优化原则。

2) 汰劣原则。一个人尽管是在优化原则推动下向理想目标努力，但总是有这样那样的性弱点的，在创新过程中经过冷静的深刻反省和鉴别，有可能形成明确清晰的自我体验。但这还够，还要提升到一个性格审美的情感高度，从审美感的体验中认识不好的性格的坏处，然后才能把克服这些弱点作为一种现实目标，这就是汰劣原则。把性格弱点淘汰掉了，自然而然养成优良的性格，优化原则与汰劣原则就殊途同归了。

(2) 优秀性格的重铸有了性格导向和优化、汰劣原则，在创造中是可以重铸优秀性格的。

1) 要确立正确的世界观、人生观，奠定优秀性格的坚实思想基础。性格是在社会生活环境中形成发展的，不同的社会制度、结构、风尚和习惯都会影响人的性格。一般来说，社会制度先进，优秀性格就容易形成

2) 要普及心理学知识，进行良好的性格教育，力。强自我修养。仅仅树立科学的世界观还是不够的，还必须针对创新的特点，对自我进行系统的性格教育，使自己意识到创新中哪些是良好！的性格，哪些是不良的性格，克服意义障碍，破除消极的定势影响。比如有的同学误将固执、自1负和我行我素当做一种自信和"个性"，势必妨碍创造力的发展。

3) 应尽可能从我做起，促进有利于创造的良好社会环境的形成，这对于塑造创造者自身的良好性格有明显的作用。调查发现，创新氛围浓郁的学校，学生一般都有较优良的创造性格：胆、开朗、勤奋、坦率、进取、谦虚和坚忍。如果我们所有同学共同努力，形成环境和气氛，于创造者的性格塑造无疑是大为有利的。

第二节　跟大师学创新思维

比尔·盖茨生于 1955 年，父亲是退休的律师，母亲在慈善机构当过董事。六年级的时候决定让他看心理医生，因他总是把屋子弄得脏乱不堪，也不听母亲管教。在接受心咨询一年后，医生对其母说："想制服他是徒劳的。"

上中学那年，父母都为他担心，因为他个子小又很腼腆，但兴趣却与众不同。他十分迷恋计算机，和好友艾伦一起学习计算机 Basic 语言，并编写了一个游戏软件。

1973 年秋天，他考入了哈佛大学法学院。少年时的好友艾伦常去看他，讨论计算机问题。他预测到计算机必将普及到家庭而大有发展前景。1975 年他毅然退学，创建了小本经营的小公司。在短短的 20 年内，他的财产达到了 900 亿美元，一跃成为世界首富。按 1995 年的国民生产总值计算，盖茨的财富相当于全世界总额的仍 65，胜过乌克兰、葡萄牙等数百个中小国家，富可敌国。

比尔·盖茨创办的微软公司，从最初的两个人发展到现在的 5 万多人，从过去屈指可数的资金到现在市值 2999 亿美元，一跃成为全球市场价值最高的公司。

现在，全世界数以亿计的计算机用户，其中 80% 在使用微软的软件和计算机操作系统。微软和比尔·盖茨的成功，被人称为难以置信的神话。在人们眼里，比尔·盖茨更是成功的代名词，成为人们惊羡和崇拜的偶像，由此，微软公司也成为人们心目中最理想的企业。

比尔·盖茨从小就迷上了计算机，在学校读书期间就开发过一种软件而赚了不少钱。他之所以读书期间中途退学，主要是自信自己在这方面的发展能力，并想集中精力去实现自己心中的梦想—多开发一些新的产品软件；同时他敏锐地预想到计算机必将会得到广泛的普及，其市场前景一定是非常巨大的。因而暂时退学，最终结果证明，他果然获得了巨大的成功。

在比尔·盖茨思考发展自己的事业中，表现出了超乎寻常的敏锐意识和宏远眼光，集中反映了超前性思维的积极作用。超前性思维的主要特征，就是眼光深邃，思路敏捷，能够在别人对事物还没关注的情况下洞察先机。

比尔·盖茨的创业史向我们展示的就是超前性思维，这也是每一位创新大师必备的思维模式。超前性思维能够超越具体时空的限制，而在头脑中构想出远景和蓝图。如果善于运用，往往能抢占先机，把握机遇，使事业产生质的飞跃。超前性思维是捕捉机遇，获得成功的重要所在。对此，一要学会从客观事物中寻找规律，使超前思维有一定的依据和可能；二要善于通过想象来促进超前思维，以此更好地进行创造；三是要善于运用逻辑推理，客观地分析事物，预测前景，以此更好的选择合理的途径。

一、创新思维的精髓：非逻辑思维

创新思维的形式有逻辑思维和非逻辑思维。在创新思维中，特别是创新思维的关键阶段，非逻辑思维比逻辑思维起着更重要的作用。因此我们说非逻辑思维是创新思维的精髓。非逻辑思维是指创造主体不遵循逻辑常规，迅速地直接对问题作出选择、猜测和解答的思维活动。其形式主要有联想、想象、类比、灵感、直觉和顿悟。

(一) 思维的捷径：联想

联想在创新中的作用，一是确定和促进大脑中存储内容之间的新的联系；二是决定这些内容联结是通过什么路径。

1. 联想的类型

联想因时间、空间和性质不同，其联结路径有：

(1) 相似联想即由一事物联想到与其相似的另一事物。例如，由烟气联想到云雾。

(2) 接近联想即因一事物在时间和空间上接近另一事物而产生的联想。例如，由月亮联想到黑夜。

(3) 因果联想即由事物之间的因果关系产生的联想。例如，下雨联想到地滑。

(4) 对比 (相反) 联想即由事物之间的相反、对立关系产生的联想。例如，由炎热联想到冰雪。

以上几种联想中，相似联想在创新中占有重要地位，许多创造方法的思维路径就是相似联想。

2、联想在创新中的作用

为了发挥联想在促进和确定大脑中存储内容之间的新联系的作用，创造学家提出了更其能动作用和主体意识的"强制联想法"，它可以把毫无任何联系的事物强行联系在一起。例如，运用强制联想思路，以提出新型白炽灯为研究焦点，选择苹果为参考物，对苹果的属性进行联想。

苹果的属性及由此进行的联想：

1) 香味. 酒香. 香水一香水瓶。

2) 甜的一糖果斗晚间看电视时吃糖叶儿童糖果. 动物糖果。

3) 红色一绿色一红绿色升黄蓝色. 可变色。

将苹果的联想产物与白炽灯联系，产生新型白炽灯的设计：

1) 香味灯，供饮酒用的或放在售酒处的酒香灯、以香水瓶为外形的白炽灯

2) 可食的生日蛋糕灯、夜明珠灯、发光糖果灯、动物形儿童房间灯。

3) 双色灯、变色灯、组合灯。

3. 联想思维的训练

联想思维可以在日常生活中培养和自我训练，也可以在自我有意识的指导下进行强化训练，但应注意以下几点：

1) 在读完题目后，要立即进入题目的情景，设身处地进行联想。虚拟的情景越逼真，效果就越好。

2) 开始联想后，每联想到一件事物，就在另一些大纸上按题号填写相关的内容，直

到不能再想为止，但不要急于求成。

3) 一般可用2—3min完成一道题目，时间一到，马上转人下个题目。
联想思维训练从六类联想拟题，把你带人问题情境，促使你联想。

(1) 空间接近联想

1) 看到海洋馆里的海洋生物时，你会联想到什么？

2) 走到卖计算机的商店大厅里，你会联想到哪些情景？

3) 走到故宫太和殿前，你可能联想到哪些建筑物？

4) 遥望星空，你将产生怎样的联想？

(2) 时间接近联想

1) 深秋，看到满地的落叶，会引起你什么联想？

2) 在自然博物馆里，看到恐龙的化石，会引起哪些联想？

3) "九一八"三个字，能引起你哪些联想？

4) 看到老同学的照片，你会想起哪些往事？

(3) 外形相似联想

1) 看到田野中的麦浪，会引起你怎样的联想？

2) 老师在黑板上画了一个圆圈，中间点了一个点，你能联想到哪些东西

3) 一张纸片在空中飞舞，你能作出哪些联想？

4) 看到南极的企鹅摇摇晃晃走路的样子，你能产生哪些联想？

(4) 意义相似联想

1) 农民用塑料大棚种蔬菜，使市场一年四季都有新鲜的蔬菜，这件事能引起你什么联想

2) 养花浇水过多或施肥过多，把花养死了，此事让你有什么联想？

3) 读苏东坡《赤壁怀古》中"大江东去，浪淘尽，千古风流人物"，你会产生哪些联想？

4) 现在常说"克隆"，看到了克隆羊，你会联想什么？

(5) 对比联想

1) 在电视上看到了干旱的沙漠，你通过对比能联想到什么？

2) 看到工人把较粗的钢棒切削成细长的轴时，你从反面可以联想到什么

3) 用灌输的方法讲课效果不佳，你会想到什么好的教学方法吗？

4) 看到西部农民的生活非常艰苦，你会产生哪些联想？

(6) 因果联想

1) 听说某航班发生了空难事故，你会产生哪些因果联想？

2) 你的一位朋友忽然显得特别高兴，你会联想到什么？

3) 你去某单位应聘，被告知一个星期后通知，但到时并没通知你，你会产生哪些联想？

4) 听到美国发射航天火箭失败，你会产生什么联想？

(二) 疑似天成的思维：灵感

灵感是人类创新认识活动中一种最神妙的精神现象、一对最奇妙的飞跃之翅、一朵最美妙的创新之花。心理学认为：灵感是创新活动过程中出现的一种功能达到高潮的心理状态。这种状态能导致艺术、科学、技术的新的构思和观念的产生。灵感是由疑难而转化为顿悟的一种特殊的心理状态，灵感状态的出现是以长期的、辛勤的巨大劳动为前提或基础的，灵感是在创造性劳动过程中出现的心理、意识的运动和发展的飞跃现象。

1. 灵感的特征

1) 从认识的发生看，灵感是一种突发性的创新活动。灵感来无踪、去无影，不能确切预期，难以人为寻觅，它的降临是突如其来的。马卡连柯用13年的工夫，搜集积累了大量创作材料，却难以下笔。高尔基来做客时的一席话，使他茅塞顿开，马上开始创作《教育诗》。达尔文回忆说："我能记得路上那个地方，当时我坐在马车里，突然想到了一个问题的答案，高兴极了。"数学家高斯也兴高采烈地谈到他求证数年而未解的一个难题："终于在两天之前我成功了……像闪电一样，谜一下解开了。我自、己也说不清是什么导线把我原先的知识和使我成功的东西连接了起来。"

2) 从认识的过程看，灵感是一种突变性的创新活动。人的思想质变有两种形式：一种是随感性认识的积累，经反复思考，渐进式地上升为理性认识；另一种是突变式的急剧飞跃。灵感就是这种突变式的思想飞跃形式。它一旦触发，就会像突然加了催化剂一样，使感性认识迅速升华为理性认识。

3) 从认识的成果看，灵感是一种突破性的创新活动。灵感能打破人的常规思路，为人类创新思维活动突然开辟一个新的境界，它是科学创造、艺术创作神奇的催化剂。爱因斯坦回忆说："一天，我坐在伯尔尼专利局的椅子上突然想到，假设一个人自由落体时，他决不会感到自身的重量。我吃了一惊，这个简单的思想实验给我打上了一个深深的烙印，这是我创立引力论的灵感。突发性、突变性、突破性综合在一起，就会使灵感的自我心理体验十分奇特。

2. 灵感思维

灵感思维是指在创新活动中，在长期的思索和大量的知识积累的基础上，在灵感激发系统触发信息的激发下，在意识中突然闪现出对问题的领悟和理解的过程。灵感思维的发生是在显意识的有意追求下，经过潜意识的孕育，再突然涌现于显意识，暴发为灵感，是显意识与潜意识共同作用的结晶。

3. 灵感激发系统

灵感激发系统可以使我们从中知道从哪些触发信息中获得灵感。灵感的激发有以下两种方式。

(1) 外部机遇引发的灵感

1) 思想点化。这种灵感的触发信息，是在阅读或交谈中偶然得到某种思想的启示和点化，引发了创造的灵感。达尔文一天躺在沙发上读马尔萨斯的《人口论》作为消遣，当他读到关于繁殖过剩而引起生存竞争的理论时，大脑里好像一道闪光：生物在生存竞争的条件下,有利的变异会得到保存,不利的变异被淘汰。由此促成了生物进化论的形成。

2) 原型启示。在创新过程的酝酿阶段,苦苦地思索,长久地探寻,在这时某种事物、现象、状态很可能起到启示作用而引发灵感,实现了创造的突破,我们称这种事物、现象、状态为原型。我国数学家侯振挺送一位朋友上火车,在火车站排队上车的队伍前,灵感突然闪现,一年多来梦寐以求的答案清晰地出现在脑际,写成了《排队论中的巴尔姆断言的证明》。

3) 形象体现。形象引发的灵感常出现在艺术创作中,也常在发明专利等实用型领域出现。它是指某种生动、鲜明、富有新意的形象,使创造者长期追求的创新产生了灵感,使创新获得成功。人们熟悉的可口可乐玻璃瓶,以造型优美、新颖、别致而风靡全球,设计者是因他女朋友的一件下口收紧的紧身裙形象引发了设计灵感,成功地设计了可口可乐玻璃瓶。

4) 情境感发。情境感发的触发媒介是在某种气氛、情境的感发下,创造者大脑中沉积已的信息会特别活跃地涌现出来。所谓"触景生情"中的"情"就有灵感的成分。

(2) 内部积淀引发的灵感

1) 无意遐想产生的思想闪光。无意遐想是排除了一切传统观念、常规思路的束缚,摒弃暗中起制约作用的对创造想象的限制、挑剔,从"一本正经"的"自由想象"转人不经意白甚至是"不务正业"和"离经叛道"的随便的横思纵想。无意遐想需要真正"放"得开,有能突然产生超常的信息组合,产生真正可贵的思想闪光。生物学中 DNA 双螺旋结构的发现者一沃森谈自己的构思过程时说:"有一次我的手指冻得没法写字,只好蜷缩在炉火边,胡思想,想到一些 DNA 链怎样美妙地蜷缩起来,而且可能是以很科学的方式排列起来。""有时,刹那之间,我会发生恐惧,生怕这种想法太奇妙,可能有错误。"这时,他常和另一位发现者起"互相告慰说,如此美妙的结构一定存在"。果然,这个美妙的难以使人置信的模型,开创分子生物学的新篇章。

2) 潜意识活动产生的思想闪光。包括:①潜知的闪现。这种灵感现象的触发信息来自积在大脑意识下的潜存知识。②潜能的激发。这种灵感现象就是通常所讲的急中生智,它人脑中未发挥的那部分潜在的智能在危机状态下的突然激发。③创造性梦幻活动。④潜逻(下意识的逻辑)—生理结构的信息处理活动。常见于文学创作过程,作家在这种精神状下,似醒似醉,情难自禁,身不由己地跟着自己创造的人物形象走,从而得到意想不到灵感。

4. 激发创新灵感的一般规律

1) 创新灵感要在长期积累的前提下偶然得之。灵感的出现丝毫离不开知识素材的积累。积累是量变,灵感跃现是质变。多系列的知识积累比单一系列的知识积累效果更好,标的积累比盲目积累效果更好。

2) 创新灵感要在有意追求的过程中恍然得之。创新灵感往往是创造者在无意中受到某种触动而突然引发的,这种看起来的"不思而得"奋的思维劳作加上矢志不移的创新指向。

其实是有意追求的结果。有意追求则是指紧张勤奋的思维劳作加上使之不易的创新指向。

3) 创新灵感要在循常思维的基础上讶然得之。循常思维是一种遵循常规思路的循轨思维一个人智力水平高，对灵感的发生有明显的促进作用。智力越发达，思路越敏捷，想象越丰富，灵感出现的机会越多，连自己都感到惊讶。

4) 创新灵感要在良好的精神状态下怡然得之。灵感的出现有赖于良好的精神状态。忧心忡忡、萎靡不振、心绪烦乱会把灵感赶走的；而精神舒畅、心旷神怡之时，灵感才愿光临。富于创造力的人善变紧张为轻松，在高度思考后怡然松弛，去沐浴、散步、游泳、闲谈、小嬉……灵感飘然而至。

5) 创新灵感要在和谐的环境氛围中欣然得之。一般说来，优美、整洁、宁静的自然环境和宽松、愉悦、祥和的环境，有利于灵感的引发。

5. 灵感激发规律的自觉运用

"灵感三部曲"是"积累—集中—放下"。无数事实证明，长期积累，思绪处于高度集中、紧张、专注状态，是产生灵感的必要条件。俄国画家列宾说过："灵感，是由于顽强劳动而获得的奖赏。"车尔尼雪夫斯基说得更明白："灵感—这是一个不喜欢拜访懒汉的客人。"而"放下"所研究的问题，暂时让大脑松弛下来，则是诱发灵感的充分条件。"灵感三部曲"难在"放下"，即制造激发灵感的触发条件，这些触发条件是因人而异的，创造者要善于从自己产生灵感的经历中去发现这些条件。一般来说，灵感都是在紧张思考后转入某种精神松弛状态时出现的，即"放下"状态时最有可能获得灵感。我们可以利用各种方式造成宁静、愉快、轻松的心境。现将这些方式与大家分享：

(1) 从单调的重复运动中获得节奏感节奏有助于诱发灵感。获得节奏的形式，常见的有踱步、散步、刷牙、听音乐、手指敲击桌面、晃脚、感受有节奏的车轮声等。聂卫平常穿健身鞋下棋，因为他下棋时要不停地踱来踱去。围棋大师弈棋常手执折扇，冬天也不例外，是在有节奏的扇动中触发灵感。杨振宁曾说他的新想法是在刷牙时产生的。数学家拉格朗日是在听教堂传出的有节奏的手风琴声时，产生了数学变分法的思想。毛泽东在文章写不下去时，常喜欢在有节奏地梳理头发并刺激头皮中凝思，此时往往就有新思想脱颖而出。

(2) 舒适的身体感受使身心愉快常见的有沐浴、旅行、清风拂面的漫步、夜半笔耕时的室外散步等。瓦特在一个晴朗的星期天下午到户外散步时，得到了提高蒸汽利用价值的凝缩装置的设想。

(3) 轻松交谈这里的轻松并非不许争论，强调的是无拘无束讨论，畅所欲言，充分发表不同意见。物理学家海森堡有一句名言："科学植根于讨论。"交谈诱发灵感的事例太多了，许多重要的发现和创意，就是在争论、交谈中通过思想的碰撞迸发出的火花。诗人们爱聚在一起饮酒赋诗，发明者常举行"智力激励法"会议，学者的"下午茶"……无一不是一种诱发灵感的交谈。

(4) 文化娱乐和文艺欣赏人在艺术享受中精神放松，心情欢快，还能在艺术形象中得到创新的启示。于是，灵感常在听音乐、读小说、欣赏美术作品、吟诗、作画、写字时降临。高尔基曾为写作中找不到一个合适的词苦恼，友人劝他看马戏放松思想。结果，他所要找的词在看马戏时突然闪现于脑际。日本发明大王中松义郎，专门为自己辟了两间房子，一间挂满山水画，一间放置音响设备，每当紧张思索几个小时后，他便去聆听一会儿音乐，欣赏一会儿山水画，在艺术享受中产生奇思妙想。他所获的发明专利超过爱迪生。

(5) 朦胧状态它是指人的显意识基本处于"休眠"而潜意识仍在活动的一种状态，如闭目养神、半睡眠状的打盹、刚入睡或正要醒来时的朦胧、酒后的似醉非醉甚至做梦。19 世纪，美国一位发明家想发明缝纫机但未成功。用长矛处死他，他看见尖端有小洞的长矛在眼前晃动，惊醒后立刻画出针眼靠近针尖的机针草图，缝纫机发明获得成功。

(6) 捕捉灵感稍纵即逝，要善于及时捕捉，立刻用笔把灵感记录下来，哪怕是一个有提示性的符号、图形，也可供回忆、整理灵感时使用。千万不可自认为脑子好使，一定能记得住，结果往往是什么也想不起来了。

(7) 保护灵感来之不易，要注意保护，不让其受无关事件的干扰而被迫中断。懂得这一点，我们就必须十分注意保护脑力劳动的特殊连续性，不要轻易转移大脑皮层的兴奋灶，打断后就很难有意识地重新复现。

6. 直觉和顿悟

直觉和顿悟是灵感思维的另外两种形式。

直觉即指对事物的直接了解或认识，是人直观把握世界的思维方式。它的特点在于瞬间把握的是事物的初级结果，而不是事物形成和发展的逻辑过程。直觉来自经验的积累，是突然达到理性认识与感性认识共鸣而闪现出来的一种豁然贯通的直接理解。同时，它是一种初级的始发性思维，不够完善和成熟。

顿悟是另一形式的灵感思维，它更强调对事理的顿然觉悟和突然领悟，表现为突然明白、理｜解，并不以追求某种创意的产生为主。

国内外关于灵感思维的研究思维，并不加以严格区分。

二、跟大师学思维

(一) 怀疑权威，突破传统

典型案例：

2005 年的诺贝尔生理学或医学奖授予了两位澳大利亚医生巴里·马歇尔和罗宾·沃伦 (见！图 3－1)，因为他们发现了幽门螺旋杆菌及其在胃炎与消化性溃疡疾病中所起的作用，对于沃伦和马歇尔的研究，2005 年 ro 月 3 日在斯德哥尔摩举行的新闻发布会上，瑞典罗林斯卡研究院诺贝尔奖委员会的一位成员诺马克评论说，澳大利亚人的细菌致溃疡理论是"完全相左于传统的知识和教条"，因为大多数医生都坚信溃疡源自压力和胃酸。

现任弗吉尼亚大学医学教授的美国胃肠病学协会主席普拉博士指出，两位获奖者的研究"革新了我们对溃疡性疾病的理解"并且"给千百万人带来了希望"。普拉回忆说，1983 年他作为一名胃肠病学家还在军队服役，当时读到沃伦和马歇尔关于胃肠病的新观点时完全不赞同，"我认为这简直就是发疯。"但是，他承认他和他的同事对这个理论很感兴趣。很快他们就发现，按沃伦和马歇尔的理论对病人使用针对幽门螺旋杆菌的抗生素，就能治愈他们的病人的溃疡。沃伦现年 68 岁，如今已经退休。他说长期以来标准的医学讲义都是，"胃是无菌的，由于胃内有腐蚀性胃液，因此任何东西都不可能生长。所以每个人都相信胃里没有细菌"。他补充说："当我说胃里有细菌时，没有一个人相信。"但是，经过十多年的时间检验，他的发现终于获得别人的接受。

1979 年 4 月，在澳大利亚佩思皇家医院工作的 42 岁的沃伦在一份胃私膜活标本中，意外地发现一条奇怪的蓝线，用高倍显微镜观察的结果是有无数的细菌紧粘着胃私膜上皮。以后沃伦又在其他活体标本中发现了这种细菌。由于这种细菌总是出现的慢性胃炎的标本中，沃伦便认为它与慢性胃炎等疾病可能有密切的关系。

由于受"正统的"观点影响，同在佩思皇家医院的马歇尔一开始也对沃伦的假说没有什么兴趣。后来马歇尔碍于情面，为沃伦提供了一些胃钻膜活体样本，并进行了相关试验。经过几次尝试后，马歇尔成功地从几个生物活检组织中培养出了当时尚不知晓的细菌菌株，即后来被命名为幽门螺旋杆菌的细菌。他惊讶地发现，沃伦的观点是正确的。再后来，为了获得更多的证据证明这种细菌致病的作用，马歇尔和一位名叫莫里斯的医生还自愿进行了人体试验。他们服用经培养的细菌后都患了胃炎。马歇尔很快就痊愈了，但莫里斯则费了好几年时间才治好。

由于马歇尔和沃伦的发现，对幽门螺旋杆菌的研究才加强了，隐藏于疾病之后的病理机制持续地得到揭示。世界各大药厂也陆续投巨资开发相关药物，也就为后来治疗人类最普通的疾病之一——消化性溃疡疾病奠定了基础。

人类的其他慢性炎症疾病，如节段性回肠炎、溃疡性结肠炎、类风湿性关节炎也是起因于慢性炎症。幽门螺旋杆菌的发现已引起人类对慢性感染、炎症和癌症之间可能存在联系的深入认识，这也是沃伦和马歇尔成果的重要意义之一。

今天已经可以确认，幽门螺旋杆菌导致了 90% 以上的十二指肠溃疡和 80% 以上的胃溃疡。幽门螺旋杆菌感染与后来的胃炎及消化性溃疡疾病之间的关系也已通过志愿者的实验、抗生素治疗的研究和流行病学的研究得以证实。

思维分析：

上述两位科学家的成功，反映出了打破权威型思维枷锁的典型特征。一般来说，权威是任何时代、任何社会都实际存在的现象。人们对权威普遍怀有尊崇之情，这本来是可以理解的。然而，这种尊崇常常演变为神话和迷信。在思维领域，不少人习惯于引证权威的观点，不加思考地以权威的是非为是非。一旦发现与权威相违背的观点或理论，便想当然地认为其必错无疑，这就是束缚于权威型的思维枷锁。一般来说，创新能力强的人，大都具有思维反潮流的精神。上述两位科学家所创造的宝贵成果，正是善于打破权威而得来的。他们表现出了大胆想象、勇于冒险的精神。

（二）超前思维，敢为天下先典

典型案例

在 20 世纪的后半叶，中国有数十所大学和研究所都同时研究汉字照排技术，为什么只有北京大学的王选教授(中国汉字激光照排之父)研究组成功了，而其他的人没有成功？最关键的原因就是王选具有的超前思维。

早在大学期间，选择专业时，王选就表现出了特殊的眼光。大二下学期，要选专业了，同学们议论纷纷。当时纯数学是班里最热门的专业，力学其次，而计算数学是个冷门，北京大学刚刚设立这个专业，知之者甚少，甚至正规像样的教材也没有。但对选择专业，众人一致的意见是，学纯数学和力学可以充分利用大学短暂宝贵的时间，多学一些有用的知识。

可王选偏偏选择了"计算数学"这个"冷门"。多年后，当谈及这次选择的原因时，他说是看了 1956 年 1 月刚刚制定的 12 年科学发展远景规划，其中原子能、自动控制、计算技术被列为重．级发展学科。在百废待兴的新中国，卫星上天也好，导弹研制也好，都离不开计算技术。19 岁的王选能把自己专业选择与国家、社会的需要结合起来，在那个一切服从"祖国的需要"的时代，似乎顺理成章，没什么可大书特书的地方。但他早就认识到社会的需要往往是科学进步、科技创新的原动力，个人只有将所学的专业知识用于解决社会需要和实际问题，才能真正体现个人的价值，才能构筑自己人生的大好前程，这是多么难能可贵啊。

1975 年 5 月，在激光照排技术研究中，北京大学成立了汉字精密照排研制协作攻关组。当时的难题是汉字的储存以及汉字字形信息的还原输出。如何攻克这一难题呢？科学家王选运用了"轮廓描述和参数技术"相结合的方法解决了汉字信息压缩，为汉字激光照排系统的研制作出了第一大贡献。他发明的汉字激光照排技术，被誉为"汉字印刷术的第二次发明"，并被称为"当代的毕升"和"汉字激光照排之父"。

王选以超前性的眼光认为，技术跨越是一种非连续的技术进步方式，它需要跨越，旨在迅速提高技术水平，缩短与技术领先者的差距，赶上或超过技术领先者。因此，在激光照排的科研中，他决定跨越第一代、第三代照排机而直接研制第四代激光照排系统，经过努力，终于以超前的思维赢得了硕果。而其他的研究者则是跟随当时国外已经研究出的第三代照排机进行研究，结果总是落后于人，能不失败吗？

思维分析：

1) 王选在大学读书时在计算机研究中作出了一生中最重要的决定，即从硬件转向软件，不放弃硬件的思考决策，反映出了超前性的思维观念。

2) 所谓思维的超前性，简明地说，就是站得高，看得远，具有长远的目光。其主要特征是：首先，思维能够超越具体的时间，不受它的限制，就是说，能够在头脑中构想具体时间之外的事物的情景；其次，思维能够在头脑中构想具体空间之外的事物和情景；第三，思维能够超越具体的客观事物。

3) 超前性是人类思维最基本的属性，也是思维能够产生创新的根本原因。可以说，思维的超前性是所有创新的来源。不论是伟大的发明家还是背着书包的小学生，他们的每一项创新都是运用思维超前性的结果。请看，正是由于思维超越了具体的时间，马克思才能构想出未来人类所采取的社会制度；正是由于思维超越了具体的空间，爱因斯坦能够在思维中追随光线进入太空新的时间空间，发现新的时空性质；正是由于思维超越了具体事物，一位小学生能够抓住普通雨衣的缺点，在思维中构想出能防止雨水打湿鞋的新式雨衣……每一个创新的都是如此。

（三）另类思维，走向成功

典型案例：

游戏高手陈天桥，17 岁时就是上海复旦大学的学生了，1993 年，因学习成绩出色，被学校获准与别的 17 名优秀学生一起提前毕业。这样提前毕业意味着给他有多种优越选择的机会，可以出国留学、直升硕士、去外企工作等。但他选择了留在上海浦东新区的陆家嘴集团公司。10 个月后总公司派他到分公司任副总经理，管理 200 多人的队伍，这对于一个 21 岁的年轻人来说，应该是前程似锦了，并且不久又直接晋升为集团董事兼总裁秘书。但他并没驻足在这令人看来十分美好的位置。4 年后的 1999 年秋季，他辞职转行，与另外几个伙伴在一间不足 10 平方米的小屋中，开始了自己的事业，创办了一家名为"上海盛大网络发展有限公司"的新型民营科技企业。陈天桥和他的团队选择了"互动娱乐"这样一个没有物流的产业方向，用东拼西凑的 50 万元，开始起程。主要以动画、卡通为主，另还开出了"天堂硅谷"（HomeVe11ey）的虚拟社区。

事实证明，他们的选择是对的，在创办短短几个月中，就拥有了 100 万左右的注册用户，并于 2000 年 1 月获得了中华网巨额的风险投资，收购价达到 300 万美元。由 50 万元，几个月中换来了 300 万美元，这种成功实在是太惊人了。

但 2000 年下半年开始，中国网络产业出现了前所未有的萧条，许多网站的经营都开始走下坡路。"盛大"也受到了严重影响，陈天桥的心情也变得比较沉重，但在沉重之中，他并没有消沉，而是更加认真地思考了创业的得失及运营目标。2001 年 6 月，"盛大"与韩国一家公司合作经营，"盛大"用 30 万美元的入门费和 27% 的分成获得运营权。但是中华网并没有因此看到"盛大"的未来，而坚持了撤资，结果协商之余，留下了几十万美元，而陈天桥也拿回了公司的掌握权，开始正式运营《传奇》游戏。虽然暂时经营处于低谷中，但陈天桥始终相信一句话："胸襟有多宽，路就有多宽。"

2001 年 n 月底，《传奇》游戏开始收费。惊人的奇迹顿时出现，仅一个月时间,((传奇》的投资便全部收回，陈天桥的个人财富也火山爆发一样地发展起来。

思维分析：

1) 陈天桥大学毕业后，有许多更好的机遇，但他都放弃了，而是坚持了自己的选择。这从一定角度来说，反映出了另类思维的主要特征。

2) 所谓另类思维，就是指用奇异独到的观念来看待周围的一切，在采取与众不同的方式中，将机会悄然转化为成功的一种思维方法。另类思维的特点及作用主要表现于如下方面：首先，另类思维是对主流思想的叛逆，并且通过这种叛逆能发挥巨大的功效。主流思想，就是指按照常规思维方法形成的一种从众意识。在纷繁复杂的社会中，主流思想有时往往显得过于保守，它会对一些社会问题、社会矛盾以及创业过程出现的困惑感到力不从心。而另类思维却往往能对这些矛盾的解决带来希望，并由此发挥巨大的功效。如说起炒股，大家都知道在中国股市有一个人数众多的股评家队伍，但很多人可能不知道，近年来在散户高手里面活跃着一批"另类股评分析师"。他们的工作，主要分析的不是股价走势，也不是股市政策，而是专门以股评家为分析对象，分析他们对股市行情预测的准确性如何。经过一段时间的实际归纳，他们发现，有的股评家完全是信口开河、胡说八道；有的股评家的预测在短期内有效，而在中长期里却适得其反；有的股评家的预测在短期内会引起反向运动，在中长期里却基本正确。于是，另类股评分析师根据这些统计得出的资料对股评家进行归纳分析得出：有的股评家短对长错，有的股评家短错长对，以及正二八与倒二八、正三七与倒三七等几种样本，然后按照做短线，或做长线的要求，对股评家的预测各取所需。这一招很灵验，很多人使用后操作水平有了很大的长进。如果能按照样本提供的数据，再加上自己对大盘、个股的判断来买卖股票，成功的概率往往会大大提高。

另类股评分析师，采取与众不同的股市分析方法，打开了投资者的眼界取得了极佳的投资效果。他们的研究成果为更好地投入股市运作提供了很大的帮助。

其次，另类思维是对主流思想的变革，在变革中能将成功的机会悄然捕捉和把握。另类思维的最大特征是规避固有的框框，打破传统的束缚，由此产生新观点或新方法，把握住不易觉察的机会。

最后，另类思维是对主流思想的超越，并且从中可以寻找到成功的切入点。

成功的实践告诉我们，要产生新想法，就要善于寻找切入点。一旦寻找到切入点，许多新蓝图，美景就会出现。那么如何寻找这个切入点呢？用另类思维超越主流思想就是一个既简单而又实用的方法。

如美国俄亥俄州乔葆德城的"书丽雅海滩"酒店，经营就很特别。他不设泳池、球场、影视放映场、健美中心之类的娱乐设施，却利用书籍吸引顾客；客房分别以20位文学大师的名字来命名，房间里陈列的书也以这些文学家的著作为主，摆设也以这些书中的情节为依据，形成定主题。酒店实际上成了旅馆与图书室的组合体，开业以来，日日顾客盈门，每晚房价在77到128美元之间。顾客非常喜爱这家酒店，热情地称它为"读书乐酒店"。这个酒店成功的案例，正是用另类思维寻找到切入点的典型表现。

（四）变换视角，成就品牌典型案例：

潘石屹，人称老潘，出生于1963年10月，现任SOHO中国有限公司董事长，毕业于河北石油职业技术学院（现中国石油管道学院），甘肃天水人，身不高，体不壮，头发不浓密，但身头脑均敏捷矫健。年龄未及知天命，吃过文革的苦，享过改革的福，故能上能下，可屈可伸，是一个精于策划的地产商人。

大学毕业后，潘石屹被分配到国家石油部管道局工作，潘石屹转到海南创业，起初出任当地某砖厂厂长。1991年潘石屹与别人合作，成立海南农业高科技联合开发总公司。之后取得北京某集团公司贷款500万人民币，用于炒楼、炒别墅，赚得他有生之来的第一桶金。1992年，潘石屹再次回到北京，创办了万通地产公司，建设了万通新世界广场，被看作是北京房地产发展史上的一个里程碑。

1995年创立北京红石实业有限公司，19%年成立项目公司北京中鸿天房地产有限公司。1996年成立项目公司北京中鸿天房地产有限公司，开发总建筑面积48万平方米的现代城。1999年4月，现代城23名销售骨干人员被对手中国第一商城挖走。在此情况下，潘石屹化危机于无形，不但取得了媒体的同情，也大大提高了自身的知名度。1999年11月，现代城首推无理由退房，开国内无理由退房之先河。1999年年底，潘石屹与妻子张欣以"SOHO现代城·酷·COM"一文正式推出SOHO概念。2000年1月8日，SOHO现代城开盘认购，前三天日悄售额过亿。2001年2月，潘石屹邀请12位亚洲前卫建筑设计师设计别墅，并在北京长城脚下建设世界建筑师走廊，在国内建筑业引起轰动。2001年9月1日，潘石屹启动海南博鳌蓝色海岸，将发展眼光重新投向海南。

为了统一公司品牌，提高公司在境外的融资能力，2001年12月，潘石屹对公司进行了重组，在香港注册了SOHO中国有限公司，并进行了在香港、纽约同时挂牌上市的努力。2003年初，SOHO中国的上市努力宣告失败，潘石屹重新回到房地产行业，一门心思地进房地产项目开发和稍售，SOHO连续两年成为北京楼盘的销售冠军。同时，创建了北京万通实业股份有限公司，在北京开发出一系列房地产项目，包括北京万通新世界广场、中国国际航空公司大厦、北京万通理想世界（现改名为新城国际）。

思维分析：

1. 变换视角法

潘石屹的成功之处就在于不断变换视角，最终成就了铁打的品牌。

在中国房地产界，潘石屹无疑是个另类。他一次次处于是非的漩涡，一次次不按常理出牌，并因此为世人所瞩目。不破不立，潘石屹无疑也最具备创新能力。潘石屹对商业有其独到的理解，他不单纯追求开发规模和营业额，更注重建筑的长远价值，强调要做中国的、当代的建筑。在中国历史上最大规模的城市化进程中，潘石屹的每一个建筑作品都以城市标志性符号引领这个城市的建筑潮流。潘石屹同时也是一个成功的商人，他所开发的每一个项目都在商业上取得空前成功，项目利润率在中国地产行业最高。据国家地税局公布数字，2003年soHo中国公司纳税1.778亿元人民币，位居全国第二；2005年，SOHO中国纳税3.03亿元，增长幅度超过70%。soHO中国的销售额及纳税额都连续多年在中国地产行业名列前茅。

变换视角法，就是通过改变观察事物的视角而获得该事物的新性质、新现象的创造技法。万事万物都有着众多不同的方面，如果能以不同的角度，用不同寻常的视角来观察和思考，往往会有意外的收获，甚至事半功倍的奇效。这就需要掌握一定的变换视角的方法。

(1) 改变观察位置　观察要选择一个观察基点，或者说观察的位置不同，看到的事物现象也不同。所以，可以通过改变观察者的位置来了解事物的性质或现象。苏东坡的咏庐山佳作是改变观察位置的最好写照："横看成岭侧成峰，远近高低各不同。不识庐山真面目，只缘身在此山中。"

(2) 改变逻辑视角　改变逻辑视角，就是要求人们跳出固有的框框去观察事物，既了解表象，更深知内涵，通过改变对事物特性的认识去达到视角的转换。影响视角的因素主要有三个方面，即价值观念、知识储备及实践目的。价值观念就是指人们对外界事物价值大小的看法；知识储备就是指人们大脑中所储存的预备性知识，不同的知识水准，往往对问题的看法会有较大的差异；实践目的是指人们在追求某种事情时所确定的目标。不同的人去观察同一现象时，会由于受实践目的的影响而不能全面看待所考察的事物。为了更好地创新，应该学会善于根据实际情况来调整计划，转移目标，不为实现目的所束缚。这也是获取成功硕果的重要方面。

2．发散思维（又可称扩散思维）

发散思维是指人们在思考解决问题时，思维会以某一点为中心，沿着不同的方向，不同的角度，向外扩散的一种思维方式。

3．发散思维的作用

发散思维的作用主要表现于如下方面：

1) 发散思维可以引导人们打破旧的框框，并使潜能得到充分的发挥。运用发散思维可以调用人的各种知识和经验，发挥人的想象，使其心智潜能充分发挥，从而产生出许多解决问题的办法。其中摒弃习惯、善于变通便是很好的表现。例如，明代著名画家徐文长小时候非常聪明。一天，他正和一些村里的人在一起玩耍，同村的一位老者为了考考他，拿了一根长竹竿走过来，竹竿的顶上挂着一包点心。他说："谁要是能够不把竹竿横倒拿心，点心就归他所有。"在别人都毫无头绪的情况下，徐文长却想到一个妙法。他将竹竿插入井里，取下点心后竹竿拿上来。

从上面的故事可以看出，人不能陷入在思维定势之中，问题。而善于运用发散思维就会使困难迎刃而解。

2) 发散思维是发明创造者走向成功的有力武器。发散思维可以解放自己的思想束缚，使思维更加开阔，心灵更加开放，选择更加多样。正如美国心理学家吉尔福特

散思维中，我们看到了创造性思维的最明显的标志。"比如，做任何事情，我们都需要找到一个最好的方法。然而，最好的方法是从哪里而来的呢？好办法是比较多的因此，

你首先要有许多办法才行。而发散思维正可以为我们完成这些需要，并从中选择出最好的方案。

例如在美国，有一名收藏家叫诺曼·沃特。他看到收藏家为收购名贵物品而不惜千金，灵机一动：为什么不收回一些劣画呢？他收购劣画有两个标准：一是名家的"失常之作"；二是价格低于 5 美元的无名人士的画。没多久，他便收藏了 200 多幅劣画。

后来，他在报纸上登出广告，声称要举办首届劣画大展，目的是让年轻人在比较中学会鉴别，从而发现好画与名画的真正价值。出乎人们意料，这一画展非常成功。由此，沃特成为人们茶余饭后热衷谈论的话题。先恐后参观，有的甚至从外地赶来。

3) 运用发散思维常常能够把不可能的事变成可能。发散思维的作用，常规思维认为办不到的事而变成现实，使目标得以实现。还常常表现于能够把常规思维认为办不到的事而变成现实，使目标得以实现。

总之，发散思维的能量是巨大的，它能散发出全新的创意，并为取得创新成果而发挥积极的作用。